Gewächshäuser, Frühbeete, Wintergärten

John Watkins

Gewächshäuser, Frühbeete, Wintergärten

Auswahl des Gewächshauses

Gärtnern unter Glas und Folie

Die wichtigsten Gewächshauspflanzen

Kaleidoskop Buch

Aus dem Englischen übersetzt
von Cornell Ehrhardt (S. 1 – 57)
Und Maria Gurlitt-Sartori (S. 58 – 123)

Redaktion: Brigitte Milkau
Korrektur: Irmgard Perkounigg
Einbandgestaltung: Studio für Illustration
und Fotografie, Icking, Sascha Wuillemet
Herstellung: Dieter Lidl
Satz: DTP Josef Fink, Gräfelfing

Druck und Bindung: Grafiche Fover, Foligno
Printed in Italy

ISBN 3-88472-814-8

SEITE 1:   Ein kleines Gewächshaus mit einem
Pultdach auf dem Balkon

SEITE 2:   Unter Glas gezogene Blumen und Grünpflanzen sind das ganze Jahr interessant

RECHTS: Ein Glashaus ist dekorativ und nützlich
zugleich

INHALT

GÄRTNERN UNTER GLAS

Für alle, denen die Kultivierung von Pflanzen Freude bereitet, ist das Gärtnern unter Glas die faszinierendste Form der Gartenarbeit. Im Gewächshaus kann man aus Samen und Steck-lingen seine Pflanzen für den Garten selbst ziehen. Man ist von den Launen des Wetters unabhängig und kann empfindliche Zierpflanzen ziehen oder Obst und Gemüse außerhalb ihrer natür-lichen Saison kultivieren.

In botanischen und öffentlichen Gärten kann sich der Gewächshausgärtner Anregungen zur Gestaltung und Pflanzenauswahl holen. Diesem Arrangement geben Baumfarne Höhe und Stil, während die darunter wachsenden Dieffenbachien und Becherprimeln *(Primula obconica)* farbliche Akzente setzen.

Im ausgehenden 19. Jahrhundert wurden in öffentlichen Parkanlagen Wintergärten errichtet, in denen man das ganze Jahr hindurch tropische Pflanzen wie Palmen, Kakteen und andere Sukkulenten bewundern konnte.

Obwohl der Gärtner das Gewächshausklima selbst reguliert, wird er schon bald feststellen, daß er ein Diener seiner Pflanzen ist und bereitwillig ihre Bedürfnisse erfüllt, wie Bewässern, Düngen oder Umtopfen. Neben den 'Freuden, die das Gärtnern unter Glas mit sich bringt, möchte ich in diesem Buch vor allem zeigen, welche Möglichkeiten eine geschützte Umgebung – sei es ein Gewächshaus, ein Wintergarten oder ein Frühbeet – für die Kultivierung von Pflanzen eröffnet und welche Arbeiten notwendig sind, um das gewünschte Ergebnis zu erzielen.

Wie alle Gärtner finden auch Besitzer von Kleingewächshäusern bald Gefallen daran, andere Gärten aufzusuchen, sich einige der prächtigen Gewächshauspflanzungen und -bauten anzuschauen und sich mit der Geschichte der Treibhauskultivierung zu beschäftigen. Sie

reicht weit in die Vergangenheit zurück: Es gibt Hinweise darauf, daß schon die Römer manche Pflanzen in einer Art Frühbeet vor der Kälte schützten. Doch erst im 17. und 18. Jahrhundert wurden größere Konstruktionen gebaut, in denen die damals beliebten exotischen Pflanzen überwinterten. Die Kultivierung von Orangen und Zitronen war so beliebt, daß man in den barocken Schloßparks zu ihrer Überwinterung spezielle Orangerien errichtete. Diese Bauten waren luxuriös ausgestattet, es gab darin Badestuben und heizbare Salons, in denen die höfischen Feste ausgerichtet wurden. Frühe Orangerien, wie jene im Botanischen Garten von Oxford aus dem Jahr 1620, wurden durch tragbare Kohlenpfannen beheizt, die man auf Rädern umherfuhr.

Als sich die Bautechnologie weiterentwickelte und man die Bedürfnisse von Pflanzen besser verstand, wur-

Solche Wintergärten kamen im späten 19. Jahrhundert in Mode. Sie wurden aus Holz oder Gußeisen industriell gefertigt und in Versandhauskatalogen zum Kauf angeboten.

häuser zu erschwinglichen Preisen auf den Markt, die hauptsächlich zur Pflanzenanzucht genutzt wurden. In jüngster Zeit werden vor allem Wintergärten immer beliebter; moderne Doppelverglasungen können ebenso gute Isoliereigenschaften aufweisen wie Mauerwerk und schaffen damit einen behaglichen Wohnbereich, gleichzeitig aber auch eine ideale Umgebung zum Kultivieren und Präsentieren empfindlicher Pflanzen.

Obwohl die Begriffe Gewächshaus und Wintergarten ursprünglich beide ein Gebäude für Unterbringung von Pflanzen, wie etwa Stechpalmen, Zitruspflanzen, Myrtengewächse und Oleander, bezeichneten, versteht man heute unter Gewächshaus im allgemeinen ein Gebäude, in dem Pflanzen gezogen werden, während mit Wintergarten üblicherweise ein verglaster, beheizbarer Raum gemeint ist, in dem Pflanzen eine bedeutsame Rolle spielen. Vieles von dem, was ich in diesem Buch beschreiben werde, trifft sowohl auf Gewächshäuser wie auch auf Wintergärten zu, trotzdem habe ich für alle verglasten Konstruktionen, in denen Pflanzen kultiviert werden, den Begriff Gewächshaus gewählt. Dazu gehören im weiteren Sinn auch Frühbeete sowie Treibglocken und -zelte, da sie zum Überwintern oder zur Pflanzenanzucht genutzt werden oder eine nützliche Erweiterung von Gewächshäusern und Wintergärten als zusätzliche geschützte Umgebung darstellen können.

Wesentliche Aspekte bei der Auswahl eines Gewächshauses sind der Standort und die Baumaterialien, die hier auch zuerst behandelt werden sollen. Ebenso möchte ich auf die Bedeutung verschiedener Ausstattungsmerkmale eingehen, mit deren Hilfe Sie ideale Wachstumsbedingungen für Ihre Pflanzen schaffen können. Sobald Ihr Gewächshaus an seinem Platz steht, liegt die eigentliche Kunst darin, es fachgerecht zu bewirtschaften und all die Pflanzen, die Sie haben möchten, auf dem zur Verfügung stehenden Raum unterzubringen. Es werden die unterschiedlichen Methoden der Pflanzenvermehrung durch Samen, Stecklinge, Teilung und Ableger beschrieben sowie die Bekämpfung von Schädlingen und Pflanzenkrankheiten. Aus eigener Erfahrung kann ich sagen, daß man die besten Ergebnisse durch einen kombinierten Einsatz von biologischen Bekämpfungsmethoden und schwachen chemischen Mitteln erzielt.

Die Nutzungsmöglichkeiten eines Gewächshauses sind so vielseitig, daß die Entscheidung, wie man die Informationen über die Pflanzen, die sich im Gewächshaus ziehen lassen, gruppieren soll, schwierig ist. Ich habe mich für eine Unterteilung in zwei Kapitel entschieden: »Das produktive Gewächshaus« und »Das dekorative Gewächshaus«. Das erste beschreibt, wie sich

den ausgereiftere Konstruktionen entworfen, deren große Glasflächen von Streben aus Eisen oder Holz getragen wurden. Im 19. Jahrhundert errichtete man in öffentlichen Parks Palmenhäuser, und an viele Herrschaftshäuser wurden Wintergärten angebaut; und auch an den Einfassungsmauern der Gärten wurden Gewächshäuser errichtet. Dort kultivierte man Beetpflanzen, die zu einem wesentlichen Merkmal viktorianischer Gärten wurden, und zog Früchte und Gemüse außerhalb ihrer Saison, was in Zeiten, als es noch keine Tiefkühlgeräte gab, besonders geschätzt wurde.

Während der beiden Weltkriege wurden kaum große private Gewächshäuser gebaut, da es weder genügend Material für ihre Bewirtschaftung noch ausreichend Brennstoff zum Beheizen gab. In den fünfziger Jahren kamen dann jedoch industriell gefertigte Kleingewächs-

LINKS Baumfarne *(Dicksonia antarctica)* und Känguruhblumen *(Anigozanthos manglesii)* gedeihen prächtig in dem kühlen, feuchten Klima dieses herrlichen viktorianischen Glashauses.

ein Gewächshaus das ganze Jahr hindurch zum Anbau von Obst und Gemüse nutzen läßt sowie zur Anzucht von Beetpflanzen, bedingt winterharten Gewächsen, Blumen, Sträuchern und Bäumen für den Garten. Das zweite umfaßt blühende Pflanzen aller Art, und hier wird beschrieben, wie man zu jeder Jahreszeit ein attraktives Gesamtbild erzielen kann. Viele der aufgeführten Pflanzen – zu denen Kletterpflanzen, Blumenzwiebeln, Chrysanthemen, Begonien, Pelargonien sowie einjährige Pflanzen gehören – lassen sich sowohl im Gewächshaus, wo sie herangezogen werden, wie auch in einem verglasten Vorbau oder Wintergarten überaus effektvoll präsentieren. Um ein ausgewogenes Verhältnis

zwischen der dekorativen und der produktiven Nutzung des Gewächshauses zu ermöglichen, erfahren Sie in einem nach Jahreszeiten gegliederten Kapitel, welche Arbeiten zu bestimmten Zeiten nötig sind und wie die Pflanzen auf den Wechsel der Jahreszeiten reagieren. Im letzten Kapitel sind all jene Pflanzen zusammengestellt, die meines Erachtens am besten für die Kultivierung im Gewächshaus geeignet sind.

Ich hoffe, daß dieses Buch Neulinge auf dem Gebiet über die vielfältigen Möglichkeiten des Gärtnerns unter Glas informiert und erfahrenen Gewächshausgärtnern dazu dient, ihr Wissen zu vertiefen und ihr Gewächshaus noch vielfältiger zu nutzen.

Dieses moderne Gewächshaus, dessen Dach von gemauerten Pfeilern getragen wird, beherbergt im Winter die Oleandersträucher, die im Sommer in ihren großen Pflanzkübeln davorstehen.

DIE AUSWAHL
DES GEWÄCHSHAUSES

Die Auswahl und das Errichten eines Gewächs-
hauses sind wichtige und teure Schritte. Dieses
Kapitel stellt die gängigsten Gewächshaustypen
vor und soll Ihnen dabei helfen, das richtige
Gewächshaus und den richtigen Standort zu finden. Es wird auch die
Ausstattung, wie Heizung, Bewässerungssysteme und Stellagen, die
ein Gewächshaus zu einem geeigneten Ort für die Kultivierung von
Pflanzen macht, beschrieben. Obwohl viele der aufgeführten Punkte
auch für Wintergärten von Bedeutung sind, bezieht sich dieses Kapitel
hauptsächlich auf Gewächshäuser, die zur Anzucht von Pflanzen
genutzt werden sollen.

Die Auswahl und der Standort sind von größter Wich-
tigkeit, wenn ein Gewächshaus über viele Jahre hinweg von Nutzen sein soll. Dieses Gewächshaus steht
in unmittelbarer Nähe des Wohnhauses, so daß es
auch in den Wintermonaten schnell und problemlos
erreichbar ist und kostengünstig an bestehende
Versorgungsleitungen, wie Wasser und Strom, angeschlossen werden konnte.

Erste Überlegungen

Vor dem Kauf eines Gewächshauses muß man zunächst entscheiden, welchem Zweck es dienen soll. Will man es als Gewächshaus ausschließlich zur Anzucht von Pflanzen nutzen, oder soll es das Wohnhaus in Form eines Wintergartens erweitern und nur eine kleine Auswahl dekorativer Pflanzen beherbergen? Trifft letzteres zu, sind vor allem eine gute Wärmedämmung, absolute Wasserundurchlässigkeit und ein Maximum an Lichteinfall erforderlich. Dies bedeutet, daß man eine stabile Konstruktion mit großen, abgedichteten Glasflächen benötigt. Besonders komfortabel ist ein Wintergarten, wenn er mit einer Doppelverglasung und einem gefliesten Fußboden versehen wird, was aber zwangsläufig die Kosten erhöht. Wintergärten können in jeder erdenklichen Form und Ausführung errichtet werden, und es entstehen herrliche, lichtdurchflutete, gut isolierte Gebäude, die ästhetische und funktionale Aspekte gleichermaßen berücksichtigen. Beabsichtigt man dagegen, vorwiegend seine Pflanzen aus Samen und Stecklingen selbst zu ziehen, reicht ein traditionelles Gewächshaus aus, das aufgrund seiner leichteren Bauweise mit schmaleren Streben und in vielen Fällen kleineren Glasflächen erheblich preiswerter ist.

Selbst in einem kleinen Gewächshaus von 2 x 2,5 m Größe können Sie einige Beetpflanzen ziehen, Sommergemüse, wie Tomaten oder Melonen, anbauen und frostempfindliche Gartenpflanzen im Winter vor der Kälte schützen. Dennoch sollten Sie sich immer für das größtmögliche Gewächshaus entscheiden, das Ihr Geldbeutel zuläßt und das am gewählten Standort Platz findet. Je kleiner das Gewächshaus ist, desto durchdachter und disziplinierter müssen alle Arbeiten ausgeführt werden. Aussaaten und Pflanzenarrangements müssen so geplant werden, daß sich die Pflanzen den zur Verfügung stehenden Raum nicht gegenseitig streitig machen. In einem größeren Gewächshaus können zudem verschieden temperierte Bereiche eingerichtet werden, indem man Trennwände einbaut.

Sie sollten bereits im Planungsstadium wissen, welche Pflanzen Sie ziehen möchten, da auch dies Einfluß auf die wünschenswerten oder nötigen Merkmale des Gewächshauses hat. Um beispielsweise Wintersalat oder hochwachsende Gemüse, wie Tomaten und Gurken, im Gewächshausbeet ziehen zu können, muß die Verglasung bis zum Boden reichen. Wollen Sie dagegen Topfpflanzen ausschließlich auf Tischen oder Stellagen kultivieren, kann das Gewächshaus mit einem kleinen Mauersockel errichtet werden, der bis zur Höhe der Abstellflächen reicht. Durch die kleinere Glasfläche verringern sich die Heizkosten.

UNTEN Ein freistehendes Gewächshaus im viktorianischen Stil ist hübsch und nützlich zugleich und erfordert wenig Pflege, wenn es mit modernen Materialien wie Aluminium erstellt wird.

RECHTS Dieses traditionelle Gewächshaus aus Holz und Glas mit geraden Seitenwänden ist ideal zur Kultivierung von hochwachsenden Pflanzen, wie etwa einem Pfirsichbaum und Tomaten.

Gewächshaustypen

Gewächshäuser sind in verschiedenen Grundformen erhältlich. Für welche man sich entscheidet, richtet sich nach den örtlichen Gegebenheiten und nach den gewünschten Nutzungsmöglichkeiten. Es gibt Pultdach- oder Anlehnhäuser, die an einer vorhandenen Wand errichtet werden. Ein freistehendes Gewächshaus hat den Vorteil, daß es den ganzen Tag von der Sonne beschienen wird und sich für eine Vielzahl von Pflanzen eignet; allerdings muß es im Vergleich zu einem Anlehnhaus stärker beheizt werden, weil aufgrund der größeren Oberfläche mehr Wärme verlorengeht.

Anlehngewächshäuser gibt es seit langem in den mauerbegrenzten Gärten großer Landhäuser. An einer schattigen Mauer eignet sich ein Anlehnhaus für schattenliebende Pflanzen, wie etwa die immergrüne Schlingpflanze *Lapageria rosea*, und für Gewächse, die kühle, konstante Temperaturen verlangen, wie beispielsweise bedingt winterharte Farne. An einer sonnigen Mauer fällt das ganze Jahr hindurch direktes Sonnenlicht auf das Anlehnhaus, und es ist ideal für Sukkulenten geeignet. Im Frühjahr und Sommer sind eine gute Belüftung und Schattierung wichtig, damit es innen nicht zu heiß wird. Die hohen Tagestemperaturen erwärmen das rückwärtige Mauerwerk, das als Wärmespeicher wirkt und die Wärme während der Nacht wieder abgibt. Pflanzen in einem solchen Gewächshaus erfordern viel Aufmerksamkeit, da sie rasch austrocknen.

Gewächshäuser gibt es in den unterschiedlichsten Formen und Größen. Im folgenden sollen die Haupttypen vorgefertigter Gewächshäuser sowie ihre jeweiligen Vorzüge behandelt werden. Gewächshaus-Bausätze, die in großer Stückzahl hergestellt werden und die man selbst zusammensetzen muß, sind am preiswertesten. Kompliziertere Ausführungen sollten Sie vom Lieferanten aufstellen lassen.

Traditionelle Gewächshäuser haben senkrechte Seitenwände, die eine optimale Ausnutzung des Innenraums gestatten und ideal für Kletterpflanzen geeignet sind. Gängige Modelle verfügen häufig über eine große Auswahl an Zubehör, wie zum Beispiel passende Stellagen und Haken, an denen sich Spanndrähte zum Erziehen von Pflanzen befestigen lassen.

Gewächshäuser mit schrägen Seitenwänden haben den Vorteil, daß sie im Winter die größtmögliche Sonneneinstrahlung erlauben. Die tiefstehende Wintersonne, die im Winkel von 90° auf das Glas auftrifft, bringt so ein Maximum an Licht in das Gewächshaus. Fallen die Sonnenstrahlen in einem steileren oder flacheren Winkel auf das Glas, wird ein Teil des Lichts vom Gewächshaus abgelenkt. Außerdem bieten schräge

Seiten dem Wind geringeren Widerstand als senkrechte Wände und sind daher windsicherer. Dieser Gewächshaustyp eignet sich am besten für niedrige Winteraussaaten, wie Frühsalat, und die Anzucht von einjährigen Blumen, die eine geringe Wuchshöhe haben.

Gewächshäuser in holländischer Bauweise verfügen über große Glasscheiben und bieten so den Pflanzen ein Maximum an Sonnenlicht. Sie sind einfach zu errichten und bestehen aus miteinander verschraubten Rahmen, die – außer bei sehr kleinen Modellen – auf einem Metallsockel stehen. Sie lassen sich leicht versetzen und erweitern – ein nicht zu unterschätzender Vorteil, denn kein Gewächshaus ist jemals groß genug.

Gewächshäuser mit mehrfach abgeschrägten Seiten sind so konstruiert, daß das ganze Jahr hindurch ein maximaler Lichteinfall möglich ist, da immer wenigstens eine Seite rechtwinklig zur Sonne steht. Die geringe Höhe an den Seiten kann von Nachteil sein, doch läßt sich hier ein Kompromiß finden, indem man ein Modell mit senkrechten Seitenteilen und einem Rundbogendach wählt.

Gewächshäuser mit einem ungleichseitigen Satteldach, bei denen auf einer Seite ein Maximum an Licht einfällt, sind gewöhnlich höher als traditionelle Gewächshäuser und eignen sich deshalb ausgezeichnet für hochwachsendes Frühgemüse, wie etwa Salatgurken.

Glaspavillons erfüllen eher einen dekorativen Zweck im Garten und dienen weniger als Gewächshaus zur Anzucht von Pflanzen. Das Platzangebot im Innern ist begrenzt, und bei kleineren Modellen kann wegen der kleinen Dachbelüftungen Überhitzung ein Problem sein. Solche Pavillons eignen sich besser zur Kultivierung kleiner Topfpflanzen wie Pelargonien und Kakteen. Solargewächshäuser sind bei den hiesigen Witterungs-

Gewächshaustypen

Gewächshaus mit
Satteldach und geraden
Seitenwänden

Holländische Bauweise
mit schrägen Seitenwänden

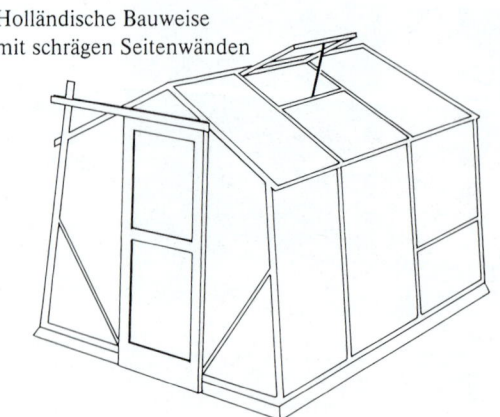

Pultdach- oder Anlehngewächshaus

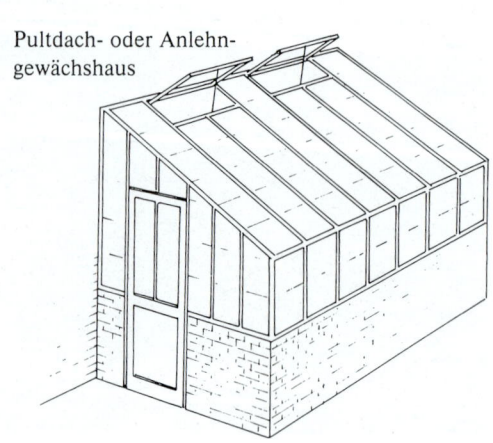

LINKS Ein auf der Südseite des Wohnhauses errichtetes Anlehnhaus erwärmt sich rasch und läßt sich bequem an das Heizungssystem und die Wasserversorgung anschließen.

RECHTS Ein traditionelles holländisches Gewächshaus mit schrägen Seitenwänden, großen Glasscheiben und wenigen Rahmenhölzern ist ideal für lichtbedürftige Wintersaaten.

bedingungen problematisch, denn im Winter steht die Sonne sehr tief am Himmel. Falls Sie aber trotzdem ein Solargewächshaus für sinnvoll halten, sollten Sie die folgenden Merkmale beachten: Die größte Glasfläche sollte dem durchschnittlichen Höhenstand der Sonne zugewandt sein. Die der Sonne zugewandte Dachseite sollte so großflächig wie möglich, also höher hinauf- und weiter heruntergezogen sein, damit soviel Sonne wie möglich in das Gewächshaus gelangt.

Miniaturanlehnhäuser eignen sich für kleine Gärten mit wenig Platz. Man kann sie auch innerhalb eines größeren Gewächshauses errichten und so abgeschlossene Kleinklimata erzeugen. Ihre Größe reicht aus, um darin zwei Tomaten- oder Melonenpflanzen in Foliensäcken zu ziehen. In größeren Gewächshäusern kann man Regalborde in unterschiedlicher Höhe anbringen und auf diese Weise ein Pflanzenarrangement auf mehreren Ebenen gestalten.

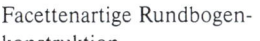

Facettenartige Rundbogenkonstruktion

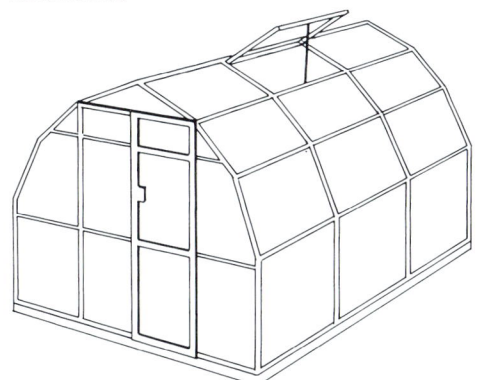

Pavillon

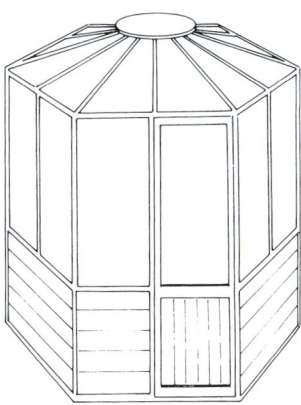

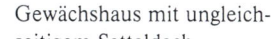

Gewächshaus mit ungleichseitigem Satteldach

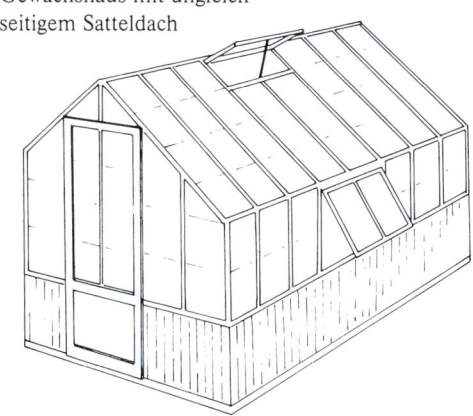

17

Glaszelte und Folientunnel

Glaszelte sind die einfachsten verglasten Vorrichtungen zum Schutz von Pflanzen. Man kann sie einzeln zum Abdecken bestimmter Pflanzen benutzen oder nebeneinander stellen, um beispielsweise eine Reihe früher Sämlinge oder Erdbeerpflanzen zu schützen. Die gängigsten Ausführungen sind einfache Zelttunnel, die aus zwei Glasscheiben bestehen, sowie größere Glaszelte mit Satteldach, die sich aus vier Scheiben zusammensetzen. Bei beiden Arten werden die Glasscheiben von Metallklammern oder -bügeln zusammengehalten. In den letzten Jahren wurden Glaszelte mehr und mehr von Kunststoffausführungen verdrängt. Am verbreitetsten sind Tunnel aus Kunststoff-Wellplatten, die über die Pflanzenreihen gebogen und mit Drahtbügeln gesichert werden, sowie die preiswerteren, niedrigeren Folientunnel, die ebenfalls von Drahtbügeln gehalten werden. Folientunnel sind in einer Breite von etwa 75 cm bis 2 m erhältlich. Die Folienenden werden zum Befestigen im Boden vergraben; zum Belüften schiebt man die Folie nach oben.

OBEN Traditionelle Glaszelte mit Satteldach können dazu dienen, den Boden für frühe Salatkulturen aufzuwärmen oder eine geschützte Umgebung für exotische Pflanzen, wie die hier gezeigten Paprika, zu schaffen.

RECHTS Ein Frühbeet mit gemauerten Seitenwänden ist ideal zum Abhärten von Gartenpflanzen geeignet. Dazu wird die Abdeckung nach und nach immer weiter geöffnet, so daß sich die Pflanzen allmählich an die Außentemperaturen gewöhnen können.

Unbeheizte Frühbeete

Frühbeete sind gewöhnlich nicht höher als 60 bis 120 cm und haben entweder gut isolierte Seitenwände aus Ziegelmauern oder Holz oder aber transparente Seiten aus Kunststoff oder Glas, die in Aluminium- oder Holzrahmen sitzen. Die Abdeckung kann aus einem Holz- oder Metallrahmen bestehen, der mit Glas, Kunststoff oder Folie versehen ist. Damit Regenwasser ablaufen kann und der Lichteinfall möglichst groß ist, sind Frühbeete so konstruiert, daß die Abdeckung schräg aufliegt. Beim Aufstellen solcher Frühbeete muß die niedrigere Vorderseite nach Süden zeigen, damit möglichst wenig Schatten auf die Pflanzen im Innern fällt.

Ein wichtiger Aspekt, den es zu bedenken gilt, ist das Gewicht des Frühbeets, da Modelle aus leichten Materialien, wie Kunststoff, leicht vom Wind umgeweht und beschädigt werden können. Frühbeete mit Seitenwänden aus Holz oder Ziegelmauern bieten den besten Frostschutz. Ein unbeheiztes Frühbeet ist besonders nützlich, um empfindliche Pflanzen abzuhärten, die man im Gewächshaus selbst gezogen hat. Zu diesem Zweck muß die Abdeckung nach und nach immer weiter geöffnet werden können, so daß mehr Luft eintritt. Zudem kann es als Ausweichquartier dienen, wenn der Platz im Gewächshaus nicht ausreicht. Frühbeete lassen sich zur Anzucht von Sämlingen und Stecklingen verwenden. Mit einer zusätzlichen Beheizung durch elektrische Erdheizkabel kann man darin auch kälteempfindliche Pflanzen kultivieren und überwintern.

Der richtige Standort

Im Idealfall sollte ein Gewächshaus an einer geschützten Stelle, aber nicht im Schatten von Gebäuden oder Bäumen stehen. Herabfallende Blätter und Äste sowie das Wurzelwachstum sind weitere Gründe, die gegen einen Standort in der Nähe von Bäumen sprechen. Natürlich soll das Gewächshaus in den meisten Fällen auch im Winter genutzt werden; deshalb muß es so stehen, daß möglichst viel Licht an die Pflanzen gelangt, da dies eine wesentliche Voraussetzung für ein gesundes Wachstum ist. Denken Sie daran, daß die Sonne im Winter tiefer steht und längere Schatten wirft.

Am besten ist es, das Gewächshaus mit dem Kompaß so auszurichten, daß eine der langen Seiten nach Süden zeigt, damit die Dachstreben weniger Schatten auf die Pflanzen im Innern werfen.

Außerdem sollte ein ausreichender Windschutz vorhanden sein, weil kalte Winde, die im Winter über das Gewächshaus wehen, die Wärmeverluste erheblich vergrößern und das Beheizungssystem zusätzlich belasten.

Vermeiden Sie einen tiefliegenden Standort, an dem sich die Kaltluft sammelt und nicht abziehen kann. Solche Areale können einige Grade kälter sein als Stellen, wo die Kaltluft gut abzieht.

Fest installierte Wasser-, Strom- und Gasanschlüsse sind zwar nicht unbedingt erforderlich, aber sie erleichtern natürlich die Arbeit im Gewächshaus erheblich. Da das Verlegen der Leitungen recht kostspielig ist, empfiehlt es sich, das Gewächshaus möglichst nah am Wohnhaus zu errichten, damit es an die vorhandenen Anschlüsse angebunden werden kann (siehe S. 23). Darüber hinaus ist es dann auch schneller zu erreichen, was bei Regen, Schnee oder Frost recht komfortabel sein kann.

Vor der endgültigen Entscheidung über den Standort und die Konstruktion sollten Sie sich in jedem Fall beim städtischen Bauamt oder beim Kreisbauamt erkundigen, ob eine Baugenehmigung erforderlich ist oder bestimmte Bauauflagen zu erfüllen sind.

WINDSCHUTZ

Windschutzvorrichtungen müssen natürlich immer quer zur Hauptwindrichtung stehen. Sie sollten aber so plaziert sein, daß sie keinen Schatten auf das Gewächshaus werfen. Massive Konstruktionen, wie geschlossene Mauerwände, sind zu vermeiden, da der Wind nach oben über die Mauer gedrückt wird und die dadurch entstehenden Luftwirbel zu Schäden am Gewächshaus führen können. Bäume und Hecken sehen als Windschutz am besten aus, doch sind spezielle Vorrichtungen, die gewöhnlich aus Kunststoff- oder Textilbahnen bestehen, am effektivsten. Im Idealfall sollte die Länge des Windschutzes das 12fache seiner Höhe und der Mindestabstand zum Gewächshaus das 4fache seiner Höhe betragen.

CHECKLISTE

● Das Gewächshaus sollte für die beabsichtigte Nutzung groß genug sein.
● Die Gewächshaustür muß breit genug und hoch genug sein, um einen bequemen Zugang zu ermöglichen.
● Die Türschwelle darf nicht zu hoch sein, da sich eine Schubkarre sonst nur schlecht in das Gewächshaus fahren läßt.
● Eine ausreichend bemessene Firsthöhe vergrößert den für die Pflanzen zur Verfügung stehenden Raum und ermöglicht ein bequemes Arbeiten im Gewächshaus.
● Bei Gewächshäusern mit schrägen Seitenwänden ist der Lichteinfall größer als bei senkrechten Seiten, doch steht dann weniger Platz im Innern zur Verfügung.
● Bei einem Gewächshaus, das an einem ungeschützten Ort aufgestellt ist, sind zusätzliche Verstrebungen im Innern des Gewächshauses erforderlich.
● Ähnliche Gewächshäuser von verschiedenen Herstellern können erhebliche Preisdifferenzen aufweisen.

Dieses Gewächshaus im traditionellen Stil, mit Ziegelmauern und Holzsparren, läßt sich gut über einen Kiesweg erreichen, was besonders im Winter von Vorteil ist, wenn sich unbefestigte Wege nur schlecht begehen lassen.

Baumaterialien

Gewächshäuser sind in vielen verschiedenen Ausführungen und Materialien auf dem Markt. Je nach Verwendungszweck des geplanten Gewächshauses müssen Sie entscheiden, welche Baumaterialien geeignet sind. Im folgenden werden die gebräuchlichsten Materialien für die tragende Konstruktion beschrieben. Holz und Aluminium sind die beiden gängigsten Baustoffe für Kleingewächshäuser. Verzinkter Stahl wird für größere Konstruktionen verwendet, Hart-PVC für Wintergärten.

Holz

Holz ist das attraktivste Baumaterial für Gewächshäuser. Es sollte feinporig, ast- und splintfrei sowie witterungsbeständig sein. Im allgemeinen verwendet man Weichholz, und nur die teuersten Gewächshäuser werden aus abgelagertem Eichenholz gebaut, was eine lange Haltbarkeit bei geringer Wartung gewährleistet. Für kleine Gewächshäuser kann Weichholz verwendet werden, doch für größere Gewächshäuser ist es wegen seiner eher geringen Zug- und Druckfestigkeit nicht geeignet. Doch sollte man beachten, daß hölzerne Bauteile breiter sind als solche aus Metall und entsprechend mehr Schatten verursachen. Dies gilt vor allem für die Dachkonstruktion. Hölzerne Bauteile müssen unbedingt imprägniert werden (Imprägniermittel verwenden, die den Pflanzen nicht schaden!), und Anstriche müssen regelmäßig kontrolliert sowie etwa alle zwei bis drei Jahre erneuert werden, um das Holz vor Feuchtigkeit und Fäulnis zu schützen.

Häufig verrotten bei Holzgewächshäusern mit kaum aus dem Boden herausragendem Fundament zuerst die Grundhölzer am Boden. Die Ursache hierfür kann Kondenswasser sein, das bei kalter Witterung von der Eindeckung heruntertropft, oder feuchtes Erdreich. Um dies zu verhindern, sollten die Grundhölzer auf einem gemauerten Sockel aufliegen, so daß sie nicht mit dem Erdreich in Berührung kommen. Darüber hinaus empfielt es sich, Regenrinnen anzubringen, damit das Wasser vom Dach abgeführt wird und der Boden rund um das Gewächshaus trocken bleibt.

Holzsprossen

Da Holz ein schlechter Wärmeleiter ist, bleiben die Rahmenhölzer und Sprossen warm und verringern so die Kondensation. Zumeist sind Holzsprossen jedoch breiter als Aluminiumprofile und werfen demzufolge auch mehr Schatten. Zubehör läßt sich an Holzsprossen einfach und schnell mit Nägeln oder Schrauben befestigen, die allerdings aus Messing oder verzinktem Stahl gefertigt sein müssen, damit sie nicht rosten. Bei einigen Gewächshausmodellen aus Holz finden auch Verglasungssysteme ohne Dichtungsmasse Verwendung (siehe unten).

Aluminium

Dieses nützliche Material erfordert wenig Pflege, ist leicht, handlich und rostet nicht; statt dessen kann sich

CHECKLISTE

Unabhängig vom Gewächshaustyp sollten Sie folgende Punkte beachten:
● Alle Verbindungen müssen sorgfältig ausgeführt sein und gut passen.
● Sprossen, Profile und First müssen stabil sein und dürfen sich nicht durchbiegen.
● Die Eindeckung muß gut in die Rahmen passen. Es dürfen weder Zwischenräume vorhanden sein, an denen Wasser eindringen kann, noch große Überstände, die das Säubern der Scheiben erschweren.

Befestigungsarten

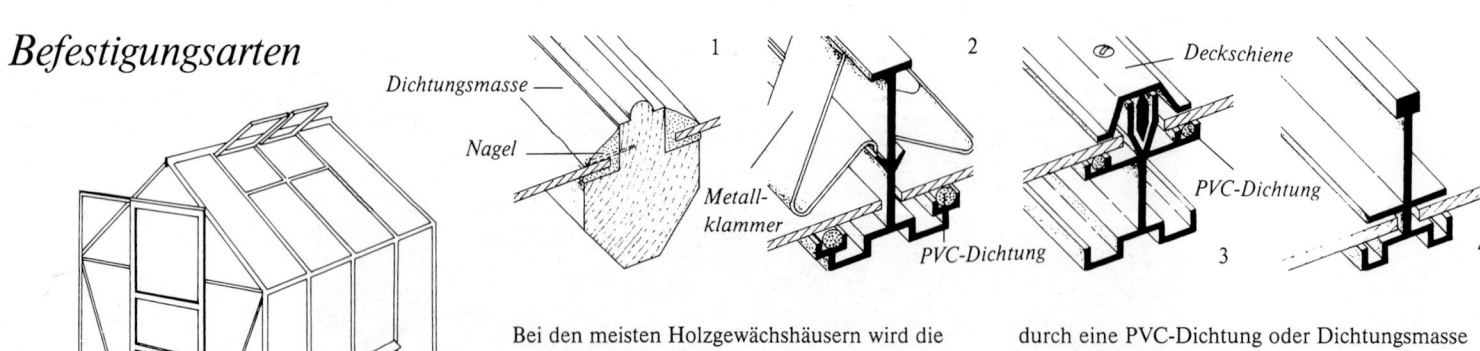

Bei den meisten Holzgewächshäusern wird die Verglasung in den Falz der Holzsprossen eingelegt, mit Nägeln aus Messing oder verzinktem Stahl an ihrem Platz gehalten und mit Dichtungsmasse verkittet (siehe 1). Bei einem anderen System werden die Scheiben an den Ecken mit Klammern aus rostfreiem Stahl befestigt und durch eine PVC-Dichtung oder Dichtungsmasse abgefedert (siehe 2). Bei dem dritten System wird die Verglasung mit durchgehenden Deckschienen an den Profilen angebracht (siehe 3). Bei einer Befestigung ohne Abdichtung werden die Scheiben lediglich in eine entsprechende Profilnut geschoben (siehe 4).

an der Oberfläche eine Oxydschicht bilden, die mit der Zeit grau oder fleckig werden kann. Bei teuren Gewächshäusern ist das blanke Aluminium mitunter auch elektrostatisch beschichtet, so daß es eine farbige, nichtmetallische Oberfläche erhält. Stabile Konstruktionen haben eine sehr lange Lebensdauer, während leichtere Ausführungen sich verwerfen können.

Aluminiumprofile

Aluminiumprofile sind schmaler als Holzsprossen und verursachen weniger Schatten im Innern des Gewächshauses. Die preiswerteste Methode, Glas an einem Aluminiumprofil zu befestigen, ist die Verwendung von Metallklammern aus rostfreiem Stahl (siehe gegenüberliegende Seite). Der Nachteil dieses Systems besteht darin, daß die Scheiben lediglich an den Ecken gesichert sind und bei Sturm brechen und herausgedrückt werden können. Bei trockener Witterung können Schmutz- und Staubpartikel vom Wind in die Ablaufrinnen zwischen der Scheibe und dem Profil getragen werden, so daß sich dort Moos ansiedelt und das Wasser nicht mehr ordnungsgemäß abläuft.

Bei einer Verglasung mit Aluminiumschienen kann sich kein Schmutz ansammeln, und das Wachstum von Moos wird weitgehend verhindert. Um dies auch bei der Verwendung von Metallklammern zu gewährleisten, sind für solche Systeme aufsteckbare PVC-Abdeckungen erhältlich.

Bei vielen preiswerten Ausführungen ragen die Aluminiumprofile nach außen. Aufgrund der großen Oberfläche, die hierdurch der kalten Luft im Freien ausgesetzt ist, können Wärmeverluste von bis zu 10 Prozent im Innern des Gewächshauses auftreten. Aus diesem Grund wurde ein flaches Profilsystem entwickelt, bei dem nur die PVC-Deckleiste außen am Gewächshaus sitzt und – da PVC ein schlechter Wärmeleiter ist – erheblich weniger Wärme verlorengeht. Bei einigen Aluminiumgewächshäusern werden auch Verglasungssysteme ohne Abdichtung verwendet.

Stahl

Stahl hat eine große Zug- und Druckfestigkeit und ist somit das ideale Baumaterial für größere Gewächshäuser. Es sollten allerdings ausschließlich verzinkte Stahlkonstruktionen oder solche, die mit Rostschutzfarbe behandelt sind, in Erwägung gezogen werden. Achten Sie darauf, daß die Verzinkung ausreichend dick ist, und kaufen Sie niemals ein Gewächshaus, das bereits Rost-

stellen aufweist. Gleichwertige Stahl- und Aluminiumgewächshäuser haben eine vergleichbare Lebensdauer, obwohl sich diese bei Stahlkonstruktionen erheblich verkürzt, wenn Anrostungen nicht rechtzeitig beseitigt werden. Bei Gewächshäusern mit Stahlgerüst wird die Verglasung entweder mit Kitt, Bitumen oder einem kittlosen Halterungssystem mit Kunststoffabdeckung befe-

stigt. Letztere bietet den Vorteil, daß bis zu 6 Prozent Energie eingespart werden kann.

Hart-PVC

Hart-PVC, das vor allem für kleine Wintergärten verwendet wird, ist witterungsbeständig, rostet nicht und bedarf deshalb keiner Wartung. Nach einiger Zeit kann der Kunststoff allerdings durch Schmutzpartikel in der Luft matt und angegriffen aussehen. Bei größeren Wintergärten, bei denen ein erhebliches Gewicht auf die tragende Konstruktion einwirkt, sind die Kunststoffprofile oftmals durch einen Metallkern verstärkt. Da unverstärktes Hart-PVC über keine besonders große Festigkeit verfügt, müssen die Profile, deren Aussehen von Wintergarten zu Wintergarten variieren kann, mindestens einen ebenso großen Querschnitt wie Holzsprossen haben; aber dennoch können sie nur ein leichtes Kunststoffdach tragen.

Die Holzsprossen dieses Wintergartens sind weiß lackiert, so daß das Licht von ihnen reflektiert wird und auf die Pflanzen fällt. Die weiße Farbe verstärkt außerdem den Eindruck einer leichten, lichtdurchfluteten Konstruktion.

Gewächshauseindeckungen

Achten Sie darauf, daß dem Gewächshaus klare Anweisungen vom Hersteller darüber beiliegen, wie die tragende Konstruktion aufgestellt und die Eindeckung angebracht werden muß. Unabhängig davon, ob Sie das Gewächshaus selbst aufbauen oder den Lieferanten oder einen örtlichen Handwerker damit beauftragen, sollten Sie folgendes beachten:

● Der Untergrund am gewählten Standort muß fest, eben und gut drainiert sein.
● Das Gewächshaus an einem windstillen, trockenen Tag aufstellen.
● Das Anbringen der Eindeckung nicht auf mehrere Tage verteilen.
● Wenn Pflanzen in Gewächshausbeeten wachsen sollen, darauf achten, daß die Erde beim Aufstellen nicht verdichtet wird.
● Wasser-, Gas- und Stromleitungen verlegen, bevor das Fundament errichtet wird.
● Mutterboden, der beim Aushub anfällt, an einer geeigneten Stelle zwischenlagern; er kann im Gewächshaus oder im Garten verwendet werden.
● Bei nassem Untergrund eine Drainage bis zu einem Sickerschacht am Ende des Gewächshauses einbringen.
● Bleibt der Boden trotz Drainage naß, die Gewächshausbeete höher legen.
● Im Gewächshaus einen befestigten Mittelweg aus Beton, Pflastersteinen oder Holzbohlen anlegen.

Nachdem das Material für die tragenden Bauteile ausgewählt ist, müssen Sie entscheiden, ob für die Eindeckung traditionelles Glas oder moderner Kunststoff verwendet werden soll. Während Kunststoff eine preiswerte Eindeckung ermöglicht, ist Glas das ästhetischere der beiden Materialien und für Gewächshäuser und Wintergärten gleichermaßen beliebt.

Glas

Für die Eindeckung von Gewächshäusern stehen zwei Glasarten zur Auswahl: Blankglas und Klarglas. Ersteres hat die Merkmale von Fensterglas. Es ist vollkommen durchsichtig, und die Strahlenbündel gehen durch dieses Glas gerade hindurch. Klarglas hingegen ist nicht vollkommen durchsichtig, sondern durchscheinend. Es hat eine glatte und eine genörpelte Seite, die nach innen weisend eingesetzt werden muß. Klarglas erzeugt gestreutes Licht. Blankglas ist in den Stärken 2,8 und 3,8 mm und Klarglas in den Stärken 3 und 3,8 mm im Handel. Glas für Gewächshauseindeckungen wird in unterschiedlichen Abmessungen angeboten, wie etwa 48 x 120 cm oder 60 x 120 cm. Bei der Auswahl der Scheiben ist zu beachten, daß schmalere Scheiben entsprechend mehr Sprossen erforderlich machen und dies den Lichteinfall mindert. Auf Holz- und Stahlsprossen wird die Verglasung mit Kitt abgedichtet. Bei Aluminiumsprossen wird die Abdichtung nicht mit Kitt, sondern mit einer Kunststoffhaube vorgenommen; sie bietet zwei Vorteile: Bei Glasbruch ist das Einglasen eine einfache Sache, und die Wärmeverluste sind geringer.

Wird das Gewächshaus ausschließlich zum Gärtnern genutzt, ist 3 mm starkes Glas vollkommen ausreichend. Wenn Kleinkinder zur Familie gehören, empfiehlt es sich jedoch, die Seitenwände und die Tür mit verstärktem Glas zu versehen. Bei einem Wintergarten am Haus, der als Wohnraum genutzt werden soll, entscheidet man sich am besten für eine Dacheindeckung aus Sicherheitsglas oder Kunststoffplatten, da es sonst zu tragischen Unfällen kommen kann, wenn Schneelawinen oder Dachziegel vom Wohnhaus auf das Wintergartendach rutschen.

Kunststoff

Kunststoffmaterial zum Eindecken von Gewächshäusern ist erheblich leichter als Glas, so daß die Sprossen oder Halteschienen größere Abstände sowie einen kleineren Querschnitt haben können und somit weniger

Schatten im Gewächshaus verursachen. Kunststoff ist flexibel und läßt sich leicht schneiden, bohren und schrauben, ohne zu brechen, und allein dieser Aspekt hat dazu geführt, daß sich das Material in den letzten Jahren wachsender Beliebtheit erfreut.

Die ersten Kunststoffeindeckungen, die auf den Markt kamen, hielten häufig nicht länger als ein Jahr, weil sie durch die UV-Strahlung zersetzt wurden. Heutige Kunststoffe dagegen sind UV-stabilisiert und erheblich haltbarer. Sie lassen sich allerdings schlecht reinigen, und Schmutz, der sich auf der Oberfläche ansammelt, verringert die Lichtdurchlässigkeit.

Platten aus Polyester, Polycarbonat und Acrylglas

Glasfaserverstärkte Kunststoffplatten aus Polyester haben eine sehr gute Lichtdurchlässigkeit (etwa 85 Prozent). Sie sind als Platten sowie als gewellte Formteile erhältlich. Glasfaserverstärktes Polyester zeichnet sich durch Stabilität, Widerstandsfähigkeit gegen Hitze, Frost und Hagelschlag sowie geringes Eigengewicht aus.

Polycarbonatplatten haben eine Lichtdurchlässigkeit von 85 – 90 Prozent und sind in Stärken von 4 – 10 mm erhältlich. Der Kunststoff ist gegen Zersetzung durch Sonneneinwirkung behandelt und hat eine hohe mechanische Festigkeit. Die meisten Fabrikate ertragen Temperaturen von − 40 bis + 130 °C ohne sichtbare Schäden. In der Regel bleibt dieses Material etwa 15 Jahre voll funktionsfähig.

Acrylglas (Plexiglas) hat eine Lichtdurchlässigkeit von 85 – 90 Prozent. Es wird in Stegdoppelplatten angeboten, die den Vorteil der Wärmeisolierung bieten und bis zu 40 Prozent Heizkostenersparnis ermöglichen.

Folien

Folien aus Polyäthylen und Polyvenylchlorid (PVC) werden am häufigsten verwendet. Natürlich sind sie kein Glasersatz, aber sie bieten einige Vorzüge. Sie sind leicht, wasserundurchlässig und beständig gegen Dünge- und Pflanzenschutzmittel. Polyäthylenfolie hat je nach Stärke eine Lichtdurchlässigkeit von 80 – 85 Prozent und Polyvenylchloridfolie von etwa 90 Prozent. Allerdings kann die Lichtdurchlässigkeit durch Verschmutzung jährlich um etwa 15 Prozent vermindert werden. Folien mit Perlon- oder Nylonmaschengewebe (Gitterfolien) sind erheblich reißfester, allerdings ist ihre Lichtdurchlässigkeit geringer. Den Vorteil der Wärmeisolierung bieten gitterverstärkte Luftpolsterfolien.

Versorgungsleitungen

Wasser

Ein Wasserhahn im Gewächshaus ist von großem Vorteil. Außer daß man auf diese Weise die Gießkanne bequemer füllen kann, ermöglicht ein fester Wasseranschluß den Einsatz von automatischen und halbautomatischen Bewässerungssystemen sowie die Verwendung eines Sprühnebel-Vermehrungskastens. Damit die Wasserleitung im Winter nicht einfriert, muß sie frostfrei verlegt und ausreichend isoliert werden. Bei unbeheizten Gewächshäusern sollte man das Wasser im Winter ablassen, um Rohrbrüche zu verhindern.

Aber selbst wenn ein Wasseranschluß vorhanden ist, empfiehlt es sich, zusätzlich eine Tonne oder einen Tank zum Auffangen des Regenwassers vom Dach aufzustellen, da manche Pflanzen, wie beispielsweise Heidekrautgewächse, weiches Wasser bevorzugen. Nach Möglichkeit sollten solche Auffangbehälter im Gewächshaus stehen, damit das Gießwasser immer leicht temperiert ist. Dazu können Sie einen Wassertank aus verzinktem Material oder Kunststoff unter dem Arbeitstisch im Boden einlassen und das Fallrohr der Regenrinne durch die Seitenwand des Gewächshauses zum Tank führen. Oben am Tank sollte ein Überlauf angebracht werden, damit keine Überschwemmung entsteht und überschüssiges Wasser ins Freie abgeleitet wird, wenn der Tank voll ist. Um Insekten fernzuhalten und Unfälle mit Kindern zu verhüten, empfiehlt es sich, den Tank abzudecken. Dachrinnen und Fallrohre gehören nicht immer zum Lieferumfang eines Gewächshauses, sollten aber in jedem Fall installiert werden, auch wenn man sie als Sonderzubehör kaufen muß.

Elektrizität

Ein Warmhaus ohne Elektrizität ist undenkbar, aber selbst ein unbeheiztes Gewächshaus profitiert von einem Stromanschluß. Man benötigt ihn, um das Gewächshausklima regulieren und Sprühnebel-Vermehrungskästen und Erdheizkabel oder auch einen Heizlüfter anschließen zu können; und wenn Sie an dunklen Winterabenden im Gewächshaus arbeiten wollen, ist elektrisches Licht unerläßlich. Alle elektrischen Geräte, die im Gewächshaus benutzt werden, müssen für diesen speziellen Zweck zugelassen sein, von einem qualifizierten Elektriker installiert und ordnungsgemäß betrieben werden. Ebenso wichtig ist, daß das verwendete Installationsmaterial – Kabel, Dosen und Schalter – für Feuchträume geeignet ist. Zum Schutz vor elektrischen Schlägen sollte man in jedem Fall einen Fehlerstrom-Schutzschalter von einem qualifizierten Elektriker ein-

bauen lassen. Sie sollten schon vorher entschieden haben, welche Geräte Sie in welchen Gewächshausbereichen anschließen wollen, bevor der Stromanschluß zum Gewächshaus verlegt werden kann. Denn der Elektriker muß dies wissen, damit er die entsprechenden Leitungen einplanen kann.

Erdgas

Falls ein Stromanschluß nicht möglich ist oder sich Erdgas als die billigere Energieform erweist, sollte man einen Gasanschluß in Erwägung ziehen, wenn das Gewächshaus in der Nähe des Wohnhauses oder einer vorhandenen Gasleitung steht. Der Anschluß darf nur von einem zugelassenen Installateur vorgenommen werden. Aufgrund der hohen Kosten, die mit einem Erdgasanschluß verbunden sind, entscheiden sich viele Gewächshausbesitzer für die Verwendung von Flüssiggas in Flaschen (siehe S. 26). Es sollten ausschließlich spezielle Gasheizöfen für Gewächshäuser eingesetzt werden, damit der Ausstoß an Kohlendioxyd möglichst gering ist.

Langfristig betrachtet zahlt es sich aus, ein Gewächshaus von Anfang an vernünftig auszustatten. Ein gepflasterter Mittelweg läßt sich einfach mit dem Besen sauberhalten und kann zur Erhöhung der Luftfeuchtigkeit mit Wasser besprengt werden; ein Wasseranschluß im Gewächshaus erleichtert das Gießen der Pflanzen.

Beheizung

Bevor Sie sich für ein bestimmtes Heizungssystem entscheiden, müssen Sie bereits festgelegt haben, für welche Zwecke Sie Ihr Gewächshaus nutzen und welche Pflanzen Sie kultivieren wollen beziehungsweise welche klimatischen Bedingungen sie erzeugen wollen, damit sich die erforderliche Mindesttemperatur bestimmen läßt (siehe untenstehende Tabelle). Sobald dies erfolgt ist, kann die Entscheidung über das am besten geeignete Heizungssystem getroffen werden. Hierzu errechnen Sie zunächst den Wärmebedarf in Kilowatt (siehe S. 25). Die Leistung eines Heizgeräts ist ebenfalls in Kilowatt (kW) auf dem Typenschild oder in der Betriebsanleitung angegeben.

Zur Temperaturüberwachung im Gewächshaus benötigt man ein Thermometer. Im Fachhandel werden Thermometer in unterschiedlichen Ausführungen für verschiedene Zwecke angeboten. Ein Minimum-Maximum-Thermometer ist mit zwei Skalen ausgestattet, so daß man morgens die niedrigste Temperatur der vergangenen Nacht und abends die höchste Tagestemperatur ablesen kann. Auf diese Weise können Sie bequem kontrollieren, ob das Gewächshaus während des Tages genügend belüftet und in der Nacht ausreichend beheizt ist. Batteriebetriebene Thermometer mit Digitalanzeige weisen nur die momentane Temperatur aus. Mehrere Thermometer, in verschiedenen Höhen aufgehängt, zeigen, wie unterschiedlich die Temperaturen auf verschiedenen Ebenen sind. Zur Temperaturmessung im Erdreich benötigen Sie ein Bodenthermometer. Dies ist besonders wichtig, um die Keimtemperatur in Vermehrungskästen kontrollieren zu können.

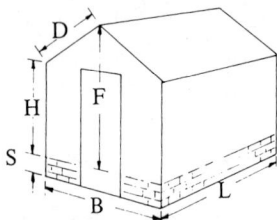

L = Länge des Gewächshauses 2,5 m
B = Breite des Gewächshauses 1,8 m
F = Höhe der Verglasung bis zum First 1,3 m
H = Höhe der Verglasung bis zur Traufe 0,7 m
D = Dachschräge 1,2 m
S = Höhe des gemauerten Sockels 0,8 m

Heizgeräte

Außer bei sehr einfachen Einrichtungen sollte man sich hinsichtlich der Größe und Ausführung einer Gewächshausheizung sowie der damit verbundenen Kosten immer von einem Heizungsfachmann beraten lassen.

Elektrische Heizgeräte

Die vielseitigsten Möglichkeiten zur Beheizung kleiner Gewächshäuser bieten elektrische Geräte. Sie sind sauber, wenig störanfällig, lassen sich problemlos regulieren und erzeugen nur dann Wärme, wenn sie benötigt wird. Außerdem lassen sie sich ohne Kamin betreiben und benötigen keinen Platz für Brennstofflagerung. Elektrische Heizsysteme sind in drei Ausführungen auf dem Markt: als Heizgebläse, Rohrheizkörper und Rippenrohrheizkörper. Heizgebläse saugen Luft an und erwärmen sie; der eingebaute Ventilator bläst die Luft zurück in den Raum. Bei einigen Model-len läuft der Ventilator auch dann weiter, wenn sich die Heizelemente abgeschaltet haben, so daß die Luft umgewälzt wird und sich die Wärme im Gewächshaus gleichmäßig verteilt. In die meisten Heizlüfter ist ein Thermostat eingebaut, damit sich das Gerät selbsttätig ein- oder ausschaltet, wenn eine bestimmte Temperatur erreicht ist. Elektrische Rohr- und Rippenrohrheizkörper werden ebenfalls durch Thermostate gesteuert. Elektrische Heizsysteme sind gut geeignet zur Beheizung des Gewächshauses in den Übergangsmonaten; als einzige Wärmequelle ist diese Energieform jedoch zu kostspielig.

Berechnung des Wärmebedarfs

Die oben gezeigte Abbildung stellt ein typisches Gewächshaus dar und gibt die Maße an, auf denen die Berechnung des Wärmebedarfs basiert. Die untenstehende Tabelle zeigt, in welchem Verhältnis die Heizkosten zur gewünschten Temperatur stehen.

Mindesttemperatur im Winter	Gewächshausklima	Kosten
4 °C	frostfrei	a*
10 °C	temperiert	a x 2
15 °C	warm	a x 5

*a = Mindestkosten, um ein Gewächshaus frostfrei zu halten. Für höhere Temperaturen errechnet man die Heizkosten, indem man die Grundkosten mit den angegebenen Zahlen multipliziert.

Die folgende Berechnung bezieht sich auf ein traditionelles Gewächshaus mit 16 mm Doppelstegplatten als Eindeckung. Für andere Eindeckungsmaterialien sollte man den Wärmeverlust beim Lieferanten erfragen.

Um den Wärmebedarf auszurechnen, müssen zunächst folgende Werte bestimmt werden:

● *Äquivalente Oberfläche (A)* Sie wird berechnet, indem man die Innenflächen der verglasten Seitenwände, der Dachschrägen und der Giebelseiten sowie die Hälfte der Fläche des umlaufenden Mauersockels addiert. (Bei Mauerwänden ist der Wärmeverlust nur etwa halb so groß wie bei Glas.)

● *Temperaturdifferenz (Δ t)* Damit ist die Differenz zwischen der angestrebten Innentemperatur und der geschätzten tiefsten Außentemperatur gemeint. Um einen möglichst genauen Wert für die Außentemperatur zu erhalten, sollte man den Durchschnittswert zugrunde legen, der sich aus den tiefsten Wintertemperaturen der letzten 20 Jahre ergibt. (Diese Temperaturen sind in den Aufzeichnungen der nächstgelegenen Wetterwarte zu finden.)

● *Wärmedurchgangszahl (k)* Hierbei handelt es sich um eine konstante Zahl, die je nach verwendetem Eindeckmaterial und Dicke unterschiedlich ist; darin sind bereits Zuschläge für Undichtigkeiten usw. enthalten. Die Wärme-

Petroleumheizgeräte

Petroleumöfen sind die einfachste Form der Beheizung, aber sie eignen sich nur für sehr kleine Gewächshäuser. Sie lassen sich leicht installieren, sind tragbar und preisgünstig in der Anschaffung sowie im Betrieb. Da sie jedoch über keine thermostatische Steuerung verfügen und die Gewächshaustemperatur somit starken Schwankungen unterliegt, sollte man Petroleumöfen lediglich als vorübergehende Heizung einsetzen oder wenn die Differenz zwischen der angestrebten Innen- und der niedrigsten Außentemperatur nicht mehr als 6°C beträgt. Ist die Temperaturdifferenz größer, können die Pflanzen durch eine Konzentration schädlicher Gase eingehen. Darüber hinaus erhöhen sich Luftfeuchtigkeit und Kondensation durch die von einem Petroleumofen abgegebenen Rauchgase, was Pilzkrankheiten wie Grauschimmel *(Botrytis)* fördern kann. Falls Sie ein Petroleumheizgerät einsetzen, sollte das Gewächshaus stets gründlich gelüftet werden. Stellen Sie die Dochtlänge immer richtig ein, damit die Rauchgase auf ein Minimum reduziert werden. Petroleumöfen erfordern eine regelmäßige Wartung. Man muß den Docht schneiden und zumeist täglich den Brennstofftank auffüllen. Geht der Ofen aus, weil kein Petroleum mehr im Tank ist, rußt der Docht, und es entstehen giftige Rauchgase. Die einfache Installation und die verhältnismäßig niedrigen Brennstoffkosten von Petroleumöfen wiegen die schlechte Heizleistung und die Unbequemlichkeit, die mit ihrer Verwendung verbunden sind, im allgemeinen nicht auf.

Gasheizgeräte

Allgasheizungen können mit Propan-, Butan- oder Erdgas betrieben werden. Gasöfen mit Thermostat müssen zumeist mit Hilfe eines exakten Thermometers eingestellt werden, damit sie richtig funktionieren. Das gewählte Gerät sollte für Gewächshäuser ausgelegt sein und von einem Fachmann installiert werden. Erdgas besteht hauptsächlich aus Methan, das bei der Verbrennung geringe Mengen giftiger Gase freisetzt, was bei Pflanzen zum Abfallen der Blätter oder Knospen führen kann. Aus diesem Grund muß beim Einsatz von Gas-

Heizlüfter lassen sich überall dort einsetzen, wo ein Stromanschluß vorhanden ist. Thermostatgesteuerte Geräte regulieren die Gewächshaustemperatur selbsttätig. Darüber hinaus stellen Heizlüfter eine gute Luftzirkulation sicher, was im Winter Pilzkrankheiten entgegenwirkt.

---

durchgangszahl wird gemessen in Watt pro Quadratmeter und Grad (W/m² K). Das K steht für Kelvin; im Unterschied zur Celsius-Skala beginnt die Kelvin-Skala beim absoluten Nullpunkt (− 273 °C). Die Differenz von 1 Kelvin bedeutet das gleiche wie die von 1 °C.

Beispiel:

Wenn sich Ihr Gewächshaus in einer Region befindet, wo die tiefste Wintertemperatur − 7°C beträgt, und Sie *Clianthus puniceus* ziehen wollen, der ein Gewächshaus mit einer Temperatur nicht unter 4°C benötigt, ergibt sich eine Temperaturdifferenz von 11°C. Wenn Sie zur

Eindeckung 16-mm-Doppelstegplatten verwendet haben, ergibt sich die Wärmedurchgangszahl 2,9.

Fläche der Seitenwände und Dachschrägen:
$2 \times (H + D) \times L = 2 \times (0{,}7 \text{ m} + 1{,}2 \text{ m})$
$\times 2{,}5 \text{ m} = 9{,}5 \text{ m}^2$

Fläche der Giebelseiten:
$2 \times (F + S) \times B = 2 \times (1{,}3 \text{ m} + 0{,}7 \text{ m})$
$\times 1{,}8 \text{ m} = 7{,}2 \text{ m}$

Halbe Fläche des Mauersockels:
$(L + B \times s) = (2{,}5 \text{ m} + 1{,}8 \text{ m}) \times 0{,}8 \text{ m} = 3{,}4 \text{ m}^2$

Diese drei Werte werden addiert:
$9{,}5 \text{ m}^2 + 7{,}2 \text{ m}^2 + 3{,}4 \text{ m}^2 = 20{,}1 \text{ m}^2$

Der Wärmebedarf in Watt (W) wird wie folgt berechnet:
$A \times k \times \Delta t = 20{,}1 \times 2{,}9 \times 11 = 641 \text{ W}$

Den Wert rundet man auf (in diesem Beispiel auf 650 W) und schlägt als Sicherheit 25 Prozent auf, damit das Heizsystem auch einen unvorhergesehenen Wärmebedarf decken kann und Abweichungen zwischen der angegebenen und der tatsächlichen Geräteleistung ausgeglichen werden. Das abgebildete Gewächshaus benötigt demzufolge ein Heizgerät mit einer Leistung von 813 W.

pangas ist am besten geeignet, weil es weniger toxische Rauchgase erzeugt, doch bei unzureichender Belüftung können die Blätter der Gewächshauspflanzen an den Rändern braun werden und abfallen.

Warmwasserheizung

Eine Warmwasserheizung, bei der die Heizrohre an den Seitenwänden verlaufen und an einen mit Festbrennstoffen oder Öl befeuerten Kessel angeschlossen sind, ist zu empfehlen, wenn hohe Temperaturen erreicht oder große Gewächshäuser beheizt werden müssen. Einfache Heizkessel für feste Brennstoffe regulieren die Wärme im Gewächshaus nicht selbsttätig, und das Befeuern und Beseitigen der Asche ist recht arbeitsintensiv. Moderne Ölheizkessel verfügen dagegen über eine zuverlässige Thermostatsteuerung. Wenn Heizrohre unterhalb von Gewächshaustischen verlaufen, sollte man die Tische etwas von der Seitenwand abrücken, damit die Warmluft frei zirkulieren kann und keine kalten Bereiche entstehen.

In Wintergärten am Haus installiert man am besten Radiatoren und schließt sie – eine ausreichende Kapazität vorausgesetzt – an die Heizungsanlage des Wohnhauses an. Um sicherzustellen, daß die Wintergartenheizung auch dann weiterläuft, wenn sich die Heizung im Wohnhaus während der Nacht abschaltet, ist ein separater thermostatgesteuerter Anschluß an den Heizkessel erforderlich.

Ölofen

Für die Beheizung des Gewächshauses haben sich Ölöfen durchaus bewährt. Sie sind leicht zu installieren, mühelos zu bedienen, und als Kamin reicht ein durch das Dach geführtes Blechrohr aus. Mit einem über dem Ofen angebrachten Ventilator läßt sich die Luftumwälzung regulieren.

Infrarotheizung

Dies ist keine Gewächshausbeheizung im üblichen Sinn, und sie ist auch nicht als Dauerheizung zu verwenden. Aber sie soll hier trotzdem erwähnt werden, denn sie ist geeignet, in Übergangsperioden bestimmte Pflanzen frostfrei zu halten. Sie kann sowohl elektrisch betrieben werden als auch – dies ist besonders für kleine Gewächshäuser ohne Stromanschluß eine Möglichkeit – mit Flüssiggas. Die Strahlung darf jedoch nicht direkt auf die Pflanzen gerichtet werden, sondern auf den Boden oder eine Wand, damit sich lediglich die Luft erwärmt.

Kakteen und andere Sukkulenten benötigen einen hellen, gut belüfteten Standort. Ist das Gewächshausklima im Winter zu warm und feucht, bilden sich korkartige Veränderungen an den Pflanzen. Wird das Gewächshaus mit einem Petroleum- oder Gasofen beheizt, muß es regelmäßig belüftet werden.

öfen immer eine ausreichende Belüftung gewährleistet sein. Die Installation einer neuen Gasleitung zu einem Gewächshaus, das weit vom Wohnhaus entfernt steht, kann sehr teuer sein, so daß sich in diesem Fall eher die Verwendung von Flüssiggas in Flaschen anbietet.

Obwohl Flüssiggas im Vergleich zu Erdgas teuer ist, sind Gasflaschen eine gute Alternative, wenn kein Erdgasanschluß verlegt werden kann. Die Gasflaschen sollten auf festem Untergrund außerhalb des Gewächshauses stehen. Für die Flaschen muß beim Lieferanten eine größere Geldsumme als Pfand hinterlegt werden, es empfiehlt sich aber dennoch, immer eine volle Flasche in Reserve zu haben. Falls kein Manometer an den Gasflaschen vorhanden ist, sollte man eines anbringen, denn sonst läßt sich nur durch Schütteln der Flaschen feststellen, wieviel Gas noch vorhanden ist. Am sichersten ist es deshalb, ein Umschaltventil anzubringen, das im Bedarfsfall auf die Reserveflasche umschaltet. Pro-

Wärmedämmung

Wenn Sie sich für ein Heizungssystem entschieden haben, sollten Sie als nächstes überlegen, wie sich die Heizkosten durch eine möglichst gute Wärmedämmung reduzieren lassen. Zu diesem Zweck kann man das Gewächshaus von innen mit Materialien isolieren, die eine geringe Wärmeleitfähigkeit besitzen. Außerdem sollten alle Ritzen und Fugen abgedichtet und die Gewächshauspflanzen ihrem Wärmebedarf entsprechend gruppiert werden (siehe S. 28).

Isolierung

Bei Konstruktionen mit einer Doppelverglasung ist die Wärmedämmung am besten. Am teuersten, aber wohl auch am effektivsten ist Isolierglas, das eine gute Lichtdurchlässigkeit aufweist. Solche Scheiben sind jedoch schwer und benötigen eine stabile Tragekonstruktion, wenn sie auch zur Dacheindeckung verwendet werden sollen. Dies hat jedoch eine Minderung des Lichteinfalls zur Folge. Als Kompromißlösung kann man die Seitenwände des Gewächshauses aus optischen und strukturellen Gründen mit Glas eindecken und das Dach mit leichteren Stegdoppelplatten aus Acrylglas. Es ist wichtig, die Schnittkanten der Platten mit wasserundurchlässigem Klebeband abzudichten, damit zwischen den beiden Kunststofflagen kein Wasser kondensiert, was die Lichtdurchlässigkeit stark beeinträchtigen würde.

Bei Konstruktionen mit Einfachglas kann man zur besseren Isolierung Polyäthylenfolie im Innern des Gewächshauses anbringen. Hierdurch ergibt sich die beste Lichtdurchlässigkeit, die Wärmeersparnis beträgt aber höchstens 25 Prozent. Verwenden Sie keine beliebige Folie, sondern ausschließlich spezielle Gewächshausfolie, die UV-stabilisiert ist.

Zweilagige Luftpolsterfolie, die zwar teurer als normale Folie ist, bringt eine Wärmeersparnis von etwa 30 Prozent, bei einer dreilagigen, großnoppigen Luftpolsterfolie ist die Ersparnis entsprechend höher. Jede Lage verringert allerdings auch die Lichtdurchlässigkeit, so daß bei einer Isolierung mit dreilagiger Luftpolsterfolie erheblich weniger Licht in das Gewächshaus gelangt. Hier gilt es, das Ziel möglichst geringer Wärmeverluste – und damit niedrigerer Heizkosten – mit dem Lichtbedarf der Pflanzen in Einklang zu bringen. Aus diesem Grund empfehle ich eine Isolierung mit zweilagiger Luftpolsterfolie. Werden im Winter Pflanzen ausgesät, die viel Licht benötigen (wie Pantoffelblumen oder Salat), sollte man jedoch an der Südseite keine Folie anbringen, damit die Wintersonne ungehindert in das Gewächshaus gelangt.

Die Isolierfolie muß im Abstand von etwa 60 cm an den Gewächshaussprossen und in den Ecken befestigt werden, damit sie möglichst straff sitzt. Die beste Isolierwirkung erzielt man, wenn zwischen Folie und Glas ein Zwischenraum von 2,5 cm bleibt. In Holzgewächshäusern kann die Folie auf der Unterseite der Sprossen mit Nägeln oder wasserfestem doppelseitigem Klebeband befestigt werden. Bei Aluminiumgewächshäusern läßt sich die Folie mit Hilfe spezieller Klemmen an den Profilen befestigen, wobei Abstandhalter für den erforderlichen Abstand zur Glaseindeckung sorgen. Für die Ecken sind besondere Klammern erhältlich, die sich bei vielen Gewächshäusern verwenden lassen. Passen diese Klammern nicht, nimmt man doppelseitige Klebekissen. Bei Stahlkonstruktionen gibt es wenige geeignete Befestigungspunkte, so daß die Isolierfolie am besten mit wasserfestem doppelseitigem Klebeband angebracht wird. Alternativ kann man Holzleisten an den Metallsprossen festschrauben und die Folie wie bei Holzgewächshäusern befestigen.

Eine andere Möglichkeit ist die Anbringung der Kunststofffolie mit Spanndrähten, die innen an der Traufe und am First verlaufen. Der Vorteil dieser Methode ist, daß sich die Isolierfolie einfacher aufrollen und entfernen läßt, der Nachteil hingegen, daß sie nicht straff gespannt ist und demzufolge eher durchhängt.

Die beste Zeit zum Anbringen der Isolierfolie ist der Spätsommer, nachdem das Gewächshaus ausgeräumt und gründlich mit einem handelsüblichen Gewächshausreiniger gesäubert wurde. Alles Moos, das sich zwischen den Sprossen und der Eindeckung angesiedelt hat, muß vollständig entfernt werden. Meiner Erfahrung nach geht dies mit einem Hochdruckreiniger besonders gut, wenngleich auch ein Eimer mit warmem Seifenwasser und eine Wurzelbürste ausreichen. Bei dieser Gelegenheit sollten Sie auch alle beschädigten Glasscheiben austauschen und die Befestigung der gesamten Eindeckung kontrollieren.

Den Folienbedarf berechnen

Um den Folienbedarf festzulegen, sollten Sie zunächst die Innenlänge des Gewächshauses abmessen und ausrechnen, wie viele Folienbahnen – bei einer Überlappung von 10 cm – zur Isolierung nötig sind. Um die Länge der einzelnen Bahnen zu bestimmen, messen Sie die Höhe der Seitenwand sowie den Abstand zwischen der Traufe und dem Dachfirst. Diese beiden Zahlen werden dann addiert und mit 2 multipliziert. Die Giebelseiten und Türen müssen auf Maß zugeschnitten werden. Wichtig ist vor allem eine lückenlose Auskleidung mit Folie. Zusätzlich kann über der Tür ein Iso-

Fittonia verschaffeltii var. *argyroneura*
Diese hübsche immergrüne Blattpflanze für ein Warmhaus hat kleine, ovale, olivgrüne Blätter mit weißen Blattrippen. Sie ist empfindlich gegen Kälte und Zugluft, und ihre Blätter welken rasch, wenn die Temperatur unter 15 °C fällt.

Farne wie *Adiantum raddianum*, *Platycerium bifurcatum* und *Drynaria quercifolia* sowie die Kletterpflanze *Hoya multiflora*, die ein temperiertes oder warmes Gewächshaus benötigen, verursachen im Winter hohe Heizkosten, wenn das Gewächshaus zur Reduzierung der Wärmeverluste nicht gut isoliert ist.

ENERGIE SPAREN

Neben einer ausreichenden Isolierung gibt es noch eine Reihe von anderen Maßnahmen, mit deren Hilfe sich die Heizkosten im Gewächshaus senken lassen. Je mehr der folgenden Punkte berücksichtigt werden, desto größer ist die Energieersparnis. Aber auch schon ein Teil davon macht sich bezahlt.

● Den Standort des Gewächshauses so wählen, daß es keinen kalten Winden ausgesetzt ist und nicht an einer Stelle steht, wo sich die Kaltluft sammelt und nicht abziehen kann, da das Heizungssystem sonst stark belastet wird.

● Alle Fugen und Löcher mit Dichtungsmasse verschließen. Fugen zwischen Glasscheiben oder Kunststoffplatten mit klarer Silikonmasse abdichten.

● Schattierrollos, die außen am Gewächshaus angebracht sind, abends herunterlassen, damit weniger Wärme verlorengeht.

● Bei Elektroheizungen nach Möglichkeit den billigeren Nachttarif ausnutzen.

● Ein Gebläse installieren, von dem die warme Luft, die sich unter dem Gewächshausdach sammelt, durch Rohrkanäle in den unteren Bereich zu den Pflanzen geleitet wird.

liervorhang aus Folie befestigt werden, damit beim Öffnen der Gewächshaustür möglichst wenig Wärme entweicht. Denken Sie daran, die Folienisolierung an allen Lüftungseinrichtungen einzuschneiden, damit sich diese an sonnigen Tagen öffnen lassen. Die Folie wird nach dem Lüften wieder mit Klammern oder doppelseitigen Klebekissen befestigt.

Gewebematerial, das im Sommer als Schattierung dient, kann im Winter nachts als Wärmedämmung dienen. Als Isoliermaterial tagsüber ist es jedoch weniger gut geeignet, da es zuviel Schatten im Gewächshaus verursacht. Bei einer Luftumwälzung mit Hilfe von Ventilatoren können große, verstärkte Folienbahnen von außen über das gesamte Gewächshaus gezogen und mit Drähten oder Schnur befestigt werden. Wenn Lüftungsklappen am Dachfirst vorhanden sind, sollte die Folie auf beiden Dachseiten unterhalb der Klappen befestigt werden. Ein dauerhafter Folienmantel dieser Art verringert zwar den Lichteinfall, reduziert gleichzeitig aber auch die Wärmeverluste, weil alle Fugen und Spalten abgedeckt werden. Der größte Vorteil ist meines Erachtens, daß die Verglasung und die tragenden Bauteile trocken bleiben, wodurch das Wachstum von Moos verhindert wird und auch weniger Wasser auf empfindliche Sämlinge und Stecklinge tropft.

Es gibt noch weitere Möglichkeiten der Wärmedämmung. Das Anbringen von Styroporplatten an der nach Norden zugewandten Gewächshausseite und auch am Sockelbereich der anderen Innenwände, wenn dort unter den Tischen keine Pflanzen oder Anzuchtkisten plaziert sind, die Tageslicht benötigen, bringt erhebliche Energiekosteneinsparungen. Auf die Sprossen aufgesteckte Abdichtprofile aus Kunststoff sorgen ebenfalls dafür, daß weniger Wärme austreten kann. Wer sein Gewächshaus in der Nähe des Wohnhauses errichtet und an die dortige Warmwasserheizung angeschlossen hat, sollte nicht vergessen, die Zu- und Rückleitungen gut zu isolieren.

Ökonomische Pflanzenanordnung

Heizkosten lassen sich außerdem sparen, wenn man das Gewächshaus in verschieden temperierte Bereiche unterteilt und die Pflanzen ihrem Wärmebedarf entsprechend anordnet. Wenn im Gewächshaus einige Pflanzen wachsen, die höhere Temperaturen als andere benötigen, stellt man sie zusammen in den hinteren beheizten Bereich des Gewächshauses und trennt ihn mit einem Folienvorhang ab. Viele Hersteller bieten zu diesem Zweck auch verglaste Zwischenwände für ihre Gewächshäuser an.

Wer sein Gewächshaus hauptsächlich zur Pflanzenanzucht im Frühjahr nutzt, sollte sich einen großen beheizten Vermehrungskasten anschaffen, damit das Gewächshaus für die übrigen Pflanzen nur frostfrei gehalten zu werden braucht; die Kosten für den Vermehrungskasten sind durch die eingesparte Energie schnell aufgewogen.

Lüftung

Während Wärmeverluste im Winter ein Problem darstellen, sind sie im Sommer, wenn die Temperaturen im Gewächshaus erheblich über denen im Freien liegen, von Vorteil. Das Gewächshaus muß dann be- und entlüftet werden, damit die Pflanzen keinen Schaden durch allzu hohe Temperaturen nehmen und die stehende, feuchte Luft beseitigt wird, die Krankheiten fördert. Dies läßt sich auf zwei Arten erreichen: durch eine natürliche Belüftung, bei der die warme Luft durch Lüftungsöffnungen am Dachfirst entweicht und kühlere Luft von außen nachströmt, oder durch einen Luftwechsel mit Hilfe von Ventilatoren, die speziell für Gewächshäuser konstruiert sind und Warmluft aus dem Gewächshaus abziehen und kühle Luft durch Öffnungen auf der gegenüberliegenden Seite ansaugen.

Bei einer natürlichen Belüftung ist darauf zu achten, daß im Dach Lüftungsöffnungen in ausreichender Zahl vorhanden sind. Generell sollte ihre Gesamtfläche mindestens 16–20 Prozent der Grundfläche des Gewächshauses entsprechen (siehe Tabelle). Dachlüfter sind am wirksamsten, wenn sie sich bis zu einem Winkel von 50 ° öffnen lassen.

Zusätzliche Lüftungsöffnungen an den Seiten, die bei vielen Kleingewächshäusern zur Sonderausstattung gehören, ermöglichen einen schnelleren Luftaustausch. Kühle Luft strömt an den Seiten in das Gewächshaus, erwärmt sich und steigt nach oben, wo sie durch die Dachlüfter entweicht. Sind ausschließlich Dachlüfter vorhanden, dürfen sie bei kalter Witterung nicht zu rasch geöffnet werden, da zu viel Kälte den Pflanzen schaden kann.

Wenn zusätzliche Belüftungseinrichtungen erhältlich sind, ist eine Kombination von Dachlüftern und versetzt dazu angebrachten Lamellenfenstern an den Seitenwänden am vorteilhaftesten. Lamellenfenster ermöglichen eine ausreichende Seitenbelüftung und verursachen weniger Zugluft als normale Lüftungsfenster. Die Türöffnung kann als weitere Lüftungsmöglichkeit dienen, was speziell bei kleinen Gewächshäusern nützlich ist – aber nicht immer wünschenswert, wenn die Frage der Sicherheit ein Problem darstellt. Belüftungseinrichtungen sollten an allen Seiten des Gewächshauses vorhanden sein, damit man an windigen Tagen nur die Belüftungsfenster auf der windabgewandten Seite öffnen kann und die übrigen zur Vermeidung von Zugluft geschlossen bleiben.

Die meisten Kleingewächshäuser werden mit Lüftungsfenstern geliefert, die man von Hand öffnet und mit Hilfe einer Haltestange feststellt. Häufig sind diese Stangen jedoch zu kurz, und die Fenster lassen sich nicht weit genug öffnen. Es empfiehlt sich, solche Stangen gegen längere auszutauschen. In kleinen Gewächshäusern kann die Temperatur im Sommer sehr rasch ansteigen, und manuell bediente Lüftungsfenster verursachen erhebliche Temperaturschwankungen, wenn das Gewächshaus nicht ständig kontrolliert wird. Aus diesem Grund ist es ratsam, sich für automatische Fensteröffner zu entscheiden.

Preiswerte und zuverlässige automatische Öffnungssysteme gibt es für Lüftungs- und Lamellenfenster; sie funktionieren ohne Strom und sind wartungsfrei. Sie arbeiten mit Hilfe eines Druckzylinders, der sich bei Wär-

Luftzirkulation

Eine ausreichende Belüftung ist für ein gesundes Pflanzenwachstum wichtig. Die warme Luft, die nach oben steigt, entweicht durch Lüftungsöffnungen im Dach und wird durch kühlere Luft ersetzt. Durch Lüftungs- oder Lamellenfenster an den Seiten wird die Luftzirkulation weiter verbessert, da dann von unten kühle Luft nachströmt, wenn die Warmluft oben entweicht.

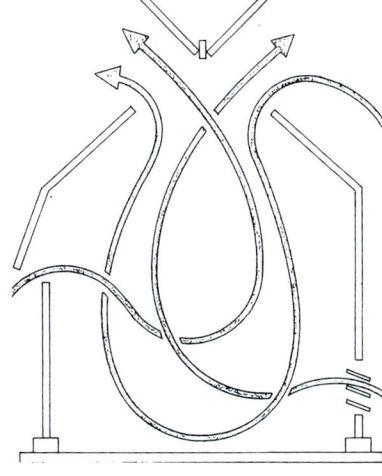

Erforderliche Belüftungsöffnungen			
Gewächshausgröße	Grundfläche	Erforderliche Lüfterfläche (20 % der Grundfläche)	Anzahl der benötigten Dachlüfter (60 x 60 cm)
1,8 x 2,5 m	4,5 m²	0,9 m²	3
2,5 x 3,0 m	7,5 m²	1,5 m²	4
3,0 x 3,7 m	11,1 m²	2,2 m²	6
3,7 x 4,3 m	15,9 m²	3,2 m²	9

bei niedriger Drehzahl bewegen können, damit keine Zugluft entsteht.

Solche Gebläse werden in kleinen Gewächshäusern gewöhnlich oben an den Giebelseiten angebracht und sollten außen mit Lamellen versehen sein, damit keine kalte Luft in das Gewächshaus zieht, wenn die Ventilatoren ausgeschaltet sind. Der größte Nachteil von Ventilatoren ist, daß sie einen hohen Geräuschpegel verursachen, teuer im Betrieb sind und bei einem Stromausfall keine Möglichkeit besteht, die Belüftung manuell zu regulieren. An heißen Tagen muß das Gebläse ununterbrochen laufen, und wenn es einmal ausfällt, kommt es unweigerlich zu einer Überhitzung im Gewächshaus, was für die Pflanzen verheerende Folgen haben kann. Die Betriebskosten sind erheblich höher als bei automatischen Fensteröffnern, und der Luftaustausch ist nicht unbedingt besser.

Luftfeuchtigkeit

Besonders im Warmhaus und bei der Bewurzelung von Stecklingen ist die richtige Luftfeuchtigkeit ein wichtiger Faktor. Sie sollten über den Luftfeuchtigkeitsbedarf ebensogut informiert sein wie über deren Wasserbedarf. Lüftungseinrichtungen dienen auch dazu, die erforderliche Luftfeuchtigkeit zu gewährleisten. Bei steigenden Temperaturen nimmt die Luftfeuchtigkeit (der prozentuale Wasserdampfgehalt in der Luft) im Gewächshaus ab. Wird die Luft zu trocken, können die zarten Blätter junger Pflanzen und einige großblättrige Grünpflanzen vertrocknen und an den Blatträndern verbrennen. Pflanzen verlieren Feuchtigkeit durch ihre Blattporen. Der Wasserverlust steigt mit sinkender Luftfeuchtigkeit, was auch erklärt, weshalb Pflanzen bei warmem, sonnigem Wetter stärker gegossen werden müssen. Junge Pflanzen vertrocknen leicht, weil an ihren zarten Blättern mehr Feuchtigkeit verdunstet, als das noch nicht voll entwickelte Wurzelsystem aufnehmen kann. Aus diesem Grund müssen junge Pflanzen immer langsam an eine niedrigere Luftfeuchtigkeit gewöhnt werden – sei es, wenn man sie vom Vermehrungskasten in das Gewächshaus stellt oder vom Gewächshaus in den Garten.

Um die Luftfeuchtigkeit im Gewächshaus zu erhöhen, werden der Boden und die Stellagen mit Wasser besprengt; dies sollte im Sommer mindestens zwei- bis dreimal am Tag erfolgen. Im Winter, wenn die Temperaturen niedrig sind, ist die Luftfeuchtigkeit hoch und die Verdunstungsrate niedrig. Man sollte dann für eine gute Luftzirkulation sorgen und die Luftfeuchtigkeit durch Lüften des Gewächshauses verringern, wenn die Temperaturen dies zulassen. Die Luftfeuchtigkeit wird durch Hygrometer gemessen. Für Kleingewächshäuser reichen einfache Hygrometer mit einer Skala oder Digitalanzeige vollkommen aus.

Viele Sommerblumen, wie etwa *Celosia argentea* var. *plumosa* und *Cleome spinosa* verwelken, wenn es im Gewächshaus zu heiß wird. Um dies zu verhindern, ist ein wirksames Belüftungssystem (hier eines mit durchgehenden Dachlüftern) notwendig.

me ausdehnt und das Fenster öffnet und sich bei abnehmender Temperatur wieder zusammenzieht und es schließt. Der Mechanismus läßt sich einstellen, und bei manchen Modellen kann er so justiert werden, daß er bei einer festgelegten Temperatur zwischen 13 °C und 25 °C in Funktion tritt.

Für kleine Gewächshäuser empfehle ich einfache automatische Fensteröffner, die ideale Bedingungen für Ihre Pflanzen schaffen und sicherstellen, daß das Gewächshaus nur dann belüftet wird, wenn dies auch nötig ist. Hierdurch werden starke Temperaturschwankungen und höhere Heizkosten, die bei manuell bedienten Belüftungseinrichtungen entstehen können, vermieden.

Luftaustausch durch Ventilatoren

Wenn der natürliche Luftaustausch im Gewächshaus ungenügend oder die Tragekonstruktion zum Anbringen konventioneller Lüfter nicht stabil genug ist, können zur Belüftung Gebläse eingesetzt werden. Es sollte sich dabei um Geräte handeln, die speziell für Gewächshäuser konstruiert sind und große Luftmengen

Schattierung

Eine Schattierung dient hauptsächlich dazu, die Temperaturen im Gewächshaus zu senken, indem die Menge an Sonnenstrahlen, die in das Gewächshaus fällt, reduziert wird. An heißen, sonnigen Tagen brauchen lichtbedürftige Pflanzen, wie Tomaten, wenig Schatten und Luftbewegung, während schattenliebende Pflanzen, wie Begonien, bis zu 70 Prozent Schatten benötigen, damit sie nicht durch allzu große Hitze verbrennen. Viele großblättrige Blattpflanzen, wie beispielsweise Dieffenbachien, entwickeln kleinere, dickere Blätter, wenn sie zu hell stehen. Sämlinge und Stecklinge erfordern Schatten, da selbst bei guter Belüftung die Sonnenwärme ihre empfindlichen Blätter schädigen kann.

Außenschattierung

Am wirkungsvollsten ist eine Schattierung, wenn sie die Intensität der Sonnenstrahlen verringert, bevor sie das Gewächshaus aufheizen. Dies läßt sich am besten durch eine Außenschattierung erreichen, die 30 cm über dem Dach angebracht wird, so daß eine gute Luftzirkulation möglich ist. Bei viktorianischen Wintergärten wurden Holzrollos verwendet, die bei Sonnenschein heruntergelassen und bei trübem Wetter hochgezogen wurden. Holzrollos, die es auch heute noch gibt, sind zwar teuer, gehören aber zu den besten Schattierungseinrichtungen. Andere Außenrollos bestehen aus synthetischem Schattiergewebe oder dünnen Kunststoffröhrchen, die mit Nylonschnur verbunden sind. Sie sehen nicht so ansprechend aus wie Holzlatten, erzielen aber das gleiche Ergebnis zu einem niedrigeren Preis.

Schattierfarbe

Wenn Rollos zu teuer oder schwierig zu montieren sind, läßt sich mit Schattierfarbe, die im zeitigen Frühjahr aufgebracht wird, ein guter Sonnenschutz erreichen. Allerdings wird auf diese Weise Dauerschatten erzeugt, der auch bei trübem Wetter lichthemmend wirkt. Die weiße Farbe, die sich für Glas und Kunststoff eignet, wird vor dem Auftragen nach Herstelleranweisung verdünnt und dann auf die Eindeckung gesprüht oder gestrichen. Da es einige Stunden dauert, bis die Farbe trocken ist, sollte man sie an Tagen aufbringen, an denen kein Regen zu erwarten ist. Nach dem Trocknen ist die Farbe regenfest, wird in feuchtem Zustand aber leicht durchscheinend, so daß an Regentagen mehr Licht in das Gewächshaus gelangt.

Im Herbst, wenn die Sonne an Intensität verliert, sollte die Schattierfarbe wieder entfernt werden. Dies kann etappenweise geschehen, wobei man im Frühherbst auf der sonnenabgewandten Seite beginnt und zwei Wochen später die Farbe auf der Südseite entfernt. Dazu kann man die Farbe entweder mit einem trockenen Lappen abreiben oder mit einer Bürste und Wasser entfernen. Bei dieser Gelegenheit sollte auch gleich ein gründlicher Herbstputz im Gewächshaus vorgenommen werden.

Innenschattierung

Eine Innenschattierung verringert die Sonnenspiegelung auf den Pflanzen, ist aber weniger wirkungsvoll als eine Außenschattierung, wenn es um das Absenken der Temperaturen im Gewächshaus geht. Innenschattierungen sind in einer Vielzahl von Materialien erhältlich. Einfaches und preiswertes grünes Schattiergewebe, das es in Gartenzentren gibt, ist für ein Kleingewächshaus völlig ausreichend.

Wenn die Innenschattierung für einen Wintergarten gedacht ist und gleichzeitig als dekoratives Element dienen soll, kann man Jalousien in verschiedenen Farben oder Rollos aus Bambusrohr verwenden, wie sie von Innenausstattern in reicher Auswahl angeboten werden. Übliche Schattiervorrichtungen für den Wohnbereich sind für das feuchte Klima im Gewächshaus jedoch ungeeignet, da sie schon bald schimmeln und verrotten würden. Wer farbige Materialien in Erwägung zieht, sollte nicht vergessen, daß sie unter intensiver Sonneneinstrahlung rasch ausbleichen.

Weiße Schattierfarbe, die außen auf die Verglasung aufgebracht wird, trägt dazu bei, daß es im Gewächshaus kühl bleibt, und verhindert, daß empfindliche Pflanzen in der Sonne verbrennen.

Gewächshaustische

Stellagen und erhöhte Stellflächen werden benötigt, damit die gezogenen Pflanzen nicht auf dem kalten Gewächshausboden stehen. Tische sollten eine Höhe von 80 bis 100 cm haben – eine ideale Höhe zum Pflegen und Beobachten der Pflanzen, und man schont seinen Rücken.

Welche Art von Stellagen benötigt wird, ist von der beabsichtigten Nutzung des Gewächshauses abhängig. Sollen beispielsweise hochwachsende Pflanzen, wie Tomaten, gezogen werden, braucht man im Sommer zumindest auf einer Seite die volle Gewächshaushöhe. In diesem Fall kann man auf einer Seite eine fest montierte Stellfläche anbringen und auf der Südseite, wo die Tomaten wachsen sollen, einen tragbaren oder zusammenklappbaren Tisch aufstellen.

Viele Kakteen und Blumenzwiebeln gedeihen besser, wenn ihre Töpfe in Sand stehen, so daß ein stabiler Tisch erforderlich ist, der das gesamte Gewicht trägt. Selbst die Töpfe und die Art der verwendeten Erde wirken sich auf das Gewicht aus, das die Stellflächen im Gewächshaus aufnehmen müssen. Pflanzen, die in Tontöpfen und normaler Erde wachsen, sind erheblich schwerer als solche in Kunststofftöpfen und Torfsubstraten. Wenn Gewächshaustische ein großes Gewicht aufnehmen müssen, sollte man vor dem Kauf beim Hersteller oder Lieferanten fragen, ob das gewählte Modell auch ausreichend stabil ist. Dies ist besonders wichtig,

Schmale leichte Regalborde, die an den Gewächshaussprossen befestigt sind, eignen sich für kleine Topfpflanzen, wie Pelargonien. Für größere und schwerere Pflanzen sind dagegen freistehende Stellagen nötig.

wenn die Stellagen auf einer Seite von den Gewächshaussprossen getragen werden.

Wenn Stellagen hauptsächlich dazu dienen, Pflanzen dekorativ zu präsentieren, sollten sie optisch ansprechend sein und nicht durch ein häßliches Aussehen von den Pflanzen ablenken. Aus diesem Grund bevorzuge ich persönlich traditionelle Gewächshaustische aus Holz oder Gußeisen. Die Stellfläche kann geschlossen sein, so daß die Pflanzen auf einer Kiesschicht stehen, oder durchbrochen, was eine bessere Luftzirkulation bewirkt, gleichzeitig aber ein häufigeres Gießen der Pflanzen erfordert. Bei einem Anlehngewächshaus läßt sich die zusätzliche Höhe am besten durch ein passendes Wandregal nutzen.

Es gibt schöne Gewächshaustische im viktorianischen Stil. Ihre Gestelle bestehen aus Guß- oder Schmiedeeisen und sind grün oder weiß lackiert. Als Stellfläche dient entweder ein Lattenrost aus Holz oder eine Marmorplatte. Ein mir bekannter Wintergartenbesitzer fertigte einen solchen Tisch selbst an, in dem er einen Lattenrost aus Zedernholz auf das gußeiserne Gestell einer alten Nähmaschine montierte. Im Sommer nutzt er ihn als Gartentisch, das restliche Jahr über stellt er ihn mit blühenden Topfpflanzen in seinen Wintergarten. Für ein normales Kleingewächshaus sind Stellagen aus Edelhölzern jedoch ein kostspieliger Luxus – verzinkte Stahlgitter (oder andere Materialien) reichen als Stellfläche vollkommen aus.

Materialien

Gewächshaustische gibt es in Gartenzentren und im Fachhandel fertig zu kaufen, doch kann man sie auch problemlos selbst anfertigen. Die entstehenden Kosten hängen von der Qualität des verwendeten Materials ab, und wenn keine gebrauchten Materialien zur Verfügung stehen, ist es in vielen Fällen wirtschaftlicher, fertige Stellagen zu kaufen.

Faserzement-Wellplatten sind ein preiswertes und strapazierfähiges Auflagematerial für Gewächshaustische. Sie können aus optischen Gründen und zur Erhöhung der Luftfeuchtigkeit mit Kies abgedeckt werden. Das Wellenprofil gewährleistet eine gute Drainage und macht die Platten stabiler, die gewöhnlich auf einem Aluminiumrahmen oder einem Mauersockel aufliegen.

Holz ist ein vielseitiges und attraktives Material für Gewächshaustische und kann sowohl für die Stellfläche wie auch für das Untergestell verwendet werden. Allerdings ist Holz anfällig für Fäulnis, und es können sich Pilzerreger darauf niederlassen. Es sollte auf jeden Fall mit einem Schutzanstrich versehen werden.

Gewächshaustische aus Ziegelsteinen oder bewährtem Beton sollte man in Erwägung ziehen, wenn Festigkeit und Stabilität gefordert sind – beispielsweise wenn die Stellfläche mit einer Kiesschicht abgedeckt wird oder große Pflanzen in Tontöpfen darauf stehen sollen.

Stahl rostet – es sei denn, es handelt sich um rostfreien Edelstahl oder man verwendet verzinktes oder mit Rostschutzfarbe behandeltes Material. Verzinkter Stahl ist erheblich schwerer als Aluminium, aber verhältnismäßig problemlos. Wird er jedoch gebohrt oder geschnitten, müssen die bearbeiteten Flächen gegen Rost behandelt werden. Stahl läßt sich für den gesamten Gewächshaustisch verwenden, beispielsweise in Form einer verzinkten Auflage aus Wellblech, die auf einem Stahlrahmen aufliegt, oder er dient als stabiles Untergestell für einen Lattenrost aus Holz.

Kunststoffummantelter Stahl ist einfach zu reinigen und in den ersten Jahren wartungsfrei. Durch die Sonneneinstrahlung versprödet der Kunststoff allerdings mit der Zeit und reißt, so daß das Metall rostet. Man kann das Material sowohl für die Stellfläche wie auch für die Rahmenkonstruktion verwenden, doch ist es meiner Ansicht nach weniger attraktiv für Gewächshaustische.

Aluminiumstellagen bestehen häufig aus abgewinkelten Profilen, die durch Schrauben miteinander verbunden werden. Sie sind wartungsfrei, einfach zu pflegen, leicht zu handhaben, rosten nicht und können – bei entsprechenden Querschnitten – auf ihren Stellflächen auch schwere Lasten tragen. Es gibt auch beschichtete Profile mit einer harten, unempfindlichen Oberfläche in unterschiedlichen Farben.

Kunststoffkonstruktionen sind für durchbrochene und geschlossene Stellflächen erhältlich. Nach drei oder vier Jahren wird der Kunststoff jedoch unansehnlich, spröde und bricht dann leicht, so daß er kein großes Gewicht aufnehmen kann.

Bei einer Verglasung bis zum Boden läßt sich der Raum unterhalb der Gewächshaustische für Pflanzen nutzen, die weniger Licht und kühlere Temperaturen benötigen. Pflanzen, die unter den Gewächshaustischen stehen, müssen wöchentlich gedreht werden, da sie sonst einseitig zum Licht wachsen. In Gewächshäusern, die nur im oberen Bereich verglast sind, kann man den Platz unter den Stellagen zum Lagern von Werkzeug, Blumentöpfen, Düngemitteln und Erden nutzen, doch muß man für Ordnung und Sauberkeit sorgen, damit sich keine Schädlinge einnisten.

Bewässerung

Das Bewässern der Pflanzen in Töpfen, Kübeln, Beeten und Anzuchtkästen gehört keinesfalls zu den leichtesten Aufgaben im Gewächshaus, da man ihre individuell verschiedenen Bedürfnisse genau kennen muß. Es gibt zahlreiche Methoden, die Pflanzen mit Wasser zu versorgen – angefangen bei einer einfachen Gießkanne oder einem Gartenschlauch mit unterschiedlichen Vorsätzen bis hin zu einer Vielzahl von automatischen Bewässerungssystemen für verschiedene Anwendungszwecke.

Gießen von Hand

Gießkannen aus Kunststoff oder verzinktem Metall sind in Kaufhäusern in vielen Formen und Größen erhältlich. Das Fassungsvermögen reicht von 2 bis 10 Liter – wählen Sie eine Kanne, die Sie problemlos heben können, wenn sie mit Wasser gefüllt ist. Eine Kunststoffkanne ist leichter und bekommt keine unansehnlichen Dellen, wenn sie einmal umfallen sollte. Eine Gießkanne mit einer langen Tülle ist am vorteilhaftesten, da sich der Wasserstrahl dann leichter kontrollieren läßt. Zum Gießen empfindlicher Sämlinge reicht eine kleine 2-Liter-Kanne mit feiner Brause aus. Eine kleine, runde Brause ist am besten zum Gießen einzelner Töpfe und kleiner Sämlinge geeignet, während sich eine größere ovale Brause für bereits pikierte Jungpflanzen in Schalen oder kleinen Töpfen eignet. Für Gartenschläuche sind Brausen und Aufsatzdüsen erhältlich, die sich zumeist stufenlos zwischen einem feinen Sprühnebel und einem harten Wasserstrahl einstellen lassen.

Automatische Bewässerung

Wer sich für eine automatische Bewässerung entscheidet, sollte ein System wählen, das an den jeweiligen Wasserbedarf einzelner Pflanzen angepaßt werden kann, denn in den meisten Kleingewächshäusern gibt es viele verschiedene Pflanzen in Töpfen unterschiedlichster Größe (siehe S. 54).

Bewässerungsmatten

Bewässerungsmatten, die sich die Kapillarkraft zunutze machen, sind die einfachste und gängigste Form der automatischen Pflanzenbewässerung. Sie bestehen aus einem synthetischen, saugfähigen Vlies, das gleichmäßig feucht bleibt, wenn es auf einer ebenen Fläche ausgerollt und mit Wasser getränkt wird. Die auf der feuchten Bewässerungsmatte stehenden Topfpflanzen können dann durch die Abzugslöcher im Topfboden das erforderliche Wasser aufnehmen. Damit die Kapillarkraft wirken kann, ist ein guter Kontakt zwischen der Matte und der Erde im Topf nötig. Normale Blumentöpfe aus Ton sind ungeeignet, weil das Abzugsloch bei ihnen etwas erhöht ist und das Wasser nicht nach oben in die Erde steigen kann.

Zum Feuchthalten der Matten kann man entweder einen perforierten Wasserschlauch darauflegen oder das Ende der Matten in eine mit Wasser gefüllte Rinne hängen. Letzteres ist besonders während der Ferienzeit nützlich, wenn die Pflanzen von Freunden oder Nachbarn gewässert werden und sich ansonsten selbst über-

Automatische Bewässerungssysteme

● Bewässerungsmatten sind die preisgünstigste Lösung zur Pflanzenbewässerung im Urlaub. Decken Sie den Gewächshaustisch mit Kunststoffolie ab, und legen Sie die Bewässerungsmatte so darüber, daß eine Kante in einem wassergefüllten Behälter hängt, wie etwa einer Regenrinne (siehe 1).

● Tropfschläuche sind besonders nützlich, um unterschiedliche Pflanzen in verschieden großen Töpfen zu bewässern. Große Töpfe und Pflanzen, die viel Wasser brauchen, benötigen mehrere Tropfschläuche (siehe 2).

1

2

Das regelmäßige Besprengen des Bodens in einem Warmhaus erzeugt die erforderliche hohe Luftfeuchtigkeit für Pflanzen wie *Acalypha wilkesiana* ›Macrophylla‹, *Maranta leuconeura, Calathea makovana* und *Pisonia umbellifera* ›Variegata‹.

Damit immer genügend Wasser vorhanden ist, kann der Behälter, in dem die Matte hängt, von einem Tank gespeist werden. Verwendet man zum Feuchthalten der Matte perforierte Schläuche, schließt man sie an eine Wasserleitung an und regelt die Zuflußmenge entweder von Hand oder automatisch mit Hilfe eines Sensors, der auf der Matte angebracht wird und die Wasserzufuhr nach Bedarf ein- oder ausschaltet. Auf diese Weise können Sie sich die Arbeit von Hand sparen.

Tropfsysteme

Tropfsysteme können für die automatische Einzeltopfbewässerung verwendet werden. Sie lassen sich durch einen Fühler regeln, versorgen jede Pflanze mit einer bestimmten Wassermenge und eignen sich sowohl für Beet- wie auch Topfpflanzen. Zur Beetbewässerung legt man die Tropfschläuche in das Erdbeet und dreht das Wasser täglich für einige Stunden auf. Zur Bewässerung von Topfpflanzen gibt es spezielle Tropfsysteme, bei denen dünne Einzelschläuche in die Töpfe gesteckt werden. Für kleine Töpfe genügt jeweils ein Schlauch, große Pflanzen benötigen mehrere.

Tropfsysteme können über eine Zeitschaltuhr gesteuert werden, so daß die Pflanzen im Sommer während der Nacht bewässert werden können, wenn die Verdunstung geringer ist. Für die individuelle Einzelpflanzenbewässerung gibt es im Fachhandel ein komplizierteres System mit einem Sensor, der die Erdfeuchte mißt und der Pflanze nur so viel Wasser zuführt, wie sie verbraucht hat. Diese Bewässerungsmethode empfiehlt sich vor allem für Pflanzen, deren Blätter nicht naß werden dürfen.

lassen bleiben. Da sich auf Bewässerungsmatten leicht Moos ansiedelt, das sich nur schlecht entfernen läßt, müssen die Matten üblicherweise jedes Jahr erneuert werden. Die Kapillarbewässerung eignet sich am besten für heranwachsende Pflanzen. Junge Sämlinge und neueingetopfte, langsam wachsende Pflanzen können bei dieser Methode eingehen, da die Erde zu naß wird.

Das Anbringen von Bewässerungsmatten ist recht einfach. An einer Seite des Gewächshaustisches wird zunächst eine Regenrinne befestigt, die man mit Wasser füllt. Dann deckt man den Tisch mit Kunststoffolie ab und legt die Matte so darauf, daß ein Ende in der wassergefüllten Rinne hängt. Während des Urlaubs kann man einen Nachbarn bitten, das Wasser in der Rinne in regelmäßigen Abständen nachzufüllen, oder man bringt einen größeren Wasserbehälter an. In jedem Fall sollte das System jedoch längere Zeit ausprobiert werden, bevor man wegfährt, um sicherzustellen, daß es auch wirklich funktioniert.

Sprühsysteme

Eine Sprühbewässerung von oben versorgt alle Pflanzen mit der gleichen Wassermenge. Sie wird an eine Wasserleitung angeschlossen und eignet sich besonders gut zum Bewässern von jungen Pflanzen, bei denen die Erde nicht von den Blättern abgedeckt ist. Der Nachteil von Sprühsystemen ist, daß die Blätter im Winter naß bleiben, was Pilzkrankheiten fördert. Außerdem können die Sprühleitungen verstopfen, und die Pflanzen erhalten dann nicht genügend Wasser. Im Sommer kann man Sprühleitungen auch gut unterhalb der Gewächshaustische anbringen und zum Besprengen des Bodens benutzen, um die Luftfeuchtigkeit im Gewächshaus zu erhöhen. Sie lassen sich von Hand steuern oder mit Hilfe einer Zeitschaltuhr oder eines elektrischen Sensors regulieren.

GÄRTNERN
IM GEWÄCHSHAUS

Wenn das Gewächshaus errichtet und mit den notwendigen Installationen versehen ist, kann man nach Herzenslust den Freuden der Gewächshausgärtnerei nachgehen. Zu den schönsten Vergnügen gehört es, Pflanzen zu vermehren und zuzuschauen, wie sie heranwachsen. Dieses Kapitel beschreibt ausführlich das Zubehör und die Methoden für die Pflanzenanzucht unter Glas sowie die verschiedenen Maßnahmen zur Bekämpfung von Schädlingen und Krankheiten, die im Gewächshaus am häufigsten auftreten.

Auch in einem kleinen Gewächshaus macht eine sorgfältige Organisation vieles möglich. Durch Regale, die über den Gewächshaustischen angebracht werden, kann man den Platz für Pflanzen um ein Drittel erweitern. In diesem Gewächshaus befinden sich Stellflächen in Taillen- und Augenhöhe, und es wachsen Beetpflanzen, wie Gazanien und Pelargonien, und empfindliche Exoten, wie *Zantedeschia elliottiana*.

Pflanzgefäße

Anders als im Garten benötigen im Gewächshaus alle Pflanzen ein Gefäß, sofern sie nicht in der Gewächshausrabatte gezogen werden. Im Fachhandel gibt es eine große Auswahl an besonderen Gefäßen für jedes Entwicklungsstadium, angefangen bei flachen Schalen und Kisten für die Aussaat oder zum Einsetzen von Stecklingen bis hin zu großen dekorativen Tonkübeln für Arrangements aus Sommerblumen.

Saatschalen und Töpfe

Saatschalen sind besonders gut geeignet für die Aussaat von Samen, die Bewurzelung einer größeren Anzahl von Stecklingen oder zum Pikieren von Sämlingen. Töpfe dagegen werden hauptsächlich in späteren Wachstumsstadien verwendet, obwohl kleine und flache Töpfe auch für die Vermehrung nützlich sind, wenn nur wenige Pflanzen gezogen werden.

Saatkisten oder -schalen sind in einer großen Vielfalt von Größen und Materialien, wie Kunststoff, Holz oder Styropor erhältlich. Um Ihnen die Auswahl zu erleichtern, sind in der untenstehenden Tabelle die gängigsten Arten mit ihren Vor- und Nachteilen sowie Verwendungsmöglichkeiten beschrieben.

Töpfe werden ebenfalls aus einer Reihe unterschiedlicher Materialien hergestellt. Torfpreßtöpfe brauchen vor dem Einpflanzen der Jungpflanzen nicht entfernt werden. Zur Vermehrung und Anzucht bevorzuge ich Kunststofftöpfe, doch wenn Sie bislang Tontöpfe verwendet und gute Ergebnisse damit erzielt haben, sollten Sie diese auch weiterhin benutzen. Ich möchte allerdings davor warnen, bei der Kultur kleiner Pflanzen beide Arten gleichzeitig zu verwenden, weil sonst das Bewässern schwierig und zeitraubend ist – Pflanzen in Tontöpfen werden rascher trocken und brauchen mehr Aufmerksamkeit.

SAATKISTEN/-SCHALEN			
Material	Haltbarkeit	Beschreibung/ Verwendung	Vor- und Nachteile
Torfanzucht-töpfchen	Einmal verwendbar	Bestehen aus jeweils 12 miteinander verbundenen quadratischen Töpfchen. Ideal für Einzelsaat oder Stecklinge.	Da man sie nicht entfernt, bleiben die Wurzeln beim späteren Eintopfen ungestört. Müssen ständig feuchtgehalten werden.
Dünne Kunststoffeinsätze	Mehrfach verwendbar	Bestehen aus 54 oder 24 Töpfen, passen in Saatkisten. Für Beetpflanzen in allen Stadien der Vermehrung geeignet.	Müssen vor dem Eintopfen entfernt werden. Sorgfältiges Wässern der einzelnen Töpfchen erforderlich.
Multitopf-platten	Mehrfach verwendbar	Für Einzelsaat und zur Stecklingsbewurzelung geeignet.	Siehe Kunststoffeinsätze (oben).
Hartschaum (Styropor)	Mehrfach verwendbar	Besteht meist aus vier miteinander verbundenen Elementen. Geeignet zum Aussäen, Pikieren und für Stecklinge.	Kann häufiger verwendet werden. Schützt die Wurzeln gut vor Kälte.
Holz (Lattenkisten, mit Holzschutzmittel behandelt)	Langlebig	Zur Bewurzelung von Stecklingen oder zur Aussaat großer Samen verwenden, ferner geeignet zum Pikieren von Beetpflanzen.	Maßanfertigung möglich. Schwer, sperrig und schwierig zu lagern. Schlecht zu reinigen. Brutstätte für Schädlinge und Krankheiten.
Kunststoff	Langlebig	Als 49 x 32 cm große Schalen erhältlich. Verwendung wie Holzkisten.	Leicht zu reinigen, so daß sich Schädlinge und Krankheiten nicht einnisten können.

TÖPFE			
Material	Haltbarkeit	Beschreibung/ Verwendung	Vor- und Nachteile
Recycling-zellulose	Einmal verwendbar	Bis 15 cm Durchmesser erhältlich. Ideal für raschwachsende Beetpflanzen.	Im durchfeuchteten Zustand 10 bis 12 Wochen haltbar. Beim Einpflanzen nur entfernen, falls ausgetrocknet.
Torf	Einmal verwendbar	Runde Torfpreßkörbe mit 6 oder 8 cm Durchmesser, ideal geeignet für große Samen oder Stecklinge. Torfquelltöpfe als gepreßte Scheiben erhältlich, quellen in Wasser auf.	Feucht halten, damit die Wurzeln den Torf durchdringen können. Muß beim Einpflanzen nicht entfernt werden. Wurzeln können das feine Netz um den Torf leicht durchdringen. Darf nicht austrocknen.
Kunststoff	Langlebig	In vielen Größen erhältlich. Gut geeignet zur Vermehrung und weiteren Pflanzenkultur. Flache Töpfe zum Säen kleiner Samenmengen, Bewurzeln von Stecklingen und Pikieren verwenden.	Leicht. Gute Drainage. Reinigung problemlos. Kann viele Jahre benutzt werden. Auf Bewässerungsmatten mit erdenlosen Substraten benutzen.
Ton	Langlebig	Größere Töpfe eignen sich ideal als dekorative Gefäße für hohe und kopflastige Pflanzen.	Bei Frost nur frostbeständige Töpfe im Freien lassen. Trocknen rasch aus, da sehr porös.

Vermehrung

Die Vermehrung von Pflanzen ist eine ungemein befriedigende Arbeit, für die man nur wenige Gerätschaften braucht. Im Gewächshaus vermehrt man am häufigsten durch Aussaat oder Stecklinge. Gewöhnlich entwickeln sich Stecklinge rascher als aus Samen gezogene Pflanzen; sie benötigen aber mehr Aufmerksamkeit, da sie rasch verwelken können.

Wenn im Gewächshaus Pflanzen für das Freiland gezogen werden sollen, ist vorher eine sorgfältige Planung nötig. Aussaat und Stecklingsschnitt müssen zum richtigen Zeitpunkt erfolgen, damit die Pflanzen weder zu groß noch zu klein sind, wenn sie nach draußen gesetzt werden, und nicht alle Tische mit den Saatschalen vollgestellt sind. Nach Möglichkeit sollte man die Vermehrungsarbeiten über einen gewissen Zeitraum verteilen, damit nicht alle Pflanzen gleichzeitig versorgt werden müssen. Und auch der Urlaub will eingeplant sein, damit man die jungen Pflanzen nicht in einem kritischen Entwicklungsstadium sich selbst überlassen muß.

Vermehrungskästen

Ein geschlossener Vermehrungskasten bietet jene warmen, feuchten Bedingungen, die keimende Samen und neue Stecklinge brauchen. Junge Pflanzen mit wenigen Wurzeln können nicht genügend Feuchtigkeit aus dem Boden aufnehmen, deshalb ist die hohe Luftfeuchtigkeit so wichtig, weil sie verhindert, daß zu viel Wasser über die zarten Blätter der Pflänzchen verdunstet und diese dann welken. Man sollte die Entwicklung der Sämlinge und Stecklinge täglich kontrollieren und alle kranken Blätter entfernen, da nicht nur das Wachstum der Jungpflanzen, sondern auch Pilzkrankheiten durch diese Bedingungen begünstigt werden.

Im Handel sind Vermehrungskästen erhältlich, die von einfachen, durchsichtigen Kunststoffabdeckungen für Saatschalen bis hin zu großen Kästen mit Schiebetüren und einer thermostatgesteuerten Bodenheizung reichen. Beide erfüllen ihren Zweck, und die nicht unerheblichen Kosten für einen großen Vermehrungskasten lohnen sich nur, wenn man regelmäßig Sämlinge oder Stecklinge zieht. Eine andere – meist selbstgebaute – Vorrichtung zur Pflanzenvermehrung ist ein geschlossener Kasten aus Holz oder Ziegelsteinen, der mit Glas oder Folie abgedeckt wird. Obwohl die Pflanzen in solchen Vermehrungskästen weniger Licht bekommen als in Kästen aus durchsichtigem Material, können sie sich dennoch gut entwickeln.

Die preiswerteste Vermehrungsvorrichtung ist ein Folienzelt oder ein Stück Folie. Die warme, feuchte Umgebung, die entsteht, wenn man mit Hilfe von Drahtbügeln Folie über einen beheizten Gewächshaustisch spannt, ist für die Anzucht vieler Pflanzen ideal. Bei sich rasch bewurzelnden Stecklingen – etwa von Fuchsien, die im Frühjahr innerhalb von zwei Wochen Wurzeln bekommen – kann man die Schalen oder Töpfe einfach mit dünner Kunststoffolie abdecken. Die Folie ist so leicht, daß sie auf den Blättern liegen kann, ohne ihnen zu schaden. Kleine Töpfe kann man auch einfach mit einem umgestülpten Glas abdecken oder eine Plastiktüte darüberziehen.

Samen kann man auf preiswerte, aber wirkungsvolle Weise zum Keimen bringen, wenn man das Gefäß nach der Aussaat mit schwarzer Folie abdeckt oder eine Glasscheibe darauf legt, auf die man ein Stück Zeitung legt. Folie oder Glasscheibe müssen jedoch wenigstens einmal täglich gedreht werden, damit die Luftfeuchtigkeit nicht zu hoch wird.

Geschlossene Vermehrungsvorrichtungen haben den Nachteil, daß sie an sonnigen Tagen eine Schattierung brauchen, um die jungen Pflanzen vor Überhitzung und Verwelken zu schützen. Hierdurch erhalten die Pflanzen aber auch weniger Licht, was die Photosynthese beeinträchtigt (siehe S. 44). Bei vielen Arten hat dies keine ernsten Auswirkungen auf die Entwicklung, doch für Pflanzen, die im Anzugstadium von zusätzlichem Licht profitieren, wie Zistrose *(Cistus)*, Zitronenstrauch *(Aloysia triphylla)* und Steinsame *(Leptospermum scoparium),* ist ein Sprühnebel-Vermehrungskasten empfehlenswert, da bei dieser Vorrichtung die Blätter der Pflanzen automatisch feucht gehalten werden und deshalb keine Schattierung notwendig ist (siehe S. 40).

Um Pflanzen zu vermehren, ist eine warme, feuchte Umgebung erforderlich, die auf vielerlei Weise geschaffen werden kann. Die Möglichkeiten reichen von Töpfen, über die Folienbeutel gestülpt werden, bis zu Vermehrungskästen mit einer integrierten Bodenheizung.

VORTEILE DER PFLANZENVERMEHRUNG

● Auf diese Weise kann man seltene Pflanzen ziehen, die im Gartencenter nicht erhältlich sind.
● Man hat selbst die Kontrolle über die Qualität der Pflanzen.
● Selbst Pflanzen zu vermehren, ist kostengünstiger.

Für dieses selbstgemachte Lochbrett wurden angespitzte Holzstäbe auf einem Brett befestigt. Wenn man es in die Erde drückt, entstehen gleichmäßige Vertiefungen, in die große Samen gelegt werden können.

Sprühnebel-Vermehrungskästen

Auch wenn diese Kästen eine problemlose Vermehrung garantieren, sind sie teuer und für die meisten Gewächshausbesitzer ein unnötiger Luxus. Bei Sprühnebel-Vermehrungskästen wird durch ein Bodenheizkabel der Wurzelbereich warm gehalten, was eine rasche, gesunde Wurzelentwicklung fördert, während fein verteilte Wassertröpfchen für eine hohe Luftfeuchtigkeit im Vermehrungskasten sorgen und so das Welken der Blätter verhindern und sie kühl halten. Auf diese Weise verdunsten sie weniger Wasser, und da auch keine Schattierung erforderlich ist, kann die Photosynthese unge-

hindert stattfinden. Die Sprühdüsen werden durch einen elektrischen Fühler ein- und ausgeschaltet.

Bodenheizkabel

Obwohl auch tragbare Heizgeräte unter den Vermehrungstisch gestellt werden können, um die Keimung und Bewurzelung durch Wärme zu unterstützen, läßt sich auf diese Weise keine gleichbleibende Temperatur erreichen. Erdheizkabel, die durch einen Thermostaten gesteuert werden, gewährleisten dagegen eine optimale Wärme im Wurzelbereich. Die Kabel werden auf einem 5 cm dicken Sandbett in Schlangenlinien verlegt; sie

EIN PFLANZGEFÄSS VORBEREITEN

● Das Gefäß mit reichlich Erde füllen, und mit einem Brett die Erde glätten.
● Die Erde mit dem Brett andrücken, so daß sie bis 1 cm unter den Rand reicht.
● Das Gefäß auf den Boden stellen. Eine feine Brause auf die Tülle der Gießkanne stecken. Den ersten kräftigen Wasserstrahl auf den Boden gießen.
● Dann die Gießkanne über dem Pflanzgefäß hin- und herführen, bis die Erde vollständig durchnäßt ist.
● Nach dem Gießen die letzten dicken Wassertropfen wiederum auf den Boden gießen, damit keine Löcher im Substrat entstehen.
● Alternativ das Pflanzgefäß in eine Schale mit Wasser stellen, bis das Substrat gut durchfeuchtet ist.

Aussaatmethoden

Feine und mittelgroße Samen können auf drei Arten ausgesät werden.
● Erstens: Man verteilt sie mit den Samentütchen auf dem Substrat (Abb. 1).
● Zweitens: Man streut das Saatgut mit den Fingern auf die Erde (Abb. 2).
● Drittens: Man läßt die Samen aus der leicht gewölbten Hand auf das Substrat rieseln (Abb. 3).

 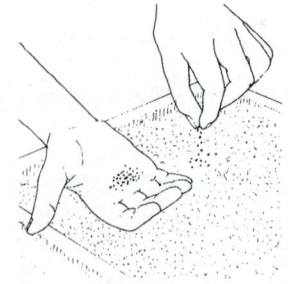 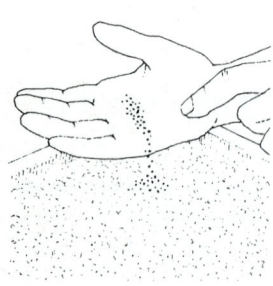

1 Vorsichtig mit dem Finger auf die Hand mit dem Tütchen klopfen und die Samen gleichmäßig auf die Erde rieseln lassen.

2 Das Saatgut in kleinen Mengen zwischen Daumen und Zeigefinger nehmen und gleichmäßig auf die Erde streuen.

3 Mit dem Finger auf die gewölbte Hand mit dem Saatgut klopfen, so daß die Samen gleichmäßig auf das Substrat fallen.

dürfen sich nicht überkreuzen und müssen mindestens 10 cm und höchstens 20 cm Abstand voneinander haben. Sie werden mit einer etwa 5 cm dicken Sandschicht abgedeckt. Verwenden Sie ausschließlich spezielle Bodenheizkabeln, die im Fachhandel erhältlich sind. Ein Bodenthermometer ist nützlich, um in Vermehrungskästen die Bewurzelungstemperatur zu überprüfen und die Thermostate von Bodenheizkabeln einstellen zu können.

Beheizte Frühbeete

Falls der Platz im Gewächshaus knapp ist, bietet auch ein mit Bodenheizkabeln ausgerüstetes Frühbeet im Garten geeignete Bedingungen, um winterharte und bedingt winterharte Pflanzen durch Aussaat oder Stecklinge zu vermehren. Wenn man es auf die gleiche Weise benutzt wie einen geschlossenen Kasten, wird es sich bei der Vermehrung als nützliche Erweiterung des Gewächshauses erweisen.

Vermehrung aus Samen

Aus Samen gezogene Pflanzen der gleichen Sorte weisen gewöhnlich kleine individuelle Unterschiede in ihren Merkmalen auf. Anders ist dies bei F_1-Hybriden; sie sind das Ergebnis der Kreuzung zweier Elternsorten und bilden die 1. Filialgeneration (lat. *filia* = Tochter). Nach dem Ersten Mendelschen Gesetz gleichen die Pflanzen der 1. Filialgeneration in einem bestimmten Merkmal, etwa der Blütenfarbe (selten in vielen oder allen Merkmalen), vollkommen einer der beiden Elternsorten. Dies gilt nicht für Pflanzen, die aus den Samen der F_1-Hybriden gezogen werden.

Samen brauchen eine konstante Feuchtigkeitszufuhr, damit die Samenruhe beendet wird. Und wie andere Lebewesen benötigen auch Pflanzen Sauerstoff zum Atmen. Aus diesem Grund müssen Aussaaterden ausgewogene Anteile von Luft und Wasser enthalten. Die meisten Samen keimen bei einer Temperatur von 13 bis 18 °C, Warmhauspflanzen können 18 – 24 °C benötigen. Denken Sie jedoch daran, daß auch Schädlinge und Krankheiten unter diesen warmen, feuchten Bedingungen gut gedeihen. Um die Startbedingungen für die Sämlinge zu verbessern, verwendet man deshalb sterilisierte Aussaaterde oder Einheitserde, aber keine Gartenerde oder bereits benutzte Substrate, die zumeist auch Unkrautsamen enthalten. Sterilisierte (genauer gesagt, teilweise sterilisierte) Substrate werden für etwa 10 Minuten auf 70 – 80 °C erhitzt, wodurch ein großer Teil der enthaltenen Schädlinge und Krankheiten abgetötet wird. (Eine vollständige Sterilisation würde auch nützliche Mikroorganismen zerstören, von denen

manche beispielsweise helfen, Stickstoff für die Pflanzen verfügbar zu machen.)

Zu den blühenden Topfpflanzen, die im Gewächshaus aus Samen gezogen werden können, gehören Becherprimeln *(Primula obconica)*, Cinarien (Senecio-Cruentus-Hybriden), Pantoffelblumen *(Calceolaria*-Hybriden) sowie Alpenveilchen *(Cyclamen persicum)* und Spaltblumen *(Schizanthus pinnatus)*. Aus Samen gezogene Gemüse sind beispielsweise Kopfsalat, Tomaten, Gurken, Paprikaschoten und Auberginen.

Aussaat

Für die Aussaat großer Samenmengen verwendet man flache Kisten oder Schalen, denn die Sämlinge werden schon nach kurzer Zeit in andere Gefäße pikiert (das heißt: herausgenommen und mit größerem Abstand neu gepflanzt). Geringere Samenmengen sät man in kleine Saatschalen oder flache Töpfe, die weniger Platz beanspruchen. Alle verwendeten Gefäße müssen sauber sein und sollten sterilisiert werden, um eventuell vorhandene Pilzsporen oder andere Krankheitserreger abzutöten. Bevor das Substrat eingefüllt wird, wäscht man die Gefäße noch einmal gründlich in sauberem Wasser, um Chemikalienrückstände zu beseitigen.

Wichtig ist, daß die Samen nicht mit ruckartigen, sondern mit großzügigen, gleichmäßigen Bewegungen gesät werden, da die Sämlinge sonst später zu eng stehen können. Große Samen werden am besten einzeln – und mit genügend Abstand – in die Erde gesteckt, damit sich die Sämlinge nicht unter beengten Bedingungen entwickeln müssen.

Wenn das Gefäß mit Erde gefüllt, gewässert und abgetropft ist, sät man die Samen gleichmäßig und nicht zu dicht aus. Andernfalls werden die Sämlinge lang und dünn und können leicht von der durch einen Pilz verursachten Umfallkrankheit befallen werden, die die Stengel umknicken und faulen läßt. Gewöhnlich kann man feine Samen dichter säen als große, da ihre Sämlinge kleiner sind und weniger Platz benötigen.

Wem die Aussaat feiner und mittelgroßer Samen Schwierigkeiten bereitet, der sollte die Samen zunächst auf ein weißes Blatt Papier streuen. Auf dem hellen Untergrund sind die dunklen Samen gut sichtbar, und man bekommt ein Gefühl für den richtigen Abstand. Wer sich die Aussaat von Hand nicht zutraut, kann sich im Fachhandel Saatstreuer (auch Sähilfe genannt), besorgen. Das sind kleine Röhrchen oder Schaufeln, bei denen mit Hilfe eines Schiebers oder austauschbarer Einsätze die Streumenge reguliert werden kann. Für die Aussaat einzelner Samenkörner gibt es Einzelkorn-Sägeräte, die je nach Korngröße verstellbar sind. Achten Sie darauf, daß bei der Aussaat möglichst gleiche Abstände eingehalten werden.

SAMEN MIT ERDE BEDECKEN

Hierzu gibt es mehrere Möglichkeiten, die gleichermaßen effektiv sind. Wählen Sie die Methode, mit der Sie am besten zurechtkommen.

● Das Substrat durch ein Sieb mit etwa 5 mm Maschenweite geben und anschließend von Hand über die Samen streuen. Um die Samen auf diese Weise gleichmäßig mit Erde zu bedecken, ist etwas Übung erforderlich.

● Das Sieb mit der Aussaaterde im Abstand von 40 – 50 cm über das Gefäß halten und schütteln, bis die Samen gleichmäßig mit Erde bedeckt sind.

● Auf langsam keimenden Samen anstelle von Substrat eine Schicht groben Sand verteilen, durch die die Entwicklung von Unkraut und Moos verhindert wird. In diesem Fall muß man zum Feststellen der Erdfeuchte entweder das Gefäß anheben und sein Gewicht prüfen oder den Finger in das Substrat stecken.

● Substrat auf Torf- oder Rindenbasis wird von Sämlingen mitunter wie ein Hut nach oben gedrückt. Daher empfiehlt es sich, Aussaaterden zu verwenden, die aus Humus und Sand gemischt sind.

sind. Man erleichtert sich die Arbeit, wenn man die Samen – im Verhältnis 1 zu 10 – mit trockenem, feinem Silbersand (im Fachhandel erhältlich) mischt. Dieses Verfahren bietet gleichzeitig den Vorteil, daß sich der helle Sand von der dunklen Erde abhebt und man gut sieht, wo bereits gesät wurde. Bei kleinen Samen ist es auch hilfreich, vor der Aussaat eine Schicht feiner Erde auf die Anzuchterde in der Saatschale zu sieben, um eine ebene Fläche zu erhalten. Auf die Erdoberfläche gestreute feine Samen brauchen immer gleichmäßige Feuchtigkeit, damit sie gut keimen und nicht austrocknen. Feine Samen sollten generell nicht mit Erde bedeckt werden, da ihre Keime nicht genügend Kraft haben, diese zu durchstoßen.

Mittelgroße Samen, etwa von Studentenblumen *(Tagetes)* und Cinerarien (*Senecio*-Hybriden), werden auf die Aussaaterde gesät und dann in Dicke der Samen mit Erde bedeckt. Die richtige Stärke der Erdschicht ist entscheidend, denn ist die Schicht zu dick, können die Keimlinge sie nicht durchstoßen, und ist sie zu dünn, kann sie austrocknen und dadurch sogar die Keimung verhindern.

Große Samen, etwa von Stangenbohnen oder Alpenveilchen, werden am besten einzeln in Saatschalen gelegt. Verwenden Sie für die Arbeit ein Pflanzholz oder ein Lochbrett. Letzteres können Sie selbst anfertigen, indem Sie unten an einem Brett in gleichmäßigen Abständen Schrauben oder kleine Holzstäbe anbringen, mit denen sich dann Löcher in die Erde drücken lassen. In jedes Loch wird ein Same gelegt und dünn mit Erde bedeckt. Die Erdschicht sollte der Samendicke entsprechen. Anschließend wird mit einer feinen Brause gleichmäßig gewässert.

Einige feine und mittelgroße Samen, etwa von Lobelien und Bartnelken *(Dianthus barbatus)*, werden zur Erleichterung der Aussaat in pillierter Form angeboten. Die Kügelchen können wie große Samen einzeln gesät werden. Wenn sie mit der feuchten Erde in Kontakt kommen, löst sich ihre harte Hüllschicht auf, so daß Feuchtigkeit an die Samen gelangen kann. Es sind auch Saatbänder auf dem Markt, in denen die Samen bereits in richtigen Abständen enthalten sind. Sie müssen lediglich verlegt und gleichmäßig gewässert werden, bevor man sie mit Erde bedeckt.

Pflege

Nach der Aussaat wässert man die Samen mit einer feinen Brause (siehe S. 40, Vorbereiten eines Pflanzgefäßes). Wer feine Samen gesät hat oder keine feine Brause besitzt, stellt die Aussaatgefäße für einige Zeit in eine Schale mit Wasser, wo sich das Substrat vollsaugen kann, ohne daß die Samen gestört werden. Auf den Töpfen und Schalen sollte man stets den jeweiligen

Am besten läßt sich der Platz im Gewächshaus nutzen, wenn man zur Aussaat quadratische Töpfe verwendet. Wo große Mengen unterschiedlicher Pflanzen gezogen werden, sollte man unbedingt alle Töpfe mit Pflanzennamen und Aussaatdatum versehen.

Auch die Anfertigung einer Schablone empfiehlt sich, die man in jeder Saatsaison wiederbenutzen kann. Man nimmt dazu eine Acrylscheibe oder eine Hartfaserplatte, schneidet sie auf die Größe der Saatkiste zu und bohrt je nach gewünschtem Abstand 40 (5 x 8), 48 (6 x 8) oder 60 (6 x 10) Löcher hinein. Durch jedes Loch kann dann ein einzelnes größeres Samenkorn oder eine kleine Menge feiner Samen gegeben werden. Auf diese Weise kann man die Samen mühelos in gleichen Abständen plazieren, und das Pikieren erübrigt sich bei einzeln gesäten größeren Samen. Allerdings benötigt man während dieses frühen Wachstumsstadiums mehr Platz im Gewächshaus. Nach der Aussaat reinigt man die Schablone gründlich und lagert sie bis zum nächsten Gebrauch bei dem übrigen Zubehör.

Bei feinem Saatgut, etwa von Löwenmäulchen *(Antirrhinum)*, Begonien und Drehfrucht *(Streptocarpus)*, ist eine gleichmäßige Aussaat schwierig, da die winzigen Samen aneinanderhaften und schlecht zu erkennen

Pflanzennamen und das Aussaatdatum vermerken. Es ist üblich, auf eine Seite des Schildchens den Namen und auf die andere das Datum zu schreiben. Am besten nimmt man dazu einen Bleistift oder einen wasserfesten Folienschreiber.

Nach der Aussaat sollten die Gefäße an einen warmen, feuchten Platz gestellt werden, damit die Samen keimen können. Die erforderliche Mindesttemperatur hängt von der jeweiligen Pflanzenart ab, für viele Gewächshauspflanzen ist jedoch ein beheizter, thermostatgesteuerter Vermehrungskasten mit 13–18 °C ideal; denn er bietet den Vorteil, daß man die Temperatur konstant halten kann. Bei sonnigem Wetter sollte man den Vermehrungskasten schattieren, um eine Überhitzung zu vermeiden, und die Erde in den Gefäßen täglich prüfen, da sie leicht austrocknet. Falls sie trocken ist, wird mit einer feinen Brause gegossen.

Sobald die Keimung erfolgt ist, nimmt man die Abdeckung herunter und stellt die Gefäße offen auf den Pflanztisch. Sie müssen jedoch vor direkter Sonne geschützt werden, die die zarten Sämlinge rasch ausdörren kann. In diesem Stadium werden Sämlinge auch leicht von der Umfallkrankheit befallen. Dies kann verhindert werden, indem man sterilisierte Erde verwendet und eher zu dünn als zu dicht sät.

Pikieren

Beim Pikieren werden engstehende Sämlinge aus der Saatschale in einzelne Töpfe oder Pikierkisten verpflanzt, so daß sie genügend Platz zur Weiterentwicklung haben. Sämlinge werden pikiert, sobald sie groß genug sind, um sie an den Blättern in die Hand nehmen zu können. Dieser Zeitpunkt variiert von Pflanze zu

Pflanze; Begonien- oder Drehfruchtsämlinge können beispielsweise erst pikiert werden, wenn sie drei oder vier erste Blätter entwickelt haben. Man muß die Sämlinge regelmäßig kontrollieren, denn wenn man sie zu groß werden läßt, stehen sie bald zu eng und werden anfällig für die Umfallkrankheit. Außerdem sind große Sämlinge mit langen Wurzeln äußerst schwer zu handhaben und können deshalb leicht beschädigt werden.

Wie viele Sämlinge pikiert werden, hängt von der Menge der benötigten Pflanzen ab. Im allgemeinen pikiert man 20 Prozent mehr Pflanzen, als man tatsächlich braucht, um spätere Ausfälle ausgleichen zu können. Haben die Sämlinge eine sehr unterschiedliche Größe, pikiert man zuerst die größten und dann die nächstkleineren. Da Sämlinge leicht verletzt werden können, sollte man stets sehr behutsam vorgehen und nie ihre zarten Stengel anfassen.

Hier wurden gut entwickelte Sämlinge von *Ageratum* ›Blue Mink‹ von der Aussaatschale in eine zweite Schale pikiert, in der sie Platz zum Wachsen haben.

Sämlinge pikieren

● Eine tiefe Schale oder einen Topf mit Substrat füllen (siehe S. 40). ● Mit einem Pikierholz im Abstand von 2,5–5 cm Löcher für die Sämlinge in die Erde drücken. ● Die Sämlinge herausheben (Abb. 1). ● Schlecht entwickelte und kranke Sämlinge wegwerfen. ● Die Sämlinge einpflanzen (Abb. 2). Die Erde andrücken (Abb. 3). ● Das Pikierdatum auf dem Pflanzenschildchen vermerken. ● Gründlich wässern, damit sich die Erde setzt. ● Das Gefäß an einen schattigen Platz stellen, bis die Sämlinge angewurzelt sind.

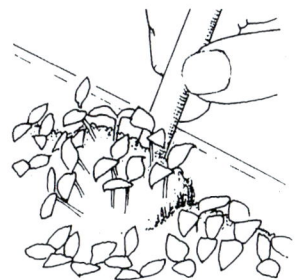

1 Mehrere Sämlinge mit einem Pikierholz herausheben und behutsam voneinander trennen.

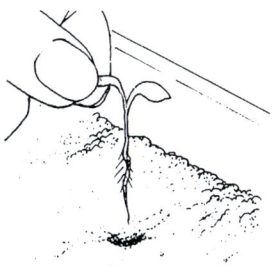

2 Sämlinge an einem Keimblatt fassen und so einpflanzen, daß die Keimblätter direkt über der Erde sitzen.

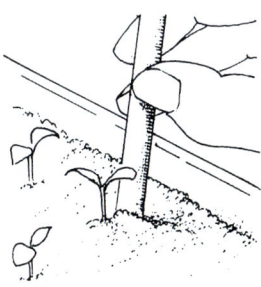

3 Das Pikierholz neben den Sämlingen in das Substrat schieben, um es im Wurzelbereich anzudrücken.

Vermehrung durch Stecklinge

Die Stecklingsvermehrung hat gegenüber der Aussaat unter anderem den Vorteil, daß man hier aus Teilen einer Mutterpflanze große Mengen identischer Klone ziehen kann. Viele Pflanzen werden durch Stecklinge vermehrt, da diese Methode es ermöglicht, zahlreiche Jungpflanzen auf kleinem Raum zu ziehen, und von einer Mutterpflanze eine ganze Anzahl Stecklinge genommen werden kann. Typische Beispiele für geeignete Pflanzen im Gewächshaus sind etwa Fuchsien, Usambaraveilchen und Pelargonien.

Bevor näher auf die Vermehrung von Pflanzen durch Stecklinge eingegangen wird, soll zunächst erklärt werden, welche Rolle dabei die wichtigen Faktoren Wasser, Wärme und Licht spielen.

Wasser Stecklinge verdunsten über ihre Blätter Wasser, das sie aber brauchen, um nicht zu welken. Da sie keine Wurzeln haben, ist es für sie schwierig, genügend Feuchtigkeit aus der Erde aufzunehmen, und sie benötigen deshalb während der Zeit der Bewurzelung eine Umgebung mit hoher Luftfeuchtigkeit, um den Wasserverlust möglichst gering zu halten (siehe S. 39).

Wärme Die meisten Pflanzen brauchen eine Temperatur von 18–22 °C, damit sie Wurzeln entwickeln können. Um diese Bedingungen zu schaffen, verwendet man am besten einen Vermehrungskasten mit Bodenheizung oder einen an einem warmen Platz aufgestellten unbeheizten Vermehrungskasten. Wenn Sie regelmäßig die Pflanzenanzucht mit Stecklingen betreiben, lohnt sich vielleicht die Anschaffung eines Sprühnebel-Vermehrungskastens (siehe S. 40), der ideale Bedingungen für die Bewurzelung von Stecklingen schafft.

Licht Bei der Photosynthese produzieren Pflanzen unter Einwirkung von Licht aus Kohlendioxyd und Wasser Kohlenhydrate, die ihnen Energie für Leben und Wachstum liefern. Man kann diesen Prozeß durch künstliches Licht beeinflussen, indem man durch das Anbringen von Spezialleuchten etwa 30 cm über den jungen Pflanzen die Tageslänge und Lichtintensität erhöht oder die Stecklinge – abhängig von den Bedürfnissen der jeweiligen Pflanze – an einen schattigen oder gut beleuchteten Platz stellt.

Triebstecklinge

Je nach Alter und Verholzung kann man Triebstecklinge in drei Arten unterteilen – grüne, halbreife und ausgereifte, verholzte Stecklinge. Zur Vermehrung von Gewächshauspflanzen werden zumeist grüne und halbreife Triebe verwendet. Holzstecklinge nimmt man in erster Linie von winterharten sommergrünen Pflanzen, die im Freiland wachsen, so daß sie im Gewächshaus kaum eine Rolle spielen. Stecklinge sollten Sie stets von kräf-

tigen, sortenreinen Pflanzen nehmen, und Sie sollten sichergehen, daß die Mutterpflanzen frei von Schädlingen und Krankheiten sind.

Grünstecklinge Hierzu werden junge, biegsame Triebspitzen verwendet, an denen sich noch kein Holzgewebe gebildet hat. Von einigen Gewächshauspflanzen, wie Harfenstrauch *(Plectranthus)* und Samtnessel *(Coleus)*, kann man das ganze Jahr hindurch Grünstecklinge nehmen, von winterharten Gartenpflanzen jedoch nur im Frühjahr und Frühsommer, wenn sie kräftig sind und wachsen. Gewöhnlich bewurzeln sich die Stecklinge innerhalb von drei Wochen. In schwierigen Fällen kann man die Bewurzelung der Grünstecklinge unterstützen, indem man die Anschnittstelle in ein Bewurzelungsmittel taucht (siehe rechts).

Halbreife Stecklinge Diese Stecklinge werden genommen, wenn das grüne Gewebe zu verholzen beginnt – bei sommergrünen Pflanzen zwischen Hochsommer und Spätsommer, bei immergrünen im Spätsommer oder Frühherbst. Auf diese Weise lassen sich im Spätsommer Ruhmesblumen *(Clianthus puniceus)*, Schönmalve *(Abutilon)* und Bougainvilleen vermehren. Halbreife Stecklinge nimmt man gewöhnlich, wenn sie 5 bis 15 cm lang sind, wobei die genaue Länge jeweils von der Pflanzenart und der Menge des verfügbaren Pflanzenmaterials abhängt. Bei Stecklingen, die sich schwer bewurzeln, können Bewurzelungsmittel verwendet werden (siehe rechts).

Stecklinge bewurzeln

Bei der Verwendung eines Bewurzelungsmittels gibt man zunächst eine kleine Menge davon in ein geeignetes Gefäß, damit nicht das gesamte Mittel mit den feuchten Stecklingen in Berührung kommt. Dann taucht man die Enden der Stecklinge nach Gebrauchsanweisung in das Mittel ein.

Die meisten Stecklinge werden am besten in Schalen oder Töpfen mit einem feuchten, durchlässigen Substrat gesetzt, das man wie auf Seite 40 beschrieben einfüllt. Eine Grundmischung, die für die meisten Pflanzen geeignet ist, kann aus gleichen Teilen Torf und scharfem Sand oder Humus und scharfem Sand hergestellt werden. Da diese Mischungen nur wenige oder gar keine Nährstoffe enthalten, müssen die bewurzelten Stecklinge eingetopft werden, bevor sie Mangelerscheinungen zeigen. In diesem Stadium ist ein 8–9 cm großer Topf ausreichend. Wenn Stecklinge etwas Zeit brauchen, um sich zu bewurzeln, führt man eine Blattdüngung durch, damit sie mit Nährstoffen versorgt werden (siehe S. 53). Zum Einsetzen der Stecklinge drückt man mit einem Pflanzholz Löcher in das Substrat und setzt die Steck-

BEWURZELUNGSMITTEL

Bewurzelungsmittel sind als Pulver oder in flüssiger Form erhältlich. Sie enthalten Pflanzenhormone, die die Wurzelbildung fördern. Sie sollten kühl und trocken lagern, etwa im Kühlschrank, und nicht länger als zwölf Monate aufbewahrt werden, da sie sonst ihre Wirkung verlieren. Für die verschiedenen Stecklingsarten sind Bewurzelungsmittel in unterschiedlicher Konzentration erforderlich. Bei Grünstecklingen werden sie in der geringsten Konzentration angewendet. Flüssige Mittel verdünnt man nach Gebrauchsanweisung mit Wasser, Pulver ist in verschiedenen Stärken erhältlich. Es gibt jedoch auch Universalpräparate, die sich für die Bewurzelung der meisten grünen und halbreifen Stecklinge eignen.

linge so ein, daß sich das untere Blattpaar jeweils direkt über der Erde befindet. Nach dem Einsetzen aller Stecklinge wässert man sorgfältig mit einer feinen Brause, damit sich die Erde setzt. Dann stellt man die Schale oder die Töpfe an einen warmen, feuchten Platz (siehe S. 39), bis sich Wurzeln gebildet haben. Manche Pflanzen bewurzeln sich mitunter in nur einer Woche, wie etwa die beliebten Fleißigen Lieschen *(Impatiens walleriana)* oder auch Strahlengriffel *(Actinidia kolomikta)*, die im Gewächshaus am besten durch halbreife Stecklinge vermehrt werden.

Stecklinge von Pflanzen, die zarte Wurzelsysteme bilden und Störungen nicht mögen, wie Weihnachtssterne *(Euphorbia pulcherrima)*, können in Torfquelltöpfe, Preßtöpfe oder Torftöpfe gesetzt werden. Wenn sich die Wurzeln durch den Torf schieben, kann man die Stecklinge eintopfen.

Pflege

Bei Stecklingen sollte man täglich prüfen, ob sie Wasser benötigen. In geschlossenen Kästen müssen sie darüber hinaus an sonnigen Tagen schattiert und belüftet werden, um Überhitzung zu vermeiden. Bei Abdeckhauben mit Belüftungsöffnungen öffnet man zu Beginn nur diese; später hebt man die Haube allmählich immer höher, um die Jungpflänzchen abzuhärten. Abgestorbene oder kranke Blätter sollten entfernt werden, um die Entwicklung von Grauschimmel *(Botrytis)* zu verhindern. Bewurzelte Stecklinge härtet man langsam ab, indem man die Belüftung verstärkt, bis sie auf dem offenen Pflanztisch stehen und (wie auf Seite 48 beschrieben) eingetopft werden können. Natürlich können die Jungpflanzen auch in Beeten weitergezogen werden.

Wenn Stecklinge, etwa von Fuchsien, in Torftöpfen oder Torfquelltöpfen gezogen werden, braucht man ihre Wurzeln beim späteren Einpflanzen kaum zu stören. Das Einpflanzen erfolgt, sobald Wurzeln aus dem Topf kommen und die Stecklinge zu wachsen beginnen.

Stecklinge vorbereiten

● Um einen Grünsteckling zu nehmen, macht man gewöhnlich unterhalb von einem Blattknoten einen sauberen Schnitt (Abb. 1).
● Bei Pflanzen, die auf der ganzen Länge des Stengels Wurzeln entwickeln, kann der Schnitt auch zwischen zwei Blattknoten ausgeführt werden (Abb. 2).
● Als halbreife Stecklinge eignen sich am besten Seitentriebe. Sie werden wie Grünstecklinge geschnitten oder mit einem Astring abgezogen (Abb. 3). Die Ränder des Astringes vor dem Einsetzen begradigen.

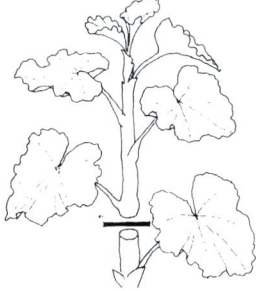

1 Mit einem scharfen Messer eine 5 – 10 cm lange Triebspitze sauber abschneiden und alle unteren Blätter entfernen.

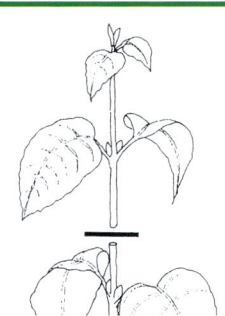

2 Einen Trieb von 5 – 10 cm Länge zwischen zwei Blattknoten abschneiden. Diese Methode eignet sich gut für Fuchsien.

3 Einen Seitentrieb vorsichtig so von der Mutterpflanze abziehen, daß sich am Ende ein Astring befindet.

Blattstecklinge

Tolmiea menziesii
›Taff's Gold‹
Diese winterharte Staude wird in unbeheizten Gewächshäusern gern als Blattpflanze für Ampeln verwendet. Im Deutschen nennt man sie »Henne mit Küken«, da sich an ihren Blättern Kindel bilden. Wenn man solche Blätter mit Kindeln abnimmt und in Erde setzt, bewurzeln sich die Kindel und wachsen zu neuen Pflanzen heran.

Blattstecklinge mit Stiel nimmt man häufig von rosettenbildenden Pflanzen mit langen Blattstielen wie Usambaraveilchen *(Saintpaulia ionantha)*. Man schneidet ein Blatt mit Stiel von der Mutterpflanze ab und kürzt den Stiel auf 2 cm ein. Dann setzt man ihn in einem leichten Winkel gerade so tief in Stecklingssubstrat, daß das Blatt aufrecht steht. Die Stecklinge von Usambaraveilchen bewurzeln sich bei einer Bodentemperatur von 16–18 °C in zwei Wochen.

Pflanzen mit großen Blättern wie *Begonia-Rex*-Hybriden und *Streptocarpus*-Hybriden können durch ganze Blätter vermehrt werden. Hierfür wählt man gesunde, gut entwickelte Blätter aus und entfernt die Stiele.

Bei Rexbegonien wird häufig folgendermaßen verfahren: Man legt das Blatt umgedreht auf eine feste Unterlage und schneidet jede Blattader mehrmals ein. Dann legt man das Blatt mit den Schnittstellen nach unten in einen Topf mit Stecklingssubstrat und drückt es gut an. Um den Kontakt mit der Erde zu verbessern, kann es mit Steinchen beschwert werden. Nach einigen Wochen haben sich an den Einschnitten junge Pflanzen entwickelt. Sobad sie groß genug sind, kann man sie abtrennen und einzeln einpflanzen.

Weniger gebräuchlich, aber platzsparender ist folgende Methode: Man entfernt von dem Blatt die äußeren 2 cm und schneidet den Rest in quadratische Stücke mit jeweils einer dicken Blattader. Die Quadrate legt man entweder auf das Substrat und drückt sie gut an oder setzt sie zu einem Drittel hinein. Wer wenige raschwachsende Exemplare von *Streptocarpus* benötigt, kann ein Blatt in pfeilförmige Stücke schneiden und diese im Winkel von 45° zu einem Drittel in Stecklingserde setzen. Braucht man jedoch eine große Zahl von Pflanzen und kann nur wenige Blätter entbehren, nimmt man ein Blatt, schneidet Spitze und Basis ab und entfernt die mittlere Blattader. Dann setzt man die beiden Hälften mit den Schnittflächen nach unten zu einem Drittel in Stecklingssubstrat. An allen Blattadern, die Kontakt mit dem Substrat haben, entwickeln sich dann später kleine Wurzeln.

Auch Augenstecklinge (Blattknospenstecklinge) erlauben es, aus wenig Vermehrungsmaterial eine große Zahl neuer Jungpflanzen zu ziehen. Hier benötigt man von der Mutterpflanze lediglich ein gesundes Blatt mit einem Auge (ruhende Knospe) und einem Stengelstück. Diese Methode wird häufig bei Gummibäumen *(Ficus elastica)* angewendet.

Man wählt an der Mutterpflanze einen gesunden halbreifen Seitentrieb aus und teilt ihn in Stücke. Ein Schnitt sollte direkt oberhalb eines Blattes ausgeführt werden, der zweite etwa 2,5 cm darunter, so daß jeder Steckling ein Blatt und ein Auge besitzt. Stengel mit gegenständigen Blättern können zusätzlich in der Mitte gespalten werden, um zwei Stecklinge zu erhalten. Die Stücke werden so in die Erde gesetzt, daß der Blattstiel die Erdoberfläche berührt. Um den Platz optimal zu nutzen und das Herausheben nach der Bewurzelung zu erleichtern, sollten alle Blätter in einer Richtung eingesetzt werden.

Augenstecklinge großblättriger Pflanzen wie *Ficus elastica* kann man auch einzeln in kleine Töpfe setzen. Die großen Blätter werden dann um einen Stab gerollt und mit einem Gummiring gesichert. Auf diese Weise hat der Steckling besseren Halt, der Platz kann optimal genutzt werden, und es geht weniger Wasser durch Verdunstung verloren.

Blattstecklinge

Ein Rexbegonienblatt wird flach auf die Erde gelegt und an den Adern eingeschnitten, um die Bildung neuer Pflanzen anzuregen.

Die Blätter von Rexbegonien schneidet man in quadratische Stücke mit je einer Rippe und setzt sie leicht geneigt in die Erde.

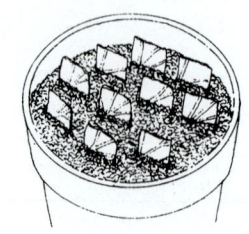

Ein Drehfruchtblatt, von dem Spitze, Basis und Mittelader entfernt wurden, steckt man mit den Schnittflächen in die Erde.

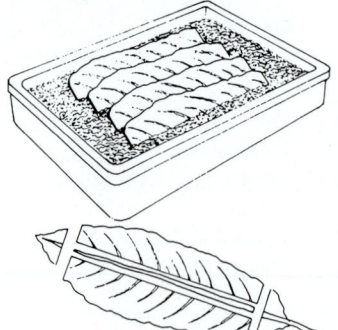

Ein Drehfruchtblatt kann nach Entfernen von Spitze und Basis auch in pfeilförmige Stücke geschnitten werden, die man aufrecht in die Erde steckt.

Bei Augenstecklingen mit gegenständigen Blättern kann man die Stengel spalten und die Teile einzeln in die Erde setzen.

Brutpflanzen

Verschiedene Pflanzen, wie etwa *Kalanchoe tubiflora*, entwickeln an ihren Blättern kleine Pflänzchen. Sie lassen sich mühelos vermehren. Man zwickt sie einfach ab und setzt sie in einem Topf oder einer Schale in den Vermehrungskasten, bis sie kräftig wachsen. Sobald sie ein ausreichendes Wurzelsystem entwickelt haben, kann man sie einzeln in Töpfe pflanzen. Die Grünlilie *(Chlorophytum comosum)* bildet solche Brutpflanzen an abgeblühten Stengeln. Auch sie können abgenommen und einzeln eingepflanzt werden.

Kindel

Unter Kindeln versteht man an einer Mutterpflanze entspringende Seitensprosse mit eigenen Wurzeln, wie sie beispielsweise Agaven, Palmlilien *(Yucca)* und Aloen bilden. Hat das Wurzelsystem dieser Kindel eine ausreichende Größe, trennt man sie mit einem Messer ab und setzt sie einzeln in Töpfe.

Die tropische Blattpflanze *Dieffenbachia* entwickelt dicke, blattlose Triebe, die in 5 cm lange Stücke geteilt werden können. Diese legt man mit den Augen nach oben in eine Schale und bedeckt sie zur Hälfte mit Erde. Um Triebe und Wurzeln auszubilden, benötigen sie eine Temperatur von 22 °C und eine hohe Luftfeuchtigkeit; daher ist es ratsam, die Schale in einen Vermehrungskasten mit Abdeckhaube zu setzen. Wenn sie gut wachsen, setzt man sie einzeln in Töpfe.

Teilung

Buschig wachsende, mehrjährige Gewächshauspflanzen können leicht vermehrt werden, indem man ihre Wurzelballen in mehrere Stücke teilt und diese einzeln einpflanzt. Große Pflanzen wie *Clivia miniata* werden am besten mit zwei Grabegabeln geteilt, die man Rücken an Rücken in die Mitte der Pflanze sticht. Dann drückt man die Gabeln auseinander, um die Wurzeln zu trennen. Kleinere Pflanzen wie *Primula* x *kewensis* kann man von Hand teilen oder, in schwierigen Fällen, mit zwei Handgabeln. Die geteilten Pflanzen dürfen zunächst nur mäßig gegossen werden und sollten am Anfang einige Tage im Schatten stehen. In der Regel blühen die meisten Pflanzen schon im selben Jahr.

Absenker

Kletterpflanzen und Sträucher, bei denen sich Stecklinge nur schwer bewurzeln, wie etwa *Lapageria rosea*, können durch Absenker vermehrt werden. Dazu wählt man einen biegsamen Zweig der Mutterpflanze aus und drückt ihn so nieder, daß er etwa 20 cm vor der Spitze

die Erde der Gewächshausrabatte berührt. An dieser Stelle entfernt man sämtliche Blätter. Nun wird der Zweig an der Unterseite mit einem scharfen Messer flach zur Triebspitze hin eingeschnitten. An der Stelle, wo der Zweig die Erde berührt, gräbt man eine etwa 10 cm tiefe Mulde und gibt etwas Komposterde hinein. Der Trieb wird nun so in die Mulde gedrückt, daß die Spitze an der Einschnittstelle senkrecht hochragt. Den Absenker verankert man mit einem gebogenen Draht in der Pflanzmulde, bevor sie mit Komposterde aufgefüllt wird. Der Boden muß gründlich gewässert werden und darf nie austrocknen. Es dauert etwa ein Jahr, bis sich Absenker bewurzelt haben. Dann trennt man sie von der Mutterpflanze.

Im Gewächshaus kann man bei hochgewachsenen Kletterpflanzen auch Absenker in Töpfen bewurzeln. Hierzu stellt man den Topf mit Bewurzelungssubstrat in das Gewächshausregal oder hängt ihn in der gewünschten Höhe an der Wand auf.

Wenn Drehfrucht *(Streptocarpus)* im späten Winter durch Blattstecklinge vermehrt wird, haben sich bis zum Sommer großartige blühende Pflanzen entwickelt. Jungpflanzen sollte man in 9-cm-Töpfe setzen, vor der Blüte müssen sie dann jedoch in 13-cm-Töpfe umgetopft werden.

Eintopfen

GEGENÜBERLIEGENDE
SEITE Nach dem Eintopfen sollten bewurzelte Stecklinge dicht nebeneinander auf den Gewächshaustisch gestellt werden, damit sie leichter anwachsen und gleichzeitig der Platz optimal genutzt wird. Rasch wachsende Pflanzen, wie die hier gezeigten *Plectranthus saccatus* var. *longitubus* und *Ruellia macrantha*, müssen allerdings oft schon nach einer Woche weiter auseinandergerückt werden.

Beim Eintopfen von Pflanzen ist die Organisation des Arbeitstisches das A und O. In der Mitte des Tisches sollte sich ein reichlicher Vorrat an frischer Blumenerde befinden, während auf einer Seite Töpfe gestapelt sind und auf der anderen Platz für die neu eingetopften Pflanzen ist. Es ist wichtig, daß die Töpfe vorher gründlich gereinigt wurden, damit eventuell vorhandene Krankheitserreger keine Chance bekommen, ihre Pflanzen zu schädigen. Tontöpfe sollen gründlich gewässert werden, bevor man die Erde einfüllt, weil sie sonst dem Substrat Wasser entziehen.

Stecklinge eintopfen

Beim ersten Eintopfen werden bewurzelte Stecklinge oder Sämlinge aus ihren Kisten oder Schalen in kleine Einzeltöpfe von 8–9 cm Durchmesser gesetzt, in denen ihre Wurzeln mehr Platz haben und genügend Nährstoffe finden, um wachsen und sich ausbreiten zu können. Aus Stecklingen gezogene Jungpflanzen sollten nicht sofort der direkten Sonnenbestrahlung ausgesetzt werden.

Wenn ein Steckling neue Blätter entwickelt, ist dies ein Zeichen, daß er sich bewurzelt hat. Man nimmt ihn dann aus seinem Anzuchtgefäß, um festzustellen, ob auf der Außenseite des Erdballens Wurzeln sichtbar sind. Ist dies der Fall, kann der Steckling eingetopft werden, andernfalls setzt man ihn wieder ein und schaut ein paar Tage später noch einmal nach. Sämlinge werden eingetopft, wenn sie ihre Saatschale ausfüllen und sich ihre Blätter berühren. Wartet man zu lange, werden Sämlinge lang und dünn, und Stecklinge zeigen Man-

gelerscheinungen. Darüber hinaus bekommen beide lange Wurzeln, die beim Eintopfen leicht beschädigt werden können. Frisch eingetopfte Pflanzen sollten einige Tage schattig stehen, damit sie nicht in der Sonne welken und austrocknen.

Umtopfen

Beim Umtopfen wird eine Pflanze, deren Wurzeln den alten Topf ausfüllen, in ein größeres Gefäß mit frischer Erde umgesetzt. Pflanzen, die bisher in 8–9 cm großen Töpfen gewachsen sind, sollten dann in einen Topf mit 12–13 cm Durchmesser gepflanzt werden. Der beste Zeitpunkt zum Umtopfen ist gekommen, wenn eine Pflanze ihre Erde vollkommen durchwurzelt hat, der Wurzelballen aber noch nicht verfilzt ist. Zum Prüfen eines Wurzelballens klopft man den Topf vorsichtig auf einer Tischkante auf, um ihn zu lösen. Dann zieht man ihn ab, während man den Wurzelballen mit der anderen Hand stützt.

Der Zeitpunkt des Umtopfens hat entscheidende Auswirkung auf die Qualität der Pflanzen. Wartet man zu lange, beginnen die Pflanzen unter Nährstoffmangel zu leiden, und oft werden dann die unteren Blätter gelb und fallen ab. Topft man die Pflanze um, bevor sie ihre Erde durchwurzelt hat, verschwendet man dadurch Stellfläche und Substrat, und möglicherweise leidet die Pflanze sogar, weil die Erde in ihrem Topf zu lange naß bleibt. Der Wurzelballen sollte vor dem Umtopfen feucht sein, weil er sich später zumeist nur schwer durchnässen läßt.

Wie umgetopft und verjüngt wird

Einen sauberen Topf mit so viel Erde füllen, daß sich der Wurzelhals später (je nach Größe des Topfes) 2–5 cm unter dem Topfrand befindet. Die Pflanze am Stengel festhalten, so daß der Wurzelballen in der Mitte des Topfes sitzt, und frische Erde bis zum Rand auffüllen. Bei der Verwendung von Torfsubstrat den Topf auf den Tisch klopfen, damit es sich setzt. Tonsubstrat mit Zeige- und Mittelfinger bis 1 cm unter den Topfrand andrücken. Mit der Gießkanne und einer feinen Brause wässern.

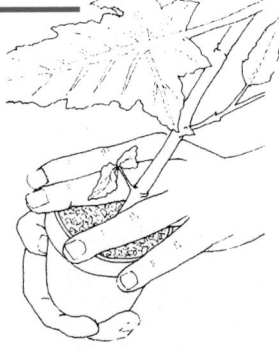
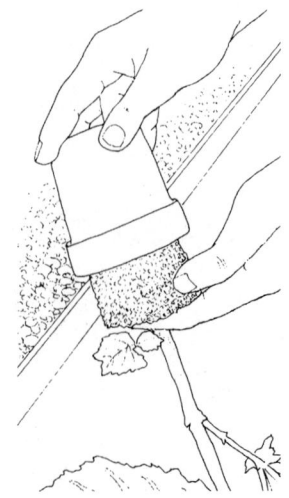

Die Hand auf den Erdballen legen (oben), den Topf stürzen und gegen die Tischkante klopfen, damit sich der Erdballen löst (rechts).

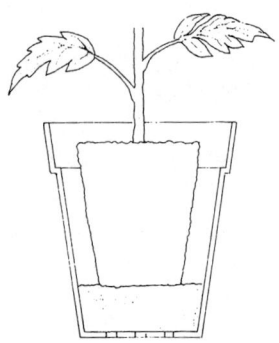

Etwas Substrat in den neuen Topf füllen und leicht andrücken. Die Pflanze in die Mitte setzen.

Pflege

Frisch eingetopfte Jungpflanzen werden am besten dicht nebeneinander auf den Gewächshaustisch gestellt, so daß sich ihre Blätter berühren. Auf diese Weise entsteht ein feuchteres Mikroklima als bei größeren Zwischenräumen.

Beginnen die Pflanzen jedoch zu wachsen, muß man sie regelmäßig auseinanderrücken, weil sie sich sonst Licht und Luft streitig machen und anfälliger für Schädlinge und Krankheiten werden. Die Erde sollte ständig gleichbleibend feucht, aber nicht naß sein. Unter Glas gezogene Pflanzen für den Garten müssen langsam abgehärtet werden, bevor man sie ins Freiland pflanzen kann. Dies ist entweder in einem kalten Frühbeet (siehe S. 61) oder in einem gut belüfteten, ungeheizten Gewächshaus möglich.

Topfpflanzen verjüngen

Wenn die Wurzeln einer Pflanze verfilzt sind und sich am Boden des Topfes aufgewickelt haben, ist das Pflanzgefäß zu klein. Solche Pflanzen erkennt man daran, daß sie nicht mehr prächtig aussehen, sondern schwächlich wirken und kleine vergilbte Blätter haben. Manche Gärtner ziehen starkwüchsige Pflanzen bewußt in zu kleinen Töpfen, weil sie dadurch ihr Wachstum bis zu einem gewissen Grad kontrollieren können, doch viele Arten leiden darunter.

Bei Pflanzen, deren Töpfe nur ein wenig zu klein sind, kann man als Alternative zum Umtopfen an der Oberfläche 2–3 cm Erde wegkratzen – beispielsweise mit einem alten Pflanzenschildchen – und durch frisches Substrat ersetzen. Stehen Pflanzen in sehr kleinen Töpfen, sollen aber dennoch nicht in größere umgesetzt werden, um ihr Wachstum zu kontrollieren, hebt man sie behutsam heraus (stark durchwurzelte Tontöpfe muß man manchmal zerschlagen, um die Wurzeln zu schonen) und entfernt mit einem Pflanzholz oder Pflanzenetikett vorsichtig die Erde an der Außenseite des Wurzelballens. Dann schneidet man bis zu einem Drittel der dicksten und kräftigsten Wurzeln – vor allem diejenigen, die sich am Topfboden aufgewickelt haben – mit einem scharfen Messer oder einer Gartenschere weg. Anschließend wird die Pflanze wieder mit frischer Erde in ihren alten (gesäuberten) Topf gesetzt. Manche Pflanzen können durch diese Behandlung einen Schock erleiden und ihre Blätter abwerfen. Am geringsten ist diese Gefahr im Vorfrühling, wenn die Tage länger und wärmer werden, aber das neue Wachstum noch nicht begonnen hat.

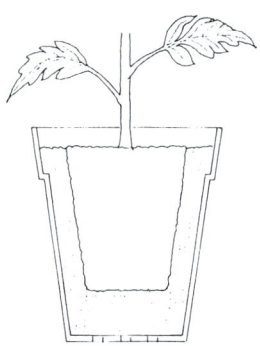

Zwischen Wurzelballen und Topfwand Substrat füllen. Dabei dürfen keine Hohlräume entstehen.

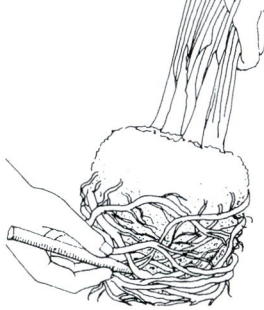

Verschlungene Wurzeln vorsichtig mit einem Pflanzholz lockern, insbesondere am Topfboden aufgewickelte Wurzeln.

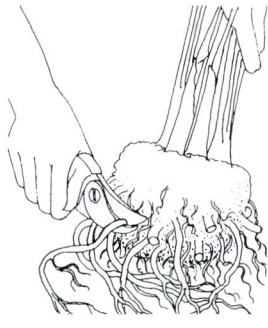

Ein Drittel der dickeren Wurzeln herausschneiden, nicht die feinen Wurzeln, die den größten Teil des Wassers und der Nährstoffe aufnehmen.

Pflanzsubstrate

RABATTENERDE

Pflanzen, die in der Gewächshausrabatte wachsen, wie etwa Tomaten, müssen seltener gedüngt oder gewässert werden, da sich ihre Wurzeln weiter ausbreiten können. Wenn man jedoch Jahr für Jahr die gleichen Kulturen in der gleichen Rabatte zieht, kommt es zu einer Konzentration von Salzen und pflanzlichen Säuren, und es treten verstärkt Schädlinge und Krankheiten auf, wodurch die Kraft und Gesundheit der Pflanzen beeinträchtigt wird. Um dies zu verhindern, betreibt man am besten einen Fruchtwechsel und ersetzt die Rabattenerde alle drei bis vier Jahre durch Gartenerde.
Zunächst sollte man mit einem handelsüblichen Bodentester Nährstoffe und pH-Wert des Bodens analysieren. Aufgrund dieser Analyse kann dann die notwendige Menge an Kalk und Dünger bestimmt werden, die man 7 bis 10 Tage vor dem Pflanzen leicht in die Erde einharkt. Darüber hinaus wird mehrere Wochen vor dem Pflanzen organisches Material, wie gut verrotteter Mist, Pilzsubstrat, Kompost oder Torf, untergegraben und anschließend gut gewässert. Je nach Pflanzenart und Wuchsfreudigkeit muß möglicherweise während des Wachstums nachgedüngt werden. Hier kommen eine Kopfdüngung oder Flüssigdüngergaben in Frage.

Für Gewächshaus-Topfpflanzen können Substrate unterschiedlichster Zusammensetzung verwendet werden, solange sie den Pflanzen Halt geben und ihre Wurzeln mit Sauerstoff, Wasser und Nährstoffen versorgen. Entscheidend ist ein Gleichgewicht von kleinen Lufträumen zwischen den Erdpartikeln, die Wasser aufnehmen, und großen Lufträumen, die Sauerstoff für die Wurzeln bereitstellen. Die meisten Gewächshauspflanzen brauchen ein Substrat, das die Feuchtigkeit hält, aber durchlässig ist, damit sich die Nässe nicht staut. In durchnäßter Erde können die Wurzeln nicht atmen und sterben schließlich ab.
Für den Neuling ist es unter begrenzten Platzverhältnissen am einfachsten, fertige Kultursubstrate zu kaufen, die für die Mehrzahl der Gewächshauspflanzen ausgezeichnet geeignet sind. Man sollte dennoch wissen, woraus sich diese Substrate zusammensetzen, und die Tabelle mit ihren Ausgangsmaterialien ist eine nützliche Hilfe für jeden, der jetzt und später eigene Substrate herstellen will.
Bei Substraten kann man im wesentlichen zwischen zwei Arten unterscheiden – solche auf Tonbasis und Substrate mit Torf als Grundbestandteil.

Tonsubstrate

Diese Substrate werden in der Regel aus sterilisiertem Ton sowie einem Zusatz aus Torf und Sand gemischt, der ihnen eine lockere Struktur verleiht. Ton hat die Eigenschaft, Nährstoffe zu binden und bei Bedarf abzugeben, so daß hier eine konstantere Nährstoffversorgung gewährleistet ist als bei anderen Substraten auf Torfbasis. Da außerdem in Ton ausreichende Mengen Spurenelemente enthalten sind, müssen diese nicht hinzugefügt werden. Darüber hinaus sind Tonsubstrate schwerer und geben großen oder kopflastigen Pflanzen wie etwa Fuchsienbäumchen besseren Halt.
Im Handel angebotene Tonsubstrate (siehe auch Universalerde, S. 51) enthalten häufig einen Grunddünger. Während der Wachstumsperiode der Pflanzen sollte dann einige Wochen später nachgedüngt werden (siehe S. 52).

Torfsubstrate

Während der letzten 20 Jahre wurden Blumenerden vorwiegend mit Torf hergestellt, den man in riesigen Mengen abbaute. Substrate auf Torfbasis sind leicht und haben ein günstiges Sauerstoff-Wasser-Verhältnis. Einigen Torfsubstraten ist Sand beigemischt, der die Durch-

VERSCHIEDENE SUBSTRATE

Zusammensetzung	Eigenschaften
Aussaaterde auf Tonbasis	
2 Volumenanteile sterilisierter Ton	Gibt Substanz und Gewicht. Enthält Spurenelemente. Mindert die Auswaschung von Stickstoff.
1 Volumenanteil Torf	Fördert Durchlüftung und Wasserspeicherungsvermögen.
1 Volumenanteil scharfer Sand	Erhöht Gewicht und Durchlässigkeit.
Zugefügter Dünger	
2 Anteile Superphosphat	Liefert Phosphat, Kalzium und Schwefel.
1 Anteil gemahlener Kalk	Neutralisiert Säure von Torf und Ton.
Topferde auf Tonbasis	
7 Volumenanteile Ton	Siehe Aussaaterde auf Tonbasis.
3 Volumenanteile Torf	Siehe Aussaaterde auf Tonbasis.
2 Volumenanteile scharfer Sand	Siehe Aussaaterde auf Tonbasis.
Zugefügter Dünger	
5 Anteile Grunddünger (siehe unten)	Geeignet zum Pikieren und ersten Eintopfen.
1 Anteil gemahlener Kalk	
Rezeptur für Grunddünger	Geeignet für die Düngung von Topferde. Bei Pflanzen mit hohem Nährstoffbedarf (wie Chrysanthemen) entsprechend stärker düngen.
2 Gewichtsanteile Hornspäne	Langsamwirkender Stickstofflieferant.
2 Gewichtsanteile Superphosphat	Liefert Phosphat, Kalzium und Schwefel.
1 Gewichtsanteil Kalisulfat	Liefert Kalium.
Tonfreies Stecklingssubstrat	
1 Volumenanteil Torf	Sorgt für Durchlüftung und Durchlässigkeit; fördert das Wasserspeicherungsvermögen.
1 Volumenanteil scharfer Sand	Sorgt für Durchlässigkeit und gibt Halt.
Kein Dünger erforderlich	
Tonfreie Aussaaterde	
3 Volumenanteile Torf	Siehe Aussaaterde auf Tonbasis.
1 Volumenanteil scharfer Sand	Siehe Aussaaterde auf Tonbasis.
Zugefügter Dünger	
2 Anteile Superphosphat	Siehe Grunddünger.
1 Anteil Kaliumnitrat	Liefert Kalium und Stickstoff.
7,5 Anteile gemahlener Kalk	Neutralisiert Säuren.
Tonfreie Topferde	
3 Volumenanteile Torf	Siehe Aussaaterde auf Tonbasis.
1 Volumenanteil scharfer Sand	Siehe Aussaaterde auf Tonbasis.
Zugefügter Dünger	
Gemahlener Kalk und ein Grunddünger mit allen erforderlichen Hauptnährstoffen und Spurenelementen.	
Torfsubstrat mit Tonzusatz (Topferde)	
5 Volumenanteile Torf	Siehe Aussaaterde auf Tonbasis.
1 Volumenanteil scharfer Sand	Siehe Aussaaterde auf Tonbasis.
1 Volumenanteil Ton	Siehe Aussaaterde auf Tonbasis.

PFLANZENNÄHRSTOFFE

Nährstoff	Wirkung/Funktion	Mangelsymptome	Überschußsymptome
Stickstoff (N)	Wird von allen Pflanzen für das Wachstum ständig benötigt. Dient dem Eiweißaufbau der Pflanzen. Fördert Trieb- und Blattbildung.	Verkümmerter Wuchs; mangelnde Standfestigkeit; Blätter vergilben; geringes Wachstum.	Pflanzengewebe wird weich; Pflanzen fallen leicht um und sind anfällig für Schädlinge.
Phosphor (P)	Wichtig für Zellaufbau, Wurzelentwicklung sowie Blüten-, Frucht- und Samenbildung.	Kleine Pflanzen mit steifen Blättern, die sich rötlich bis braun-violett färben; mangelhafte Trieb- und Wurzelentwicklung.	Nur bei empfindlichen Pflanzen wie *Protea* ein Problem. Zeigt sich durch Vergilben zwischen den Blattadern.
Kalium (K)	Bei guter Kaliversorgung bessere Ausnutzung des Bodenwassers; Förderung der Photosynthese, daher kräftiges, gesundes Wachstum und Krankheitsresistenz.	In sehr sauren oder alkalischen Böden nur begrenzt verfügbar; Blätter bekommen rötliche und gelbe Flecken; in schweren Fällen Bildung von Nekrosen (abgestorbenes Gewebe).	Verhindert die Aufnahme von Magnesium und bewirkt daher Magnesiummangel.
Kalzium (Ca)	Fördert das Wurzelwachstum; erleichtert die Aufnahme von Nitrat und somit die Eiweißbildung der Pflanzen.	Junge Blätter deformiert und gerollt; Gewebe an Blatträndern und Triebspitzen stirbt ab; keine Wurzelbildung; saurer Boden (niedriger pH-Wert).	Läßt Erde alkalisch werden (hoher pH-Wert). Verhindert die Aufnahme von Eisen. Macht Phosphate unlöslich.
Magnesium (Mg)	Bestandteil des Chlorophylls, das für die Photosynthese notwendig ist; beeinflußt die Aufnahme von Phosphat in der Pflanze.	Ältere Blätter zwischen den Adern gelb; Blattränder rollen sich ein.	Verhindert die Aufnahme von Kalium und Kalzium.
Schwefel (S)	Bei Pflanzen wichtig für die Synthese von Proteinen und Enzymen.	Junge Blätter blaß; Blätter manchmal nach unten gerollt oder rötlich gefärbt.	Wird selten zum Problem.
Eisen (Fe)	Wichtig für die Chlorophyllbildung (und damit auch für die Photosynthese) sowie für das Zellwachstum.	Junge Blätter werden zwischen den Blattadern gelb. Blätter verfärben sich gelbgrün bis gelb. Blatt- und Triebwachstum eingeschränkt.	Verhindert die Aufnahme von Magnesium und bewirkt daher Manganmangel.
Molybdän (Mo)	Wichtig für den Pflanzenstoffwechsel.	Blätter hellgrün mit Flecken; Blattränder trocknen ein; Blätter und Triebe deformiert.	Blätter werden goldgelb, manchmal auch blaustichig.
Bor (B)	Unterstützt den Transport von Stoffen in den Pflanzen; fördert Längenwachstum und Verzweigung der Wurzeln.	Trieb- und Wurzelspitzen sterben ab; Blätter werden dunkel und gekrümmt; erhöhte Anfälligkeit für Schädlingsbefall.	Ränder alter Blätter werden gelb und vertrocknen schließlich.
Kupfer (Cu)	In Pflanzen an der Photosynthese beteiligt.	Blattspitzen werden braun, später auch die Ränder (tritt bei Verwendung von Tonsubstraten kaum auf).	Führt zu Eisenmangel und verkümmertem Wuchs von Wurzeln und Trieben.
Mangan (Mn)	An vielen Prozessen des pflanzlichen Stoffwechsels beteiligt.	Blattgewebe zwischen den Adern vergilbt; es entstehen gelbe, wäßrige Flecken; schwaches Triebwachstum.	Bewirkt Eisenmangel. Blattränder biegen sich und werden gelb.
Zink (Zn)	Wichtig für das Zellwachstum.	Blätter bleiben klein; Pflanze verkümmert; schwaches Triebwachstum.	Bewirkt Eisenmangel.

Für Gärtner, die ihre Substrate selber mischen wollen, zeigt die gegenüberliegende Tabelle Zusammensetzung und Eigenschaften verschiedener Erden. In der obenstehenden Übersicht sind die für eine gesunde Pflanzenentwicklung notwendigen Nährstoffe aufgeführt.

lässigkeit verbessert und den eingetopften Pflanzen mehr Halt gibt. Da Torf selbst nur wenige Nährstoffe enthält, sind Langzeitdünger mit Spurenelementen oder eine regelmäßige organisch-mineralische Flüssigdüngung (siehe S. 52) erforderlich.

Mittelgrober Hochmoortorf eignet sich am besten, da er ein ausgezeichnetes Wasser- und Lufthaltevermögen hat. Substrate, die Niedermoortorf enthalten, sind feiner und saurer und erfordern darüber hinaus beim Wässern mehr Aufmerksamkeit. Einigen handelsüblichen Substraten werden Materialien wie Perlite oder Steinwolle beigemischt, um Durchlüftung und Wasserspeicherung zu verbessern.

Um die Moore, in denen Torf abgebaut wird, nicht noch mehr zu zerstören, ist die Gartenbauindustrie bestrebt, Ersatzprodukte zu entwickeln. Mittlerweile werden Rindensubstrate hergestellt, die aber nur für den geübten Hobbygärtner geeignet sind, da sie ein gewisses Gespür für den Umgang mit Nährstoffen voraussetzen. Rindenhumus enthält verhältnismäßig viel Kalium und wenig Stickstoff.

Universalerde

Die im Fachhandel angebotene Universalerde besteht zu 70 Prozent aus Torf und zu 30 Prozent aus Ton. Sie eignet sich sowohl als Aussaatsubstrat wie auch als Erde für Topfpflanzen. In diesen Substraten sind bereits genügend Nährstoffe für Pflanzen mit geringem und mittlerem Nährstoffbedarf enthalten, und sie sind auch für empfindliche Sämlinge geeignet. Die Nährstoffzusammensetzung der Universalerde bedingt aber, daß Topfpflanzen ab vier bis sechs Wochen nach dem Einpflanzen kontinuierlich nachgedüngt werden müssen. Es gibt inzwischen auch für Topfpflanzen Einheitserde ohne Torf. Sie ist zum Beispiel unter der Bezeichnung »Öko-Blumenerde« im Handel und besteht aus Ton, Kompost und Holzhäcksel.

Nährstoffe

Nährstoffe sind lebensnotwendig für ein gesundes Pflanzenwachstum. Eine ausgewogene Ernährung der Pflanzen bringt ertragreiche Ernten und prächtige Zierpflanzen. Stickstoff (N), Phosphor (P) und Kalium (K) werden in größeren Mengen benötigt; Magnesium, Kalzium und Schwefel in mittleren Mengen; und Spurenelemente – Eisen, Bor, Mangan, Kupfer, Zink und Molybdän – in geringen Mengen.

Der Säuregrad oder Kalkgehalt des Pflanzsubstrats spielt für das Gedeihen der Pflanzen eine entscheidende Rolle, da er die Nährstoffaufnahme der Pflanzen beeinflußt. Er wird durch den pH-Wert ausgedrückt, der zwischen den Werten 1 und 14 liegen kann. Böden mit einem pH-Wert unter 7 gelten als sauer, Böden mit einem pH-Wert über 7 als alkalisch. Die meisten Pflanzen bevorzugen einen pH-Wert zwischen 6 und 7,5. Bestimmte Heidekrautgewächse, wie Erika, schätzen dagegen einen sauren Boden mit einem pH-Wert unter 6. Während man saure Erde durch Hinzufügen von Kalk neutralisieren kann, stellen stark alkalische Böden ein wirkliches Problem dar. Der pH-Wert von Substraten und Erden läßt sich mit Indikatorstäbchen oder einem pH-Meter feststellen.

Düngung

Im Garten spielt das Düngen eine untergeordnete Rolle, da sich die Pflanzenwurzeln ausbreiten können und zersetztes Laub und anderes organisches Material auf natürliche Weise Nährstoffe liefern. Im Gewächshaus hingegen, wo die Pflanzen in Töpfen wachsen und ihren Wurzeln nur wenig Erde zur Verfügung steht, sind die Nährstoffe bald erschöpft und Düngergaben notwendig, damit sich die Pflanzen gesund entwickeln können. Auch in Gewächshaus-Erdbeeten wird der Boden stärker beansprucht, da hier zumeist immer dieselben Gemüse angebaut werden. Die Nährstoffe, die Pflanzen benötigen, sind auf Seite 51 beschrieben. Sie werden zumeist in Form von Flüssigdünger ausgebracht (siehe unten).

Blühende Pflanzen wie *Salpiglossis sinuata* und Zonalpelargonien müssen im Frühjahr und Sommer regelmäßig gedüngt werden, damit sie schön und kräftig bleiben.

Düngerarten

Es gibt organische, mineralische und organisch-mineralische Dünger. Organische Dünger werden in der Regel aus Kompost, Stallmist, Blut-, Knochen- und Hornmehl hergestellt; es gibt auch Mischprodukte mit Humus. Mineralische Dünger dagegen sind Salze, die schnell von den Pflanzen aufgenommen werden. Die meisten organischen Dünger werden von Bakterien langsam zersetzt und liefern daher den Pflanzen über einen längeren Zeitraum Nährstoffe – bei Hornmehl bis zu fünf Monate. Mineralische oder anorganische Dünger gibt es in fester und in flüssiger Form, als leicht- und schwerlösliche, saure und alkalische Substanzen. Sie wirken schneller, da ihre Nährstoffe rasch von den Pflanzen verwertet werden können. Bei der Anwendung von Düngern sollte stets die Gebrauchsanweisung genau befolgt werden. Benutzt man Dünger in zu starker Konzentration, kommt es zu Schäden an den Pflanzen. Bei organisch-mineralischen Düngern handelt es sich um ein Gemisch organischer Anteile mit Mineralsalzen. Alle Düngemittel müssen sorgfältig dosiert und gezielt eingesetzt werden. Zu hohe Gaben schaden den Pflanzen und der Umwelt. Bei einem Überangebot organischer und mineralischer Nährstoffe gelangen diese ungenutzt ins Grundwasser und gefährden das Trinkwasser. Am besten machen Sie eine Bodenanalyse und stimmen dann die Düngergaben darauf ab.

Düngemittel werden nach ihrem Gehalt an Nährstoffen unterschieden. Einzeldünger enthalten nur einen wichtigen Nährstoff, wie zum Beispiel Stickstoff. Mehrnährstoffdünger beziehungsweise Volldünger liefern dagegen zwei oder mehr Nährstoffe. Beim Kauf von Mehrnährstoffdüngern sollte man darauf achten, in welchem Verhältnis sie Stickstoff (N), Phosphor (P) und Kalium (K) enthalten. Zu Beginn der Wachstumsperiode sollen Pflanzen kräftig wachsen, und man wählt dann einen stickstoffreichen Dünger, bei dem das Verhältnis von N, P und K $3:1:1$ beträgt. In späteren Wachstumsstadien nimmt man einen Dünger, der Stickstoff, Phosphor und Kalium zu gleichen Teilen enthält. Ein Dünger mit hohen Phosphor-Anteilen fördert die Bildung von Blüten, Früchten und Samen, daher muß er vor allem bei blühenden Pflanzen sowie Obst und Gemüse in ausreichendem Maß vorhanden sein. Kalium dient als Katalysator beim Aufbau von Kohlehydraten, und eine ausreichende Versorgung mit diesem Element festigt das Gewebe und verleiht den Pflanzen Stabilität. Sowohl Einzeldünger als auch Mehrnährstoffdünger gibt es als Langzeitdünger, die die Nährstoffe über einen Zeitraum von 3 oder 6 Monaten abgeben.

Flüssigdünger

Gewöhnlich verwendet man Flüssigdünger, um Topfpflanzen zusätzliche Nährstoffe zuzuführen. Sofern das Pflanzsubstrat keinen Langzeitdünger enthält, ist schon nach wenigen Wochen eine Nachdüngung erforderlich, damit kein Nährstoffmangel auftritt. Flüssigdünger sind in konzentrierter Form im Fachhandel erhältlich. Sie enthalten unterschiedliche Mengen an Stickstoff, Phosphor und Kalium und mitunter auch Spurenelemente. Man gibt sie nach Gebrauchsanweisung in das Gießwasser, damit die Nährstoffe über die Wurzeln aufgenommen werden können.

Wenn Topfpflanzen im Sommer rasch wachsen und durch häufiges Gießen Nährstoffe aus dem Boden ausgewaschen werden, muß man ein- bis zweimal pro Woche düngen. Im Winter kann man die Düngergaben – je nach Pflanzenart und Wetterbedingungen – auf ein- bis zweimal im Monat reduzieren. Bei zu großen Mengen an Flüssigdünger erhöht sich der Salzgehalt im Substrat, was zu Wurzel- und Blattrandschäden führt. Hier hilft es, das Substrat in den Töpfen mit reichlich klarem Wasser durchzuspülen.

Müssen nur wenige Pflanzen gedüngt werden, kann man die Düngerlösung nach Gebrauchsanweisung in der Gießkanne bereiten und mit einer feinen, langen Tülle ausbringen. Für eine große Anzahl von Pflanzen läßt sich auch ein Dünger-Beimischgerät am Gartenschlauch montieren, das den Dünger in der erforderlichen Konzentration in das durch den Schlauch fließende Wasser abgibt. In diesem Fall muß am Wasserhahn jedoch ein Rückschlagventil angebracht werden, damit kein mit Dünger versetztes Wasser in die Wasserleitung zurückfließen kann.

Blattdünger

Einige Flüssigdünger werden von Pflanzen sowohl über die Blätter wie auch über die Wurzeln aufgenommen. Diese sogenannten Blattdünger sind besonders für Stecklinge nützlich, die noch nicht genügend Wurzeln entwickelt haben.

Eine Blattdüngung hat den Vorteil, daß die Nährstoffe sehr rasch aufgenommen werden. Andererseits ist sie teuer, da die Blätter nur etwa die Hälfte der enthaltenen Nährstoffe verwerten. Blattdünger sollten nach Gebrauchsanweisung bereitet und mit der Gießkanne und einer feinen Brause oder mit einem Zerstäuber ausgebracht werden, um sie gleichmäßig zu verteilen. Man sollte sie jedoch nicht in praller Sonne anwenden, da die Blätter sonst verbrennen können.

BESTANDTEILE GEBRÄUCHLICHER DÜNGER

Dünger	Enthaltene Nährstoffe			Andere Nährstoffe	Wirkung/Funktion
	N	P	K		
Ammonsulfat-salpeter	26%	.–	–		M – schnellwirkende Verwendung in Substraten und Flüssigdüngern.
Kalisalpeter	13,8%	–	39%		M – schnellwirkende Verwendung in Substraten.
Kalkammonsalpeter	23%	–	–	Kohlensaurer Kalk in unterschiedlichen Mengen	M – schnellwirkend.
Harnstoff	45%	–	–		O – langsam wirkend.
Horn	10–14%	–	–		O – langsam wirkend.
Blutmehl	12–13%	–	0,8%		O – schnellwirkend.
Fischmehl	8–10%	2–4%	1,5–2,5%		O – als Pulver oder Flüssigkonzentrat erhältlich.
Superphosphat	–	8%	–	11% Schwefel, 21% Kalzium	M – Verwendung als Grunddünger für Rabatten und Substrate.
Doppelsuperphosphat	–	21%	–		M – Grunddünger.
Mono-Ammoniumsulfat	11,8%	26%	–		M – in Langzeitdüngern enthalten.
Knochenmehl	1%	20%	–		O – Verwendung in Rabatten mit Phosphatmangel.
Kaliumsulfat	–	–	45%		M – Verwendung als schnellwirkender Kaliumlieferant.
Algen	0,4–0,8%	0,1–0,2%	1–2%		O – als Pulver oder in flüssiger Form erhältlich.
Bittersalz (Magnesiumsulfat)	–	–	–	9% Magnesium	M – gleicht Magnesiummangel aus.
Magnesiumkalk	–	–	–	Magnesium und kohlensaurer Kalk	M – trägt zur Neutralisierung saurer Böden bei.
Kalksteinmehl	–	–	–	Kohlensaurer Kalk	M – wie Magnesiumkalk.
Spurenelemente	–	–	–	Ausgewogene Mengen Spurenelemente	M – langsam wirkend. Einmalige Anwendung ausreichend.
Chelat-Spurenelemente	–	–	–	Ausgewogene Mengen Spurenelemente	M – wasserlöslich. Für Pflanzen sofort verfügbar. Auch für Blattdüngung geeignet.
Eisenchelat	–	–	–	Eisen	M – lösliche Form des Eisens. Auch für Blattdüngung geeignet.

M = Mineralisch   O = Organisch

MEHRNÄHRSTOFFDÜNGER

Mehrnährstoffdünger gibt es als Langzeit- und Flüssigdünger, die in ihrer Zusammensetzung auf die Bedürfnisse bestimmer Pflanzen abgestimmt sind.

Dünger	N-P-K-Verhältnis	Verwendung
Volldünger	7-6-6	Ausgewogener Universalgrunddünger.
Langzeitdünger	Großes Angebot erhältlich. Ähnlich wie Flüssigdünger.	Geeignet für die Nährstoffversorgung über lange Zeiträume. Mineralische Langzeitdünger sind ideal für Topfsubstrate.
Flüssigdünger	2-1-1	Frühjahrs- und Sommerdünger für Chrysanthemen. Für Beetpflanzen in allen Wachstumsstadien. Frühjahrs- und Sommerdünger für Topf- und Blattpflanzen.
	3-0-1	Fördert im Frühjahr ein rasches Wachstum von Sträuchern und Beetpflanzen.
	2-1-4	Hauptdünger für Gurken. Herbst- und Winterdünger für Chrysanthemen und andere Topfpflanzen. Frühjahrs- und Sommerdünger für Tomaten.
	1-1-1	Spätsommerdünger für Tomaten. Haupt-Sommerdünger für Nelken (Dianthus). Frühjahrs- und Herbstdünger für Topfpflanzen.
	1-1-2	Fördert die Blüte von Topfpflanzen. Hauptdünger für Paprikaschoten und Auberginen.

Wässern

Achimenes grandiflora
Wenn auf die Blätter dieser Pflanze, die im Deutschen »Schiefteller« genannt wird, kaltes Wasser gelangt, entstehen unansehnliche Flecken. Im Winter hält man die Pflanze trocken, damit die Blätter absterben. Die Rhizome werden im späten Winter wieder eingetopft und treiben dann neu aus. Im Sommer entwickelt der Schiefteller ein Meer rosaroter Blüten.

Die Gesundheit von Pflanzen hängt auch von der richtigen Erdfeuchte ab. Häufig werde ich von Leuten gefragt, wie oft sie ihre Gewächshauspflanzen wässern sollen, doch läßt sich diese Frage nicht allgemein beantworten, da jede Pflanze besondere, individuelle Bedürfnisse hat. Viele der unter Glas gezogenen Pflanzen kommen aus wärmeren, feuchteren Ländern und haben große Blätter, daher verdunsten sie viel Wasser. Diese Pflanzen müssen weitaus öfter gegossen werden als beispielsweise Kakteen, die in ihren sukkulenten Trieben Wasser speichern.

Achten Sie darauf, daß das Substrat nie zu feucht ist, denn dann faulen die Wurzeln, im Zweifelsfall lieber etwas zu wenig als zu viel gießen. Alle Pflanzen trocknen an warmen, trockenen und zugigen Stellplätzen schneller aus, da sie dort mehr Wasser über die Blätter abgeben. Auch in der Wachstumsphase, im Frühjahr und im Sommer benötigen Pflanzen mehr Wasser. Die Wassermenge, die eine Pflanze benötigt, hängt ab von ihrer Größe und Wachstumsgeschwindigkeit; auch Pflanzen die Blüten oder Früchte tragen, brauchen reichliche Wassergaben. Eine Pflanze, die in einem zu kleinen Topf steht, trocknet extrem schnell aus, so daß sie mitunter zweimal täglich gewässert werden muß. Wenn hingegen während der kurzen Wintertage weniger Licht in das Gewächshaus fällt und die Temperaturen niedriger sind, wachsen die Pflanzen kaum und können wochenlang feucht bleiben. Im Sommer, wenn es sehr warm ist, besprüht man die Gewächshauspflanzen mit Wasser. Auf diese Weise wird die Luftfeuchtigkeit erhöht, und gleichzeitig werden die Blätter gereinigt, so daß die Pflanzen besser atmen können.

Um festzustellen, ob eine Pflanze Wasser benötigt, prüft man die Erde am besten mit den Fingern. Torfsubstrate sollten sich stets etwas feucht anfühlen; trocknen sie zu stark aus, lösen sie sich vom Topf, und es ist schwierig, sie wieder zu durchfeuchten. Substrate auf Tonbasis läßt man dagegen an der Oberfläche fast vollkommen trocken werden, bevor man sie erneut gießt, da sie sehr viel Wasser speichern können. Bei Pflanzen in Tontöpfen kann man auch mit einem Holzstöckchen gegen den Topf klopfen. Ist die Erde feucht, klingt der Ton dumpfer als bei trockener Erde. Eine kleine Zahl von Töpfen mit Torfsubstrat kann man durch Anheben prüfen. Ein Topf mit feuchtem Substrat ist schwerer als einer mit trockenem.

Im Handel angebotene Geräte zum Messen der Erdfeuchtigkeit sind nur für absolute Anfänger empfehlenswert, die keinerlei Erfahrung mit dem Wässern von Pflanzen haben. Diese Bodenfeuchtigkeitsmesser bestehen aus einer langen Sonde, die tief in die Erde gesteckt wird, und einer Meßskala, die anzeigt, ob der Boden trocken, feucht oder naß ist. Während des Sommers muß im Gewächshaus mindestens zweimal täglich geprüft werden, ob die Pflanzen genügend mit Wasser versorgt sind.

Gegossen wird am besten morgens; kräftig wachsende Pflanzen muß man an heißen Sommertagen zwischen Mittag und Spätnachmittag möglicherweise noch einmal wässern. Zu einem späteren Zeitpunkt sollte nicht mehr gegossen werden, damit überschüssiges Wasser vor Einbruch der Nacht verdunsten kann. Pflanzen bevorzugen Wasser mit der Temperatur ihrer Umgebung. Damit stets genügend Wasser mit der richtigen Temperatur zur Verfügung steht, stellt man am besten einen Wasserbehälter im Gewächshaus auf (siehe S. 23). Bei der Verwendung von sehr kaltem Wasser können die Pflanzen einen Schock erleiden, und Spritzer hinterlassen auf den Blättern von Pflanzen wie Usambaraveilchen *(Saintpaulia ionantha)* Flecken.

Sofern man nicht in einer Gegend mit hoher Luftverschmutzung lebt, kann man das Regenwasser in Behältern auffangen und zum Wässern verwenden (siehe S. 23). Leitungswasser ist für die meisten Pflanzen geeignet, obwohl Heidekrautgewächse wie Azaleen und Erika leiden, wenn sie mit hartem Wasser, das sehr viel Kalk enthält, gegossen werden; dadurch können sich ihre Blätter gelb färben und die Pflanzen im Extremfall sogar absterben.

Gut angewachsene Pflanzen können mit dem Schlauch gewässert werden, sofern der Strahl nicht so stark ist, daß er die Erde wegspült. Neu eingetopfte Pflanzen und Sämlinge werden mit der Gießkanne und einer feinen Brause gewässert, da die Erdoberfläche sehr locker ist und die Wurzeln leicht freigelegt werden und austrocknen (siehe S. 40).

Beim Wässern sollte man den Topf bis zum Rand füllen, denn das Wasser muß das Substrat vollständig durchtränken können. Gibt man den Pflanzen zu wenig Wasser, wird nur die obere Hälfte der Erde feucht, und der Rest bleibt trocken, was die Wurzelentwicklung beeinträchtigt.

Pflanzen in der Gewächshausrabatte können von Hand mit einer Gießkanne und einer ovalen Brause oder mit einem Schlauch, an dem eine Brause befestigt ist, gewässert werden. Die beste Methode zum Wässern großer Rabatten wie auch von Topfpflanzen ist eine Tröpfchenbewässerung, die an die Wasserversorgung angeschlossen wird und die Wurzeln der Pflanzen automatisch gleichmäßig mit Wasser versorgt (siehe S. 35). Dieses Verfahren ist jedoch für Kakteen ungeeignet, die nur selten gewässert werden sollten.

Schädlinge und Krankheiten

Die warme, geschützte Umgebung des Gewächshauses läßt nicht nur Pflanzen gut gedeihen, sondern leider auch eine Vielzahl von Schädlingen und Krankheiten, die bald die gesunde Entwicklung der Pflanzen stören, wenn man keine Gegenmaßnahmen ergreift.

Schädlinge

Als Schädlinge bezeichnet man Tiere, die sich ihre Nahrung an Pflanzen holen und sie auf diese Weise schädigen – ganz gleich, ob es sich dabei um winzige Spinnmilben handelt, die Zellsaft aus Pflanzen saugen, oder um Dickmaulrüßlerlarven, die durch Fraß an den Pflanzenwurzeln schwere Schäden anrichten. Gewächshausschädlinge lassen sich in zwei Kategorien einteilen: solche, die Teile von Pflanzen verzehren, wie etwa Schnecken, und solche, die ihnen Saft entziehen, wie beispielsweise Schildläuse.

Duch Schädlinge verursachte Fraßschäden sind deutlich sichtbar. Wenn sich Löcher in den Blättern zeigen, lassen sich die Übeltäter gewöhnlich finden, indem man die Pflanze anhebt und unter dem Topf nach Schnecken sucht oder schüttelt, um festzustellen, ob Raupen herausfallen.

Saugende Schädlinge sind nicht so leicht auszumachen, da sie zumeist winzig klein sind und an den Blattunterseiten oder anderen versteckten Stellen sitzen. In diesem Fall müssen die Schädlinge anhand der Symptome identifiziert werden. Ein verräterisches Zeichen, das man häufig findet, ist ein klebriger Film auf den Blättern. Diese als Honigtau bezeichnete Substanz wird von Blatt-, Schild- und Wolläusen sowie Weißen Fliegen ausgeschieden. Entfernt man sie nicht von den Blättern, siedeln sich Pilze darauf an und lassen Rußtau entstehen, eine schwarze, rußähnliche Schicht. Blattläuse saugen an Knospen und Blättern, und das erste Anzeichen für ihre Gegenwart sind mißgestaltete, runzelige Blätter.

Krankheiten

Krankheiten werden von mikroskopisch kleinen Organismen verursacht, wie Pilzen, Bakterien und Viren, die zu schweren Störungen im Wachstum einer Pflanze führen können.

Pilze erkennt man zumeist an ihren Fruchtkörpern. Beispiele sind der weiße Überzug, den Mehltau auf Blättern verursacht, der grauweiße, watteartige Flaum von Schimmel und die rostroten Flecken, die der Rostpilz an Blättern und Stengeln bildet. Andere, bodenbe-

Fliegende Insekten bleiben an speziellen Leimtafeln kleben, die über befallenen Pflanzen aufgehängt werden. Solche Gelbtafeln sind auch nützlich, um die Schädlingspopulation im Gewächshaus überwachen zu können.

wohnende Pilze befallen Wurzeln und Stengel und sind Verursacher der Umfallkrankheit.

Bakterienbefall kann krankhafte Veränderungen (meist als Krebs bezeichnet) oder Weichfäule hervorrufen. Allgemein sind Bakterienerkrankungen jedoch schwer von anderen Krankheiten zu unterscheiden und erfordern das geübte Auge eines Experten.

Viren, wie der Mosaikvirus, werden durch Sauginsekten von Pflanze zu Pflanze weitergegeben, manchmal aber auch dadurch, daß Stecklinge von kranken Pflanzen genommen werden und ihr Saft mit dem Messer auf gesunde Pflanzen übertragen wird. Viren schwächen die befallenen Pflanzen gewöhnlich und verursachen oft Deformationen und Verfärbungen der Blätter, auf denen Flecken, konzentrische Ringe, Punkte oder Sprenkelungen sichtbar werden. Darüber hinaus können sie die Erträge von Obst und Gemüse drastisch verringern. Bei Viruserkrankungen ist keine Heilung möglich. Erkrankte Pflanzen sollten entfernt und vernichtet werden, um die Ausbreitung der Krankheit zu verhindern.

Physiologische Störungen

Wenn Probleme bei Pflanzen nicht durch Schädlinge oder Krankheiten bedingt sind, handelt es sich um physiologische Störungen, deren Ursache gewöhnlich in Pflegefehlern liegt. Wenn Blätter gelb werden und abfallen, ist die Pflanze möglicherweise überwässert worden, während große Trockenheit oder Zugluft mitunter zu Blattrandschädigungen führen. Auch ein Mangel an bestimmten Nährstoffen, wie etwa Eisen oder Mangan, kann zum Vergilben der Blätter führen (siehe S. 51).

Pflanzenschutz durch Pflege

Kräftige, gesunde Pflanzen sind generell weniger krankheitsanfällig, und Gärtner, die ihre Pflanzen gut pflegen, haben gewöhnlich weniger Probleme. Aber selbst sorgfältig gezogene Pflanzen sind nicht immun gegen Befall. Da die meisten Schädlinge mit neuen Pflanzen Eingang in das Gewächshaus finden, ist es wichtig, alle Neuzugänge genau zu untersuchen. Ferner sollte man im und um das Gewächshaus herum Unkraut entfernen, denn oft ist es von Krankheiten befallen oder dient Schädlingen, wie etwa Weißen Fliegen und Thripsen, als Wirtspflanzen. Praktisch ist ein »Quarantänebereich« im Gewächshaus, in dem neue Pflanzen mehrere Wochen stehenbleiben und kontrolliert werden, bis sichergestellt ist, daß sie gesund sind.

Mindestens zweimal in der Woche sollten Pflanzen auf Schädlinge und Krankheiten untersucht werden. Zum Aufspüren kleinerer Schädlinge ist ein Vergrößerungsglas hilfreich. Viele fliegende Insekten können mit Gelbtafeln – Kunststoffstreifen mit einem farblosen Leimüberzug – angelockt und gefangen werden. Sie sind in verschiedenen Größen erhältlich und sollten etwa 15 cm über den Pflanzen aufgehängt werden. Man muß sie jedoch regelmäßig erneuern.

Entdeckt man nur einige wenige Schädlinge, ist es oft am einfachsten, sie mit einem feuchten Tuch abzuwischen oder das befallene Blatt zu entfernen. Nur wo sich dies als unpraktisch erweist, sollte zu anderen Mitteln gegriffen werden.

Chemischer Pflanzenschutz

Chemische Pflanzenschutzmittel werden häufig unter dem Sammelbegriff Pestizide zusammengefaßt. Im besonderen bekämpft man mit Insektiziden Insekten und mit Fungiziden Pilzerkrankungen.

In den vergangenen Jahren ist man sich jedoch verstärkt der Gefahren bewußt geworden, die mit dem Einsatz bestimmter Pestizide für die Umwelt verbunden sind. Dies hat zu Beschränkungen in der Anwendung einiger Mittel und in manchen Fällen auch zu einem vollständigen Verbot geführt. In der Bundesrepublik Deutschland wurden die Anwendungsverbote für Pflanzenschutzmittel in der Pflanzenschutz-Anwendungsverordnung des Bundesministeriums für Ernährung, Landwirtschaft und Forsten geregelt. Darüber hinaus werden Schädlinge und Krankheiten, die immer wieder mit den gleichen Mitteln bekämpft werden, im Lauf der Zeit resistent gegen dieses Mittel. Momentan kommt eine neue Generation offenbar ungefährlicherer biologischer Pflanzenschutzmittel auf den Markt.

Bei Pflanzenschutzmitteln unterscheidet man zwischen Kontaktgiften und systemischen Giften. Ein Kontaktgift tötet den Schädling durch unmittelbare Berührung, da es auf die Pflanze oder direkt auf den Schädling gesprüht wird. Ein systemisches Gift wird in den Boden eingearbeitet oder dem Gießwasser beigemischt und von der Pflanze über die Wurzeln absorbiert. Es gelangt über den Saftstrom in die ganze Pflanze, wo es dann von fressenden oder saugenden Schädlingen aufgenommen wird. Systemische Pestizide wirken gewöhnlich länger.

Bei der Anwendung von chemischen Mitteln ist unbedingt nach Gebrauchsanweisung zu verfahren, um die Sicherheit von Menschen, Tieren, Pflanzen und der Umwelt zu garantieren.

Biologischer Pflanzenschutz

Eine Möglichkeit des biologischen Pflanzenschutzes ist es, die Zahl bestimmter Schädlinge durch natürliche Feinde unter Kontrolle zu halten. Bei diesen Nützlingen unterscheidet man zwei Arten: Räuber, die die Schädlinge fressen, und Parasiten, die ihre Eier in den Schädlingen ablegen und damit ihren Tod herbeiführen. Die meisten dieser Nützlinge sind jedoch nur aktiv, wenn die Tagestemperaturen 18 °C übersteigen. Man bekommt sie bei Versandfirmen und in gut sortierten Gartencentern.

Als integrierten Pflanzenschutz bezeichnet man die kombinierte Anwendung von biologischen Maßnahmen und eher unbedenklichen chemischen Präparaten, um Schädlinge und Krankheiten auf umweltverträgliche Weise zu bekämpfen. Da viele Schädlinge und Krankheiten mittlerweile eine Resistenz gegen häufig eingesetzte Mittel entwickelt haben, erfreut sich der integrierte Pflanzenschutz heute zunehmender Beliebtheit. In vielen Fällen ist es besonders wirkungsvoll, wenn man befallene Pflanzen zunächst mit Seifenlauge oder einem anderen ungefährlichen Mittel behandelt und anschließend Nützlinge aussetzt. Dabei sollte man unbedingt die Gebrauchsanweisung befolgen, die auch Informationen darüber enthält, wie viel Zeit zwischen der Anwendung eines chemischen Mittels und dem Aussetzen der Nützlinge liegen muß. Dies sollte niemals gleichzeitig geschehen, da das Pflanzenschutzmittel dem Raubinsekt oder Parasiten schaden kann.

Unter Umständen müssen Nützlinge mehrmals ausgesetzt werden. Die Raubmilbe *Phytoseiulus persimilis* beispielsweise ernährt sich von Spinnmilben, indem sie diese aussaugt und dadurch tötet. Eine einzige Raubmilbe kann täglich bis zu fünf ausgewachsene Spinnmilben oder zwanzig Eier dieser Tierchen vertilgen. Sie stellt ihnen so erfolgreich nach, daß sie schließlich alle vernichtet hat und verhungert. Wenn der Schädling dann wieder auftritt, muß auch der Räuber erneut ausgesetzt werden.

Wenn Pflanzen Krankheitssymptome zeigen, kann anhand der nebenstehenden Tabelle die mögliche Ursache festgestellt werden. Daneben werden geeignete Gegenmaßnahmen empfohlen.

SCHÄDLINGE UND KRANKHEITEN

Schädlinge	Symptome	Gegenmaßnahmen
BODENBEWOHNER/WURZELSCHÄDLINGE		
Wurzelläuse Sitzen an jungen Wurzeln nahe der Erdoberfläche und am Topfrand. Mit watteartigem oder mehligem Überzug bedeckt.	Pflanze kraftlos. Triebe sterben ab. Vergilbungen.	Schädlinge und Substrat von Wurzeln abspülen. Wurzelballen in Brennesselwasser tauchen oder mit biologischem Spritzmittel auf Basis natürlicher Fettsäuren behandeln. Pflanze in sterilisierte Erde umtopfen.
Wurzelmilben Ähnlich wie Wurzelläuse. Mit wachsartigem Überzug.	Siehe Wurzelläuse.	Siehe Wurzelläuse.
Trauermücken und Larven Winzige, grau-schwarze Fliegen. Larven etwa 6 mm lang; weiß mit schwarzem Kopf. Leben in feuchter, humusreicher Erde.	Wurzelschäden an Jungpflanzen. Verlangsamtes Wachstum. Sämlinge und Grünstecklinge gehen ein.	Seltener gießen. Welke Blätter von der Erde entfernen. † Parasitäre Nematoden (Fadenwürmer) bis zu viermal während der Wachstumsperiode aussetzen. Trauermücken mit Gelbtafeln (gelbe Kärtchen, die mit geruchlosem Leim bestrichen sind) abfangen.
Schnecken	Fraßschäden an Blättern, Trieben, Blüten. Glänzende Schleimspuren.	Schneckenkorn.
Dickmaulrüssler und Larven Dicke, weiße, etwa 1 cm lange Larven mit braunem Kopf, die zwischen den Wurzeln sitzen; erwachsene Käfer an Blättern.	Pflanzen welken. Fraßschäden an Wurzeln. Erwachsene Insekten fressen auch Blattränder an.	Erwachsene Käfer bei Nacht absammeln. † Parasitäre Nematoden (Fadenwürmer) wie bei Trauermückenlarven anwenden.
BLATTSCHÄDLINGE		
Blattläuse Grün oder schwarz – können aber auch gelb oder rosa sein.	Honigtau und Rußtau. Verkümmerter, mißgestalteter Wuchs.	Geringe Mengen mit feuchtem Wattebausch entfernen. Seifenlauge. Florfliege *Chrysop carnea*; Räuberische Gallmücke *Aphidoletes aphidimyza* oder geeignetes Kontaktinsektizid.
Raupen	Fraßschäden an Blütenblättern, oft Raupen in den Blüten.	Sind Pflanzen von wenigen Raupen befallen von Hand absammeln; sonst mit Kontaktinsektizid spritzen.
Gewächshauszikaden Etwa 3 mm lange, schlanke Insekten, die an Blattunterseiten sitzen. Springen oder fliegen bei Störungen von Blatt zu Blatt.	Grobe, weiße Sprenkelung auf Blattoberseiten. An Blattunterseiten kleine grünlich oder bräunlich gefärbte Insekten oder ihre Larven.	Mit Eiern besetzte Blätter entfernen. Spritzen mit organischen Phosphorverbindungen.
Minierfliegen und -motten Etwa 3 mm lange schwarze Fliegen, deren Maden in Fraßgängen dicht unter der Blattoberhaut leben.	Unregelmäßige Flecken auf Blättern. Geschlängelte Fraßgänge auf Blättern. Befallen werden vor allem Margeriten und Chrysanthemen.	Blätter mit Fraßgängen entfernen und vernichten. † *Dacnusa sibirica*; *Diglyphus isaea*; oder geeignetes systemisches Insektizid.
Schmierläuse Kleine, mit weißen Wachsausscheidungen bedeckte Insekten. Sitzen an Triebspitzen und Blattknoten. Eiablage in wattebauschähnliche Nester.	Verkümmerter Wuchs, Verfärbungen, Blätter fallen ab. Klebriger Honigtau.	Pflanzen mit Seifenlauge abwaschen. † Bei Temperaturen über 21 °C *Cryptolaemus montrouzieri* (Australischer Marienkäfer). *Oder* geeignetes Kontaktgift oder systemisches Mittel.
Schildläuse Winzige, weiße, gelbliche oder braune schuppenartige Insekten, die an Blättern und Stengeln sitzen.	Durch Saugtätigkeit Schwächung der Pflanzen; Blätter werden gelb und fallen ab. Honigtau.	Erwachsene Schildläuse sind gegen chemische Mittel meist resistent – mit feuchtem Wattebausch abwischen. Die Junglarven mit Seifenlauge bekämpfen. Systemisches Insektizid.
Spinnmilben Im Sommer gelblich-grüne Insekten mit zwei typischen dunkleren Flecken vorn am Körper. Färben sich vor der Überwinterung orangerot.	Kleine, gelblich-weiße Tupfen auf der Blattunterseite. Laub vergilbt und stirbt ab. Pflanze in hauchdünne Fäden eingesponnen.	Für hohe Luftfeuchtigkeit sorgen. Blattunterseiten befeuchten. † Raubmilben (*Phytoseiulus persimilis*) oder geeignetes systemisches Insektizid.

Schädlinge	Symptome	Gegenmaßnahmen
Thripse Erwachsene Insekten etwa 1 mm lang, mit schwarzbraunem oder gelblichem Körper. Können blühende Topfpflanzen wie *Streptocarpus* und Gemüsekulturen wie Gurken stark schädigen.	Blätter und Blüten werden silbrig gescheckt. Winzige braune glänzende Kotflecken. In schweren Fällen verkümmerter Wuchs. Früchte deformiert.	Welke Blüten mit Thripsen vernichten. Gegen die meisten chemischen Mittel resistent. † *Amblyseius cucumeris*; *Amblyseius barkeri*; Abfangen mit Gelbstickern; bei Temperaturen über 20 °C Blumenwanzen.
Weiße Fliegen Winzige, weiße, mottenähnliche Insekten, die an den Blattunterseiten sitzen. Gelblich-grüne bis weiße Larven.	Honigtau und Rußtau. Schädigung der Pflanzen durch Saugtätigkeit. In schweren Fällen werden Blätter gelb und fallen ab.	Resistent gegen die meisten Insektizide. Seifenlauge. † Bei Tagestemperaturen über 15 °C *Encarsia formosa* (Schlupfwespe).

Krankheiten	Symptome	Gegenmaßnahmen
Schwarzbeinigkeit Durch Pilze im Boden verursacht. Häufiges Problem bei Pelargonien.	Stecklinge werden schwarz, ziehen sich zusammen und gehen ein.	Saubere Töpfe verwenden (s. Umfallkrankheit). Nur sterilisiertes Substrat und sauberes Wasser benutzen.
Umfallkrankheit Durch Pilze im Boden und Wasser verursacht.	Junge Sämlinge knicken dicht über der Erde um.	Auf Sauberkeit achten. Bei Aussaat sterilisierte Erde verwenden. Alle Pflanzgefäße vor Benutzung mit Desinfektionsmittel reinigen, um Pilzsporen zu vernichten, und anschließend gut spülen. Nach Aussaat geeignetes Fungizid einwässern. Nicht zu dicht säen und rechtzeitig pikieren.
Falscher Mehltau Durch eine Vielzahl von Pilzen verursacht. Bevorzugt feuchte Bedingungen.	Gelbliche Flecken auf Blättern. Auf Blattunterseiten weiß-grauer Pilzbelag.	Kranke Pflanzen entfernen. Hohe Boden- und Luftfeuchtigkeit vermeiden. Nur sterilisierte Anzuchterde verwenden.
Grauschimmel (Botrytis) Entwickelt sich unter feuchten Bedingungen.	Grauer, weicher Sporenrasen an befallenen Pflanzenteilen. Helle Flecken auf Blüten und Blättern. Blatt- und Triebfäule.	Befallene Pflanzenteile entfernen. Luftzirkulation um Pflanzen verbessern. Für gute Belichtung sorgen. Bei hoher Luftfeuchtigkeit kein Wasser auf Blätter spritzen. Geeignetes Fungizid.
Korkwucherungen Entstehen, wenn Pflanzen mehr Wasser über die Wurzeln aufnehmen als sie über die Blätter verdunsten.	Korkartige Stellen an Trieben und Blattunterseiten.	Weniger gießen. Abstände zwischen den Pflanzen vergrößern. Belüftung verbessern. Blätter *nicht* entfernen, da sonst die Verdunstung verringert wird.
Echter Mehltau Wird über Sporen in Pflanzenabfällen und in der Luft verbreitet.	Pulvriger, weißer Überzug auf Blättern und Trieben. Blätter werden gelb und fallen ab.	Befallene Blätter und Triebe entfernen. Wurzeln feuchter halten. Luftzirkulation um Pflanze verbessern. Geeignetes Fungizid.
Rost Befällt viele Pflanzen. Krankheitsbild unterschiedlich.	Blaßgelbe Flecken auf Blättern. Orange oder braune Flecken auf Blattunterseiten; verkümmerter, deformierter Wuchs.	Befallene Blätter entfernen. Luftzirkulation um Pflanze verbessern. Für geringe Luftfeuchtigkeit sorgen. Geeignetes Fungizid.
Rußtau Bildet sich auf Honigtau, der von saugenden Insekten wie Blattläusen, Weißen Fliegen, Schildläusen und Schmierläusen ausgeschieden wird.	Schwarzer, rußartiger Überzug auf Blättern. In schweren Fällen verminderte Wachstumskraft.	Insekten bekämpfen und Belag mit einem feuchten Schwamm entfernen.
Mosaikkrankheit Befällt eine Vielzahl von Pflanzen. Wird durch Viren verursacht und durch Schädlinge wie Blattläuse verbreitet.	Blätter gescheckt und deformiert. Schwacher, verkümmerter Wuchs.	Erkrankte Pflanzen vernichten. Virusverbreitende Schädlinge bekämpfen.

† = Biologische Bekämpfung durch Nützlinge

DAS ERTRAGREICHE GEWÄCHSHAUS

Das vorrangige Interesse des Neulings auf dem Gebiet des Gärtnerns im Gewächshaus gilt in erster Linie der Auswahl geeigneter Pflanzen sowie der bestmöglichen Aufteilung und Nutzung des verfügbaren Raums. Während im vorangegangenen Kapitel verschiedene Routinearbeiten im Gewächshaus – von der Vermehrung über die Düngung bis hin zur Bewässerung – beschrieben wurden, zeigt das folgende Kapitel, wie man das Gewächshaus in eine blühende und fruchtbringende Oase als Ergänzung zum Blumen-, Obst- und Gemüsegarten verwandelt.

In Töpfen und Kübeln gezogene Obst- und Gemüsearten können das ganze Jahr im Gewächshaus kultiviert werden. Wer Tomaten- und Paprikastauden in Pflanzsäcken oder Töpfen heranzieht, ist hinsichtlich der Raumnutzung im Gewächshaus flexibler; regelmäßiges Gießen und Düngen sind Voraussetzung für eine gleichbleibend gute Ernte.

Planung und Organisation

Allzuleicht läßt man sich von den verführerischen Beschreibungen und Bildern in Samenkatalogen dazu verleiten, viel mehr Samen zu bestellen, als man tatsächlich möchte oder verwenden kann. Der mit der Anzucht von Pflanzen im Gewächshaus wenig vertraute Neuling sollte zunächst mit einheimischen Gewächsen wie Beetpflanzen und Gemüse Erfahrungen sammeln, ehe er sich an Exoten wie Orchideen versucht, die nur unter ganz spezifischen Wachtumsbedingungen gedeihen.

Den meisten Gärtnern bereitet die Herausforderung, Pflanzen anzubauen und zu pflegen, ebensoviel Freude wie das Ergebnis, ganz gleich, ob es sich nun um eine prachtvolle Pelargonie, um köstliche Tomaten oder um einen Garten voller selbstgezogener Beetpflanzen handelt. Mit einem durch und durch produktiven Gewächshaus umzugehen, ist keine leichte Aufgabe, denn meist ist es im Frühjahr berstend voll von einander bedrängenden Jungpflänzchen, und sobald die Beetpflanzen im Spätfrühling oder Frühsommer ausgepflanzt sind, bleibt – von ein paar Tomatenstauden abgesehen – nicht mehr viel Platz übrig.

Wenn Sie Ihr Gewächshaus für die Pflanzenanzucht vorbereiten, ist es wichtig, im vorhinein zu wissen, wann die Pflanzen sich auszubreiten beginnen und wieviel Raum sie letztlich beanspruchen werden. Hat man schon einige Vegetationsperioden im Gewächshaus gegärtnert, weiß man aus Erfahrung, wie sich der Raum am besten nutzen läßt. Anfänger hingegen können Irrtümer und Enttäuschungen vermeiden, wenn sie zunächst einen Plan auf Papier entwerfen. Als erstes sollten Sie entscheiden, welche Pflanzen Sie anbauen möchten und wie viele von jeder Sorte. Dann sollten Sie anhand dieses Buches und der entsprechenden Samenkataloge überlegen, wann ausgesät und gesetzt werden muß; wie lange der Keimungs- oder Durchwurzelungsprozeß dauert; wann die Pflanzen ein- und umgetopft werden müssen und wann sie aus dem Gewächshaus herausgenommen und in den Garten gesetzt werden können.

Auf diese Weise läßt sich feststellen, inwieweit die verschiedenen Kulturen einander den Platz streitig machen werden. Um Aufschluß darüber zu erhalten, wieviel Raum eine bestimmte Pflanzenart jeweils einnehmen wird, multiplizieren Sie einfach den Platzbedarf der ausgewachsenen Pflanze mit der Anzahl Pflanzen. Möglicherweise werden Sie nun das keineswegs abwegige Gefühl haben, daß Ihr Gewächshaus – gemessen an Ihren Zielsetzungen – dreimal so groß sein müßte, wie das vorhandene. Sollten Sie tatsächlich diesen Eindruck haben, müssen Sie Prioritäten setzen, etwa indem Sie weniger Pflanzen einer bestimmten Pflanzenart anbauen oder manche früher in der Saison gezogene zeitiger in einem Frühbeet abhärten, um dadurch Platz für Pflanzen mit späterem Aussaatdatum zu schaffen.

Der überwiegende Teil der im Gewächshaus gezogenen Pflanzen läßt sich im Frühbeet kultivieren. Die ideale Vermehrungseinheit besteht neben dem Gewächshaus aus einem beheizten Vermehrungskasten und diversen Frühbeeten, die insgesamt ungefähr so viel Platz bieten wie das Gewächshaus selbst. Zum wichtigsten Rüstzeug eines Gärtners gehören jedoch Begeisterungsfähigkeit, Beobachtungsgabe und ein wenig Phantasie. Jedes Jahr wird eine Vielzahl kräftiger Pflanzen herangezogen, und doch gelingt es dem Gärtner, auf die Bedürfnisse jeder einzelnen einzugehen. Verfügt man beispielsweise lediglich über ein unbeheiztes Gewächshaus, kann man die Pflanzen in selbstgefertigten, mit Polyäthylenfolie abgedeckten Vermehrungskästen an einem warmen Plätzchen auf dem Fensterbrett ziehen. Sobald es draußen wärmer wird, können die Pflanzen in das Gewächshaus gebracht und später dann in einem aus Ziegelsteinen oder Holz selbstgebauten und mit alten verglasten Fensterrahmen abgedeckten Frühbeet abgehärtet werden.

Dieses geschickt aufgeteilte Gewächshaus hat durch den Einbau einer verglasten Trennwand zwei Klimabereiche – einen wärmeren für die Vermehrung und einen kühleren für die anschließende Aufzucht; auf den Kulturtischen entfalten Topfpflanzen ihren Blütenschmuck, im Erdbeet gedeihen Tomatenstauden.

Anzucht von Gartenpflanzen

Das Gewächshaus läßt sich für die Anzucht einer ganzen Reihe winterharter und halbharter Pflanzen, frostempfindlicher Stauden und Beetpflanzen nutzen.

Winterharte Pflanzen

Winterharte Pflanzen lassen sich im Treibhaus ganz leicht durch das Schneiden von Stecklingen oder die Aussaat von Samen vermehren. Diese Pflanzen kommen später im Garten sehr gut zur Geltung.

Stecklinge

Stecklinge sollten am besten in ein Bewurzelungssubstrat in einen beheizten Vermehrungskasten oder in ein Frühbeet gesetzt werden. Grünstecklinge werden von Pflanzen abgenommen, die im Frühjahr oder Frühsommer einen starken Wachstumsschub erfahren haben; aufgrund ihres hohen Wassergehalts wurzeln sie am besten in einem beheizten Vermehrungskasten oder einem warmen Tischbeet mit zeltartiger Polyäthylenüberdachung. Besonders wichtig ist, die Stecklinge stets hinreichend feucht zu halten, da sie sehr leicht welken.

Stecklinge, die zum Bewurzeln unmittelbar in das unbeheizte Frühbeet gesetzt werden, benötigen kaum Pflege, da sie in der geschlossenen, feuchten Atmosphäre des Frühbeets nicht so rasch austrocknen, wie das in einem sonnigen Gewächshaus der Fall wäre. Der Frühbeetkasten sollte seitlich mit Ziegelsteinen oder Holz isoliert werden und sich an einem hellen, aber vor direkter Sonneneinstrahlung geschützten Standort befinden. Die Erde sollte gut drainiert und die Drainage durch zusätzliches Aufrechen des Bodens unterstützt werden. Als Bewurzelungssubstrat bringt man eine etwa 15 cm hohe, zu gleichen Teilen aus Torf und Flußsand bestehende Schicht auf.

Stauden und Sträucher Halbbreite Stecklinge und 5–10 cm lange Grünstecklinge werden von Frühsommer bis Hochsommer vorbereitet. Sie sollten entweder in Töpfen oder Saatschalen in einen beheizten Vermehrungsbereich innerhalb eines unbeheizten Gewächshauses (siehe S. 39) oder in Reihen unmittelbar in ein Frühbeet gesteckt werden, so daß sich ihr Laub gerade berührt. Anschließend werden die Stecklinge gewässert und die verglasten Rahmen aufgelegt. Das Frühbeet muß schattiert werden, um ein Überhitzen und Versengen der Pflanzen zu vermeiden. Die Stecklinge sollten regelmäßig überprüft und alle kranken oder abgestorbenen Blätter – sie begünstigen die Verbreitung von Grauschimmel *(Botrytis)* – entfernt werden. Sobald sich die Stecklinge bewurzelt haben (nach zwei bis vier Wochen im Gewächshaus, fünf bis sechs Wochen im Frühbeet) müssen sie allmählich abgehärtet, das heißt dem Freilandklima angepaßt werden. Falls Sie einen Vermehrungskasten benutzen, richten Sie sich nach den auf Seite 45 gegebenen Anweisungen; arbeiten Sie mit einem Frühbeet, sorgen Sie für gute Luftzirkulation, und entfernen Sie das Schattiermaterial. Im Spätsommer kann man auf die Verglasung ganz verzichten. Sind die bewurzelten Stecklinge abgehärtet, werden sie in 9-cm-Töpfe gesteckt und in den Frühbeetkasten oder in das unbeheizte Gewächshaus gestellt, damit sie vor dem Winter noch richtig einwurzeln.

Immergrüne Sträucher Von Spätsommer bis Frühherbst können halbreife Achselstecklinge abgenommen werden und entweder in einen beheizten Vermehrungskasten innerhalb eines unbeheizten Gewächshauses oder unmittelbar in ein Frühbeet gesteckt werden, das regelmäßig zu überwachen und vor direkter Sonneneinstrahlung zu schützen ist. Bei Frost müssen die Stecklinge durch Abdecken der Glasrahmen mit isolierendem Material, etwa einem alten Teppich, geschützt werden. Bei anhaltender Kälte empfiehlt es sich, die Frühbeetfenster bis zum Vorfrühling – wenn der Einwurzelungsprozeß abgeschlossen sein dürfte – geschlossen zu halten. Dann können die Stecklinge an das Freilandklima gewöhnt werden; bis Mai sind sie erfahrungsgemäß groß genug zum Eintopfen.

Samen

Die Samen winterharter Pflanzen sät man in Töpfe und Saatschalen auf eine mit grobkörnigem Sand bedeckte Lage Komposterde. Die Töpfe sollten dann auf eine ebene, wasserdurchlässige Unterlage, wie Kies von mittlerer Körnung, in ein Frühbeet oder ein unbeheiztes Gewächshaus gestellt werden. Samen werden meist im Vorfrühling gesät; verwendet man aber Samen von den eigenen Gartenpflanzen, kann man auch später säen; für winterharte Alpenveilchen und Primeln beispielsweise ist die günstigste Aussaatzeit der Spätsommer.

Die Samenschalen mancher Pflanzenarten enthalten Keimhemmstoffe als natürlichen Überlebensmechanismus; auf diese Weise keimen nicht alle Samen gleichzeitig, sondern zu verschiedenen Zeitpunkten innerhalb einer gewissen Spanne, so daß das Überleben zumindest einiger Nachkommen gesichert ist. Samen dieser Pflanzenarten sind auf eine feuchte Kühlperiode ange-

---

AUS GRÜNSTECKLINGEN UND HALBREIFEN STECKLINGEN GEZOGENE WINTERHARTE PFLANZEN

Cytisus scoparius
Erica carnea
Philadelphus coronarius
Phlox paniculata
Potentilla fruticosa
Senecio ›Sunshine‹

AUS HALBREIFEN ACHSELSTECKLINGEN GEZOGENE WINTERHARTE PFLANZEN

Cotoneaster congestus
Escallonia ›Edinensis‹
Garrya elliptica
Hebe albicans
Lavandula angustifolia ›Munstead‹
Skimmia japonica

AUS SAMEN GEZOGENE WINTERHARTE PFLANZEN

Acer platanoides: 4 Monate lang bei 5 °C stratifizieren
Berberis: 15 – 40 Tage lang bei 0 – 5 °C stratifizieren
Clematis: 3 Monate lang bei 5 °C stratifizieren
Cupressus: 2 Monate lang bei 5 °C stratifizieren
Magnolia: 6 Monate lang bei 5 °C stratifizieren
Robinia pseudoacacia: Samen vor der Aussaat skarifizieren

wiesen, damit die in der Samenschale enthaltenen, eine Keimung im Frühjahr auslösenden Chemikalien aktiv werden können. Dazu werden sie zwischen Sandschichten übereinandergelegt. Diesen Vorgang bezeichnet man als Stratifikation. So kann man etwa die Samen der Eberesche *(Sorbus)* und vieler Zwergmispelarten *(Cotoneaster)* mit feuchtem Vermiculit oder Sand vermischt drei bis sechs Monate im Kühlschrank lagern und sie im Frühjahr säen. In einem Topf aufbewahrter Samen, der in einem unbeheizten Gewächshaus oder einem Frühbeet vergessen wurde, kommt aber auch von selbst zum Keimen, wenn es bisweilen auch ein paar Jahre dauern kann, bis die letzten Samenkörner schließlich aufgegangen sind.

Keimhemmstoffe sind häufig auch im Fruchtfleisch von Beeren enthalten. In diesem Fall löst man die Samen aus dem Fruchtfleisch heraus, spült sie unter Wasser ab und läßt sie auf einem Löschblatt trocknen. Robinien- und Akaziensamen haben harte, undurchlässige Schalen; man läßt die Schalen in heißem Wasser weichen (das man erst nach dem Abkühlen abgießt) oder schmirgelt sie mit Sandpapier ab – dieses Verfahren wird als Skarifikation bezeichnet –, so daß die eindringende Feuchtigkeit die Samen nach der Aussaat anschwellen läßt.

Die Samen winterharter Pflanzen können in einem vor direkter Sonneneinstrahlung geschützten Frühbeet oder unbeheizten Gewächshaus zum Keimen gebracht werden. Unmittelbar nach dem Keimen werden die Sämlinge aus der feuchten Umgebung herausgenommen und in ein offenes Tischbeet oder ein gut belüftetes Frühbeet gesetzt.

Frostempfindliche Stauden und halbharte Pflanzen

Es gibt eine ganze Reihe frostempfindlicher und halbharter Pflanzen, die es wert sind, sie alljährlich aufs neue zu ziehen; sie lassen sich aus Stecklingen vermehren, die im Spätsommer abgenommen wurden und in einem Gewächshaus überwintert haben. Sobald diese im Frühjahr zu wachsen beginnen, werden sie in 9-cm-Töpfe gesetzt, später abgehärtet und schließlich in das Freiland gepflanzt.

Geeignete Pflanzen

Bidens aurea: kleine, gelbe Blüten; als Bodendecker oder für Blumenampeln geeignet.
Calceolaria ›Kentish Hero‹: bronze-orangefarbene Blüten im Spätsommer.
Cheiranthus cheiri ›Harpur Crewe‹: gelbe, gefüllte Blüten mit feinem Duft.

Chrysanthemum frutescens: ›Jamaica Primrose‹: gelbe Blüten. ›Mary Wotton‹: gefüllte, weiße Blüten mit pinkfarbener Mitte. *C.* ›Marion‹: weiße Blüten mit gelbem Auge. *C.* ›Duke of Kent‹: weiße Blüten.
Convolvulus sabatins: für Blumenampeln geeignet; blaue Blüten.
Diascia barberae ›Ruby Field‹: niedrige Pflanze mit pinkfarbenen Blüten.
Diascia rigescens: gröberes Blattwerk als *Diascia barberae;* pinkfarbene Blüten.
Diascia vigilis: starkwüchsig, mit pinkfarbenen Blüten; in milden Lagen winterhart.
Epilobium canum (syn. *Zauschneria californica*) ›Solidarity Pink‹: pinkfarbene Blüten.
Erysimum (syn. *Cheiranthus*) ›Bowles Mauve‹: bläulich-violette Blüten.
Erysimum linifolium ›Variegatum‹ (syn. *Cheiranthus linifolius* ›Variegatus‹): panaschiertes Blattwerk; bläulich-violette Blüten.
Fuchsia magellanica ›Alba Aureovariegata‹: weiße Blüten; golden panaschiertes Blattwerk. *F. magellanica* var. *molinae* ›Sharpitor‹: pinkfarbene Blüten; weiße Panaschierung.
Gazania ›Cookei‹: mahagonifarbene Blüten; graue Belaubung. ›Cream Beauty‹: cremefarbene Blüten; graugrünes Blattwerk. ›Yellow Buttons‹: gelbe, gefüllte Blüten; grünes Laub.
Hebe x *andersonii:* lilafarbene Blüten; grünes Blattwerk.
Hebe ochracea ›James Stirling‹: weiße Blüten; bronzefarbenes Laub.
Hebe rakaiensis: weiße Blüten.
Lavatera olbia ›Rosea‹: leuchtend pinkfarbene Blüten.

Osteospermum ›Pink Whirls‹, eine sommerblühende frostempfindliche Staude, die am besten im unbeheizten Gewächshaus aus im Spätsommer abgenommenen Stecklingen vermehrt und überwintert wird.

Lavatera thuringiaca ›Barnsley‹: hübsche weiße Blüten mit rotem Auge.

Lotus berthelotii: rote Blüten; silbernes Blattwerk; als Ampelschmuck geeignet.

Osteospermum ›Buttermilk‹: hellgelbe Blüten. ›Cannington Roy‹: weiße und purpurfarbene Blüten. ›Pink Whirls‹: pinkfarbene Blüten; spatelförmige Blätter. ›Whirligig‹: blau-weiße Blüten; spatelförmige Blätter.

Pelargonium ›Citriodorum‹: nach Zitronen duftendes Blattwerk.

Pelargonium x *fragrans* ›Variegatum‹: zart pinkfarbene Blüten; kleines, panaschiertes Blattwerk.

Pelargonium ›Splendide‹: karminrote und lederfarbene Blüten.

Penstemon ›Apple Blossom‹: pinkfarben überlaufene Blüten. ›Firebird‹: leuchtendrote Blüten. ›Garnet‹: weinrote Blüten. ›Snow Storm‹: weiße Blüten. ›Sour Grapes‹: grün-blaue Blüten.

Salvia argentea: weiße Blüten mit pinkfarbener Tönung.

Salvia lavandulifolia: violette Blüten.

Salvia uliginosa: himmelblaue Blüten.

Verbena: ansprechende Hängepflanze. ›Lawrence Johnston‹: rote Blüten. ›Sissinghurst‹: leuchtend pinkfarbene Blüten.

Beetpflanzen

Für Beetpflanzen zahlt man praktisch doppelt, wenn man sie kauft, weil sie nicht nur teuer sind, sondern auch ihre Pracht nur für die Dauer einer Saison entfalten. Deshalb kann der Besitzer eines Gewächshauses, der seine Beetpflanzen selbst zieht, viel Geld sparen.

Da sich heute die meisten Beetpflanzen aus Samen heranziehen lassen, kann man sich das Überwintern bewurzelter Stecklinge oder die Pflege eines Bestands an Ausgangspflanzen für Frühjahrsstecklinge sparen. Viele reizvolle Fuchsien- und Pelargonien-Zuchtsorten können jedoch nur aus im Spätsommer geschnittenen, in einem beheizten Gewächshaus überwinterten Stecklingen gewonnen werden. Man kann aber auch Mutterpflanzen aus dem Garten ausgraben, eintopfen, den Winter über an einen frostgeschützten Ort stellen (ein Fensterbrett genügt, wenn kein beheiztes Gewächshaus verfügbar ist) und im Frühjahr Stecklinge abnehmen.

Samen für die meisten Beetpflanzen benötigen eine Keimtemperatur von 18–24 °C; ein beheizter Vermehrungskasten ist dafür bestens geeignet. Minimale Gewächshaustemperaturen von 13–15 °C reichen für die Anzucht der meisten Beetpflanzen nach dem Pikieren aus. Beetpflanzen wachsen rasch in erdelosen Substraten mit ausgewogenem Luft-/Wassergehalt, müssen aber zusätzlich regelmäßig gedüngt werden; außerdem ist es wichtig, sie vor dem Umpflanzen gut zu wässern.

Pflanzen, die in komposthaltiger Aussaaterde angezogen wurden, entwickeln sich etwas langsamer, sind aber letztlich robuster.

Falls Sie keine Möglichkeit haben, warme Keimbedingungen für Samen zu schaffen, besorgen Sie sich im Handel Sämlinge in zum Umtopfen gebrauchsfertigen Erdpreßtöpfchen. Obwohl diese Sämlinge teurer sind als Samen, stellen sie im Hinblick auf die Vermehrung eine zeit- und raumsparene Anzuchthilfe dar.

Um hochwertige Beetpflanzen heranzuziehen, ist es wichtig, die im Kapitel »Gärtnern im Gewächshaus« (siehe S. 37) beschriebenen Grundregeln der Kultivierung zu befolgen, denn es handelt sich um schnell wachsende, nach Licht strebende Pflanzen, die häufiges Ausdünnen erfordern, damit sie nicht lang und schmächtig werden. Pflanzen, die direkt aus dem Gewächshaus in den Garten gesetzt werden, leiden in den ersten Wochen unter regelrechter Wachstumsunlust. Daher empfiehlt es sich, sie vor dem Umsetzen in das Freiland drei bis vier Wochen in einem geschlossenen Frühbeet sorgfältig abzuhärten: Man belüftet den Kasten von Tag zu Tag etwas großzügiger und läßt die Glasabdeckung schließlich Tag und Nacht ganz offen. Setzt man Pflanzen in einer Zeit, in der noch Frostgefahr besteht, in das Frühbeet, muß die Glasabdeckung geschlossen bleiben und nachts zusätzlich mit einem Kälteschutz, etwa einem alten Teppich, bedeckt werden.

Geeignete Pflanzen

Ageratum F$_1$ ›Blue Danube‹, F$_1$ ›Blue Mink‹, ›Tall Blue‹: Aussaat ab Mitte Januar; nach 4 Wochen pikieren; 8 Wochen später Eintopfen.

Alyssum maritimum (syn. *Lobularia maritima*) ›Rosie O'Day‹, ›Snowdrift‹, ›Wonderland‹: Aussaat ab Mitte Januar; 3–4 Wochen nach dem Säen pikieren.

Antirrhinum majus (Löwenmaul) Coronette-Serie, ›Leonard Sutton‹, ›Sweetheart Mixed‹: von Mitte Januar bis Mitte März aussäen, blüht im Spätsommer im Garten.

Begonia (Knollenbegonie) Feastii-Mischung (großblumig, gefüllt), F$_1$ Nonstop-Mischung, ›Pavillon‹: ab Winteranfang aussäen; nach 6–8 Wochen pikieren; bei 18 bis 20 °C heranziehen; blüht 19 Wochen nach der Aussaat.

Begonia semperflorens gemischte Sorten: Aussaat von Winter bis Frühjahr; pikieren, sobald Sämlinge groß genug sind zum Fassen (etwa 6 Wochen); weiterziehen bei 18–20 °C.

Callistephus chinensis (China-Aster) ›Comet‹, Pinocchio-Mischung, Pompon-Splendid-Mischung: Aussaat von März bis Mai bei 15–20 °C, Verpflanzung ins Freiland von Spätfrühling bis Frühsommer.

Dahlia ›Figaro‹, Showpiece-Hybriden-Mischung: Aussaat von März bis Mai bei 15–20 °C, Verpflanzung ins

Cuphea ignea
Das Zigarettenblümchen wird vor allem wegen seiner röhrenförmigen Blüten kultiviert, die – wie in der volkstümlichen Bezeichnung anklingt – aus einem scharlachroten Tubus mit dekorativ schwarz und weiß gesäumtem ›Mundstück‹ bestehen. Die kleine strauchartige Pflanze (bis 30 cm hoch) wird wie eine einjährige Pflanze jedes Jahr im Spätfrühling aus Samen gezogen. Sie gliedert sich ebenso hübsch in die sommerliche Rabatte ein wie in bunt bepflanzte Blumenampeln, läßt sich aber auch im Topf auf dem Gewächshaustisch gut mit anderen Blütenpflanzen kombinieren.

Impatiens (Springkraut/Balsamine) ›Double Confection‹, ›Super Elfin‹, Tempo-Mischung: zu Frühlingsbeginn bei 15 bis 20 °C in erdeloses Anzuchtsubstrat aussäen; durch Abdecken mit Polyäthylenfolie bis zur Keimung werden ausgezeichnete Resultate erzielt.

Ipomoea tricolor ›Heavenly Blue‹: Samen vor der Aussaat einweichen, bei 15 – 20 °C von Mai bis Juni säen, im Frühsommer auspflanzen.

Limonium sinuatum (Meerlavendel) Fortress-Mischung: im Vorfrühling bei 19 – 20 °C aussäen; in Pikier- bzw. Anzuchtkisten verziehen, gegen Frühjahrsende in das Freiland pflanzen.

Lobelia erinus ›Blue Cascade‹, ›Chrystal Palace‹: Aussaat auf Kompostschicht von Januar bis Anfang März bei 15 – 20 °C; in Pikierkisten verziehen.

Nemesia strumosa ›Blue Gem‹, Carnival-Serie ›Tapestry‹: von Januar bis März bei 15 – 20 °C aussäen; Samen bedecken und bald nach dem Keimen in Zell- oder Erdpreßtöpfchen setzen, um Wachstumsstörungen zu vermeiden.

Pelargonium (zonal gegliedert) F_1 ›Apple Blossom Orbit‹, F_1 ›Startel‹, F_1 Video-Serien-Mischung: von Januar bis März bei 21 – 24 °C aussäen; in Torfquelltöpfchen pikieren und im Frühsommer auspflanzen.

Petunia x *hybrida* Super Magic-Serie, ›Telstar‹, F_1 Victorious-Double-Mischung: im Vorfrühling bei 18 – 25 °C aussäen; Samen nicht mit Kompost bedecken; pikieren, sobald Handhabung möglich.

Salvia splendens ›Carabiniere‹, ›Firecracker‹: Aussaat von März bis April/Mai bei 19 – 25 °C, Samen bedeckt halten; Keimung kann bis zu 21 Tagen dauern.

Tagetes erecta (Afrikanische Studentenblume) F_1 Inca-Mischung. F_1 ›Orange Jubilee‹, F_1 Perfection-Serie: Aussaat im April bei 20 – 25 °C; pikieren und in Anzuchtkisten bei 12 – 16 °C ziehen.

Tagetes patula (Studentenblume) ›Queen Sophia‹, F_1 ›Seven Star Red‹, F_1 ›Solar Gold‹, ›Tangerine Gem‹, ›Spanish Brocade‹: wie *T. erecta* (s. o.).

Verbena hybrida ›Showtime‹, ›Springtime‹: Aussaat von Januar/Februar bis März bei 15 – 20 °C; Keimung nach 2 – 3 Wochen; in Anzuchtkisten pikieren und bei 13 °C anziehen.

Viola x *wittrockiana* (Veilchen) F_2 ›Jolly Joker‹, Roggli-Giant-Mischung, F_1 ›Universal‹: im Frühsommer ausgesät, blüht die Pflanze im Winter und Frühjahr; im Januar/Februar ausgesät, blüht sie im Frühjahr und Frühsommer; bei 15 – 18 °C keimen lassen.

Die blühfreudige Strohblume *Helichrysum bracteatum* ›Bright Bikini‹ ist eine sehr hübsche, im Topf gezogene Pflanze, die, im Spätsommer gesät, im unbeheizten Gewächshaus im Frühjahr oder – in den Garten ausgepflanzt – im Frühsommer blüht. Durch Abnehmen der verwelkten Köpfchen läßt sich ihre Blütezeit verlängern.

Freiland im Frühsommer; Knollen nach der Blüte herausnehmen und im darauffolgenden Jahr wieder einpflanzen.

Dorotheanthus bellidiflorus (syn. *Mesembryanthemum criniflorum*) ›Lunette‹, Magic-Carpet-Mischung: Aussaat von März bis April; Samen bedeckt halten bei 15 – 18 °C; Keimung innerhalb von 10 – 14 Tagen.

Gazania x *hybrida* Harlekin-Hybriden: Aussaat von Spätwinter bis April bei 15 – 20 °C; ab Frühsommer an sonnigem Standort auspflanzen; der Keimungsprozeß dauert 21 Tage.

Helichrysum bracteatum ›Bright Bikini‹, ›Hot Bikini‹: von April bis Ende Mai bei 15 – 20 °C ausgesät, kommt die Pflanze im Sommer zur Blüte; im Spätsommer ausgesät und den Winter über in Töpfen im Gewächshaus herangezogen, gehen die Blüten im Frühjahr auf.

Obst und Gemüse

Neben den zahllosen Zierpflanzen kann man eine reiche Auswahl an Obst und Gemüse exotischen Ursprungs saisonunabhängig ziehen, die in einem Gewächshaus bestens gedeihen.

Tomaten

Während man Tomaten in warmen Ländern das ganze Jahr hindurch ohne Winterschutz anbauen kann, ist eine von den Jahreszeiten unabhängige Kultur in kälteren Regionen wie Nordeuropa nur im Treibhaus möglich. Das köstliche Aroma frisch gepflückter, selbstgezogener Tomaten macht diese Früchte für viele Hobbygärtner zu den beliebtesten Sommerfrüchten, die im Gewächshaus gezogen werden können.

Kulturkalender

Wer bereits im Frühsommer Tomaten ernten möchte, sollte die Samen in einem beheizten Gewächshaus zwischen Dezember und Januar aussäen und die Sämlinge von Spätwinter bis Vorfrühling in Töpfe verpflanzen. Der Nachteil dieser frühen Kultur ist, daß sie im Gewächshaus viel Platz einnimmt zu einem Zeitpunkt, da dieser zum Vermehren der Beetpflanzen dringend benötigt wird. Deshalb säen die meisten Gärtner zu Frühjahrsbeginn aus, verpflanzen im Mai und ernten die ersten Früchte im Hochsommer.

Aussäen

Tomatensamen werden in Töpfe oder entsprechende Kisten in Aussaaterde gesät und mit dieser vor dem Wässern leicht abgedeckt. Das Saatgut keimt am besten in einem beheizten Vermehrungskasten bei einer Mindesttemperatur von 15–18 °C.

Pikieren

Die Saat keimt erfahrungsgemäß nach acht bis zehn Tagen; sobald sich die Keimblätter voll entfaltet haben, lassen sich die Sämlinge in steriles Eintopfsubstrat in 11-cm-Töpfe pikieren. Falls nur wenige Tomatenstauden benötigt werden, legen Sie zwei Samenkörner direkt in 11-cm-Torfquelltöpfchen und ziehen den schwächeren Sämling nach der Keimung heraus. Da Tomaten häufig einen langen Haupttrieb haben, ist beim Pikieren darauf zu achten, daß das mit dem Pikierhölzchen in das Substrat gegrabene Pflanzloch tief genug ist, um Wurzel und Haupttrieb aufnehmen zu können, und daß die Keimblätter dicht über der Substratoberfläche stehen.

Kultivieren

Die neu eingetopften Sämlinge werden sodann dicht aneinander auf einen Kulturtisch im Gewächshaus gestellt. Sie sind ein paar Tage vor direkter Sonneneinstrahlung zu schützen, bis sie gut eingewurzelt sind. Im Lauf der Wachstumsphase müssen die Töpfe mit den Tomatenstauden ausgedünnt werden, damit die Blätter der dicht an dicht stehenden Pflanzen sich nicht den Platz streitig machen.

Die Pflanzen dürfen weder austrocknen noch allzu feucht gehalten werden, weil dadurch ihre gesunde Entwicklung ernsthaft gefährdet würde. Ihr Wasserbedarf kann recht unterschiedlich sein, er richtet sich jeweils nach dem verwendeten Erdsubstrat, der Gewächshaustemperatur und den Witterungsverhältnissen. Schnell wachsende Jungpflanzen sollten jedoch mindestens einmal täglich auf ihren Wasserbedarf hin geprüft werden. Um in diesem Stadium des Heranwachsens eine gesunde, ausgewogene Entwicklung zu gewährleisten, darf die Temperatur nachts nicht unter 16 °C und tagsüber nicht über 21–23 °C betragen. Eine regelmäßige manuelle Überprüfung der Temperatur erübrigt sich, wenn ein Thermostat installiert ist.

Diese Tomaten wurden im Endstadium – nach Erscheinen der Blüten an der ersten Blütentraube – in einen Pflanzsack umgesetzt. Bereits eingewachsene Pflanzen müssen bei warmem Wetter mehr als einmal pro Tag ausreichend gewässert werden.

Verpflanzen

Beabsichtigt man, die Pflanzen in das Freiland zu setzen, sollte man den Boden im Winter umgraben und organisches Material wie Torf und gut verrotteten Mist einarbeiten. Es empfiehlt sich, vor dem Pflanzen einen NPK-Universaldünger oder speziellen Tomatendünger einzurechen. Tomaten können nicht unbegrenzt lange im Gewächshaus kultiviert werden, weil infolge gehäuft auftretender spezifischer Schädlinge und Krankheiten – wie dem Tabakmosaikvirus (siehe S. 57) und der Stengel- und Blütenendfäule – die Qualität der Früchte nach zwei Vegetationsperioden nachläßt (siehe S. 68). Der Boden des Erdbeetes im Gewächshaus läßt sich zwar bis zu 30 cm tief abnehmen und durch steriles Eintopfsubstrat ersetzen, aber das ist eine zeitraubende und kostspielige Prozedur.

Sobald sich die Blüte an der ersten Fruchttraube (der untersten und sich als erste bildenden Blütentraube) öffnet, können Tomaten verpflanzt werden. Topfen Sie je eine Pflanze in einen mit sterilem Eintopfsubstrat gefüllten 23-cm-Topf oder einen Folien-Pflanzsack und gießen Sie sie gut an. Die Töpfe sollten im Abstand von 45–60 cm auf eine Polyäthylen- oder Kiesunterlage gestellt werden. Verwendet man Pflanzsäcke, werden aus der Oberseite zunächst die markierten Quadrate herausgeschnitten und seitlich Drainageschlitze angebracht. Bevor man die Tomatenstauden im Abstand von 45 cm einpflanzt, ist die Komposterde gut zu lockern und gründlich zu wässern. Sorgen Sie dafür, daß der gesamte Boden gleichmäßig durchfeuchtet ist.

Anschließende Pflegemaßnahmen

Sobald die Pflanzen die Erde in den Gefäßen richtig durchwurzelt haben, müssen sie regelmäßig – im Hochsommer sogar zweimal täglich – gewässert werden. Tomaten dürfen niemals austrocknen, da sonst die Frucht an der Basis braun wird – ein Merkmal von Blütenendfäule – und unregelmäßiges Gießen zum Aufplatzen der Tomaten führen kann. Um zu verhindern, daß die Temperatur über 30 °C ansteigt, sollte das Gewächshaus an heißen Tagen schattiert und gut belüftet werden. Durch Besprühen von Gewächshausboden und Blattwerk läßt sich die Temperatur absenken und die Luftfeuchtigkeit erhöhen, womit ideale Voraussetzungen für Bestäubung und Befruchtung geschaffen werden.

Düngen

Tomaten benötigen reichliche Düngergaben, die man in Form eines Flüssigdüngers dem Gießwasser beimengt. Ein hochwertiger Kaliumkarbonat-Dünger (NPK-Dünger 1-0-3) ist im frühen Anzuchtstadium – vom Eintop-

fen bis zum Erscheinen des Fruchtansatzes an der ersten Blütentraube – dringend erforderlich, um übermäßiges Wachstum zu bremsen; der Hauptdünger sollte Stickstoff und Kaliumkarbonat im Verhältnis 2:1 enthalten; sobald die Pflanze schließlich ihre volle Größe erreicht hat, verwendet man zur Stabilisierung einen Flüssigdünger mit höherem Stickstoffgehalt. Viele Gärtner erzielen allerdings mit Hilfe lediglich eines, speziell für Tomaten geeigneten, kaliumkarbonatreichen Flüssigdüngers ebenfalls gute Erträge. Es hat sich bewährt, die Eintopferde gründlich mit Wasser zu durchtränken, um – insbesondere in torfhaltigem Substrat – einer übermäßigen Nährstoffkonzentration entgegenzuwirken. Beim Wässern sollten sie das Blattwerk nicht benetzen; am besten wässert man Tomaten von unten. Trockene oder welkende Pflanzen sollten erst nach gründlichem Durchfeuchten der Erde gedüngt werden, da eine unvermittelte Nährstoffzufuhr in trockener Erde zu einer raschen Erhöhung des Mineralsalzspiegels führen und eine Schädigung der Wurzeln zur Folge haben kann.

Erziehen

Tomaten unter Glas werden am besten eintriebig gezogen, weil man sich auf diese Weise sowohl die Pflege als auch die Ernte erleichtert. Alle Seitentriebe, die sich an den Blattachseln entwickeln, sollten abgeschnitten oder entspitzt werden, bevor sie 5 cm lang sind. Dabei sollten Sie sorgfältig vorgehen und darauf achten, daß keine Blütentrauben abgebrochen werden. Im Erdbeet des Gewächshauses gezogen, werden die Stauden mit einer Schnur an einem Bambusstab als Stütze aufgebunden. Man kann aber auch Schnüre an einem 1,8 bis 2,5 m über Bodenniveau waagerecht zwischen den Dachstreben des Glashauses gespannten Draht befestigen und die Tomatenpflanzen unterhalb der unteren Blätter anbinden. Die allmählich wachsende Pflanze wird um die Schnur gewunden und aufgeleitet. Für in Foliensäcken gezogene Pflanzen bringt man über den Foliensäcken eigens für diesen Zweck gebaute Drahtrahmen an als Halt für die Bambusstöcke, an welchen die Tomatenstauden aufgebunden werden.

Bei der Mehrzahl der eintriebig gezogenen Kulturen sollte man den Haupttrieb zwei Blätter unterhalb des fünften Fruchtstandes entspitzen. Durch Entfernen der gelb gewordenen Blätter von unten bis zum ersten Fruchtstand läßt sich die Luftzirkulation verbessern.

Für ein Treibhaus mit beengten Raumverhältnissen eignen sich Buschtomaten, die niedere, vieltriebige Pflanzen ausbilden und nicht aufgeleitet oder hochgebunden werden müssen. Da sich die Früchte in Bodenhöhe bilden, empfiehlt es sich, den Boden mit Schwarzfolie abzudecken oder mit gehäckseltem Stroh zu mulchen, um Fäulnis zu verhindern.

›*Gardener's Delight*‹
Ob als ganze Früchte in Salaten oder im Garten vom Strauch gepflückt und sofort verzehrt – diese köstlichen Kirschtomaten sind unübertrefflich. Der Name Tomate stammt von dem aztekischen Wort *tomatl*, und die Tomate, die heute bei uns wächst, geht auf zwei südamerikanische Pflanzen, *Lycopersicon lycopersicum* und *L. pimpinellifolium* zurück. In Europa wurden Tomaten ursprünglich nicht etwa der Früchte wegen, die man für giftig hielt, sondern vielmehr als Zierpflanzen angebaut.

RECHTS: Bei dieser ausgewachsenen Tomate wurde der Leittrieb – schon fast am Gewächshausdach angelangt – entspitzt. Die Leittriebe der eintriebig erzogenen Pflanzen werden in der Regel zwei Blätter unterhalb der fünften Blütentraube entspitzt und die Seitentriebe sofort nach Erscheinen entfernt.

Bestäuben

Tomaten sind zwar selbstbefruchtend, dennoch kann das Freigeben von Pollen durch leichtes Anstoßen der Stützdrähte und Stöcke (am besten während der Mittagszeit) gefördert werden. Ideale Befruchtungsbedingungen werden durch ein Besprühen der Pflanzen mit Wasser geschaffen; an warmen Tagen kann das bis zu dreimal erforderlich sein. Vorsicht ist an trüben oder bedeckten Tagen geboten, da allzuhohe Luftfeuchtigkeit den Pilzbefall fördert.

Ernten

Sobald sie reif und kräftig durchgefärbt sind, werden die Tomaten geerntet. Man bricht die runden Früchte zusammen mit den grünen Kelchblättern ab. Bei Saisonende noch nicht ausgereifte Tomaten werden abgenommen und zusammen mit ein paar Äpfeln in eine Kiste mit Deckel oder eine leere Schublade gelegt. Die Äpfel setzen Äthylengas frei, das den Reifungsprozeß der grünen Tomaten unterstützt.

Um ein Übertragen von Schädlingen und Krankheiten zu verhindern, sollten alte Tomatenstauden aus dem Gewächshaus entfernt werden. Das Pflanzsubstrat aus den Töpfen kann zum Mulchen im Gemüsegarten verwendet werden.

Geeignete Sorten

Standard-Tomaten ›Sioux‹ F_1-Hybride: eine für den frühen Anbau im Gewächshaus besonders gut geeignete und ertragreiche Hybrid-Tomate. ›Estrella‹ F_1-Hybride: Tomatenzüchtung für das Warmhaus; resistent gegen Mosaikvirus, Braunfleckenkrankheit und Nematodenbefall. ›Hildares‹ F_1: platzfeste Sorte für das Kleingewächshaus. ›Matina‹: frühe Tomate, platzfest und resistent gegen Grünkragenkrankheit. ›Roma‹: länglich-eiförmige Tomate; besonders zum Kochen geeignet.
Fleischtomaten ›Cantados‹ F_1-Hybride: saftig-süße Sorte; resistent gegen Braunfleckenkrankheit. ›St. Pierre‹: Fleischtomate mit großen, vielkammerigen Früchten. ›Master‹ F_1-Hybride: Fleischtomate mit aromatischen großen Früchten.
Tomaten-Neuheiten ›Goldene Königin‹: ertragreiche Tomate mit großen runden Früchten von leuchtendgelber Farbe. ›Yellow Pearshaped‹: neue Züchtung gelber, birnenförmiger Obsttomaten.
Kirschtomaten ›Gardener's Delight‹: eine der beliebtesten Kirschtomatensorten, geschätzt für ihre hohen Erträge und das köstliche Aroma. F_1 ›Sweet 100‹: vergleichbar mit ›Gardener's Delight‹; gute Ertragspflanze.
Buschtomaten ›Maja‹: frühreifende Sorte mit kräftigem Aroma; ausgezeichnet geeignet als Topfpflanze. ›Hoff-

manns Rentita‹: frühe Sorte; aromatischer Geschmack; reicher Ertrag.

Schädlinge und Krankheiten

Abgesehen von Schwierigkeiten mit den üblichen Gewächshausschädlingen wie Weiße Fliege und Spinnmilbe (siehe S. 57), gibt es eine Reihe von Problemen, die speziell beim Anbau von Tomaten auftreten. Die neuen Tomatenzüchtungen der F_1-Hybriden sind jedoch gegen viele Krankheiten und Schädlinge einschließlich Tabakmosaikvirus und Gelbem Kartoffelzystenälchen resistent. Falls Schwierigkeiten auftreten, sollte man daher widerstandsfähige Züchtungen aus Samenkatalogen auswählen. Es sei jedoch grundsätzlich empfohlen, die Pflanzen jedes Jahr in frisches, steriles Eintopfsubstrat zu setzen und nach jeder Kultur sämtliche beim Pflanzen benutzten Geräte gründlich zu säubern, um ein eventuelles Übertragen von Krankheiten zu verhindern.

Blütenendfäule: Ein harter, dunkelbrauner, lederiger Fleck bildet sich am Blütenende der Früchte. Dieses Problem tritt am häufigsten bei in Kultursäcken und Kübeln gezogenen Stauden auf, die während der Fruchtentwicklung nicht genügend gewässert wurden.

Gegenmaßnahmen: Pflanzen nie im Wurzelbereich austrocknen lassen und reichlich mit Humus versorgen.

Frucht- und Stengelgrundfäule: Tritt bei reifen Pflanzen als braun-schwarze Krebsstelle an der Sproßbasis auf und läßt die Blätter vergilben und erschlaffen. Auch die Frucht kann infiziert werden und schwarze Fäulnisstellen entwickeln.

Gegenmaßnahmen: Das Gewächshaus einschließlich aller Geräte und Töpfe gründlich naß putzen. Nur steriles Substrat verwenden.

Grünkragen: In der Nähe des Stielansatzes entwickelt sich ein harter, gelber oder grüner Fleck. Anfälligkeit bei Züchtungen wie ›Ailsa Craig‹.

Gegenmaßnahmen: Grünkragen wird durch zu starke Entlaubung, Kaliumkarbonatmangel oder übermäßige Sonneneinstrahlung verursacht. Läßt sich verhindern, wenn man das Blattwerk an der Basis nicht entfernt, einen hochkonzentrierten Kaliumkarbonatdünger zuführt und verstärkt schattiert. Viele neue Zuchtsorten sind grünkragenresistent.

Gelbes Kartoffelzystenälchen und Wurzelgallenälchen: Ersteres ruft kleine, weiße Zysten an den Wurzeln hervor, und das Wurzelgallenälchen bewirkt, daß an den Wurzeln große, braune Wucherungen auftreten. Die Pflanzen welken, zeigen Kümmerwuchs, das Laub verfärbt sich.

Gegenmaßnahmen: Infizierte Pflanzen müssen vernichtet werden; mindestens sechs Jahre lang keine mit der *Solanaceae*-Familie (Nachtschattengewächse: Kartoffeln und Tomaten) verwandte Pflanzen auf diesem Boden

anbauen. Statt dessen am besten Folien-Pflanzsäcke oder Pflanzkübel verwenden.

Samtfleckenkrankheit: Tritt in Form blaßgelber Flecken auf der Oberseite und hellbrauner Sporen auf der Unterseite der Blätter in Erscheinung.

Gegenmaßnahmen: Wie bei den meisten Pilzerkrankungen vermehren sich die Sporen unter feuchten Bedingungen. Verbesserte Ventilation erhöht die Luftzirkulation und reduziert die Feuchtigkeit. Falls Sie in der Vergangenheit Probleme mit der Samtfleckenkrankheit gehabt haben, sollten Sie auf moderne, gegen diese Erreger weitgehend resistente Züchtungen zurückgreifen.

Gurken

Gurken gehören zur Familie der *Cucurbitaceae*, der auch Kürbisse, Zucchini und Melonen angehören. Diese frostempfindliche Pflanze gelangte erst im Mittelalter in das nördliche Europa, und die ersten Gewächshauskulturen gab es im 19. Jahrhundert in England. Gurken zählen zu den gesündesten Gemüsen; sie sind kalorienarm und enthalten viele Mineralstoffe und Vitamine.

Die Gurke *(Cucumis sativus)* eignet sich bestens als Frühjahrs- und Sommerfrucht für das kleine Gewächshaus, denn für ein optimales Wachstum benötigt sie eine Mindesttemperatur von 19 °C, die in einem größeren Glashaus während der kalten Monate nur unter hohen Kosten aufrechtzuerhalten wäre.

Gurken gedeihen gut in Pflanzsäcken, benötigen aber ein Klettergerüst. Speziell dafür geeignete, freistehende Leichtmetallrahmen, an welchen sich Drähte oder Schnüre befestigen lassen, sind im Handel erhältlich.

Kulturkalender

Im Oktober ausgesäte Kulturen können von Spätwinter bis Vorfrühling geerntet werden; mit befriedigenden Erträgen ist allerdings nur in Ländern mit relativ hellen Wintern zu rechnen oder bei Zuhilfenahme künstlicher Lichtquellen. Aus im Januar/Februar gesäten Gurkensamen gewinnt man ab Frühsommer erntereife Früchte. Wer sein Treibhaus für unterschiedliche Kulturen nutzt, insbesondere für deren Vermehrung im Frühjahr, tut gut daran, Gurkensamen gegen Winterende im Vorfrühling auszusäen und im Mai/Juni zu verpflanzen, wenn die meisten Gewächse bereits zum Abhärten ausgesetzt werden. Geerntet wird erfahrungsgemäß von Hochsommer bis in den Herbst hinein. Frühe Gurken lassen sich in einem beheizten Frühbeet anziehen und im Frühsommer in ein unbeheiztes Frühbeet auspflanzen.

Aussäen

Die Samenkörner werden einzeln in mit Saat- oder Komposterde gefüllte 6-cm-Töpfe gesetzt. Drücken Sie den Samen etwa 1 cm tief in die Erde. Nach dem Wässern stellt man die Anzuchttöpfchen in einen beheizten Vermehrungskasten oder auf ein warmes, mit schwarzer Folie abgedecktes Tischbeet, in dem sich eine konstante Temperatur von 26 °C halten läßt (mit dem Thermometer prüfen). Sobald die Samen zu keimen beginnen – in der Regel nach ein paar Tagen –, wird die Folie abgenommen. Der Keimungsprozeß erfolgt zwar auch (etwas langsamer) bei tieferen Temperaturen, aber die Qualität der Pflanzen ist dann geringer.

Sobald die Saat aufgegangen ist, werden die Sämlinge bei verstärkter Ventilation im Vermehrungskasten abgehärtet. Nach ein paar Wochen können die Pflänzchen in größere Töpfe (11 cm) verpflanzt werden. Dafür verwendet man Anzuchterde auf Ton-/Torfbasis (siehe Tabelle S. 50) oder erdeloses Substrat und achtet darauf, daß keine Wurzeln beschädigt werden. Nach dem Eintopfen wird der Haupttrieb mit Schnur (nicht zu fest) an einen in den Topf gesteckten, 45 cm langen, gespaltenen Stab gebunden. Um ein weiteres, mit erneuter Störung der Wurzeln verbundenes Verpflanzen zu vermeiden, kann man den Samen direkt in 11-cm-Töpfe setzen; man sollte sich jedoch hüten, im frühen Wachstumsstadium allzu ausgiebig zu wässern. Am besten gießt man Gurkenpflanzen nur morgens und mittags, damit die Blätter nachts nicht feucht sind.

Da Gurken hohe Luftfeuchtigkeit schätzen, empfiehlt es sich, den Gewächshausboden vormittags regelmäßig mit Wasser abzusprühen; von April/Mai an – in einem sonnenreichen Frühling noch früher – sollte schattiert und gut durchgelüftet werden, um ein Überhitzen zu verhindern.

Verpflanzen

Sobald sie acht bis zehn Blätter haben, können die Gurken ausgepflanzt werden. Werden sie in das Erdbeet des Gewächshauses gepflanzt, kommt ihnen eine Anhebung des Bodenniveaus – zur Verbesserung der Drainage – sehr zugute. Mindestens zwei Wochen vor dem Einpflanzen gräbt man organisches Material in Form von gut verrottetem, strohhaltigem Mist unter und setzt einen Grunddünger zu. Wenn jedes Jahr in die gleiche Erde gepflanzt wird, treten bei Gurken ebenso wie bei Tomaten leider vermehrt Schädlinge und Krankheiten auf. Viele Gärtner haben die Erfahrung gemacht, daß ihre Gurken sowohl in mit humoser Erde auf Ton-Torf-Basis oder mit erdelosem Substrat gefüllten 25-cm-Töpfen als auch in einem Kultursack, den sich zwei Pflanzen teilen, gleichermaßen gut gedeihen. Mit Hilfe dieser Anbaualternativen läßt sich der Platz im Treibhaus besser nutzen.

Pflanzabstand

Gurken sollten in einem Abstand von 60 cm gepflanzt und an Stöcken aufgebunden werden. Sie lassen sich aber auch an waagrecht gespannten Drähten oder Spalieren ziehen, wie dies für Melonen beschrieben wird (siehe S. 71).

Düngen

Kübelpflanzen sollten alle ein bis zwei Wochen einen mineralisch-organischen Dünger erhalten. Im Beet angebaute Gurken können, sobald sich an der Oberfläche Wurzeln zeigen, gemulcht werden; dadurch wird die Bildung einer »Bodenkappe« (Verdichtung des Bodens) verhindert und die Belüftung des Bodens gefördert. Gut verrotteter Stallmist (Rinderung) und Komposterde auf Ton-Torf-Basis lassen sich gleichermaßen gut zum Mulchen verwenden; der Mist darf allerdings nicht zu konzentriert sein, weil sonst die empfindlichen Wurzeln Schaden nehmen könnten.

Erziehen

Gurken werden wie Tomaten am vorteilhaftesten eintriebig gezogen und an einen vertikal aufgestellten Stab oder an horizontal gespannte Drähte gebunden. Hat die Pflanze eine Höhe von etwa 2,5 m erreicht, muß der Leittrieb entspitzt werden. Die Seitentriebe werden zwei Blätter unterhalb der weiblichen Blüte – erkennbar an der unreifen Frucht dahinter – eingekürzt. An den gängigen Gurkensorten sollten die an einem dünnen Stiel stehenden männlichen Blüten entfernt werden, um eine Bestäubung auszuschließen, da befruchtete Gurken

Gurken wachsen rasch und benötigen als Halt Drähte oder eine Art Rahmen, an denen die Triebe aufgebunden werden können. Regelmäßiges Ernten sichert weitere ausgiebige Erträge.

nicht nur bitter schmecken, sondern auch mißgebildet sind. Neue, rein weibliche Sorten, bei welchen es sich erübrigt, die männlichen Blüten auszubrechen, sind im Handel erhältlich. Außerdem sind sie resistenter, neigen indes dazu, kleinere Früchte hervorzubringen.

Ernten

Die ausgewachsenen Früchte werden geerntet, indem man den Stengelansatz vorsichtig, ohne den Haupttrieb zu beschädigen, mit einem scharfen Messer oder einer Gartenschere abschneidet. Läßt man die Gurken weiterwachsen, bis sie gelb werden, stellt die Pflanze ihre Produktion ein.

Geeignete Sorten

Traditionell ›Telegraph‹: dunkelgrüne, aromatische Salatgurke mit frühzeitiger Fruchtbildung.
Rein weibliche Züchtungen ›Bambini‹ F_1-Hybride: schlanke, bitterfreie Früchte ohne Kerne. ›Bella‹ F_1-Hybride: Salatgurken für den Sommer- und Herbstanbau. ›Corona‹ F_1-Hybride: besonders geeignet für Spätaussaat. ›Picador‹ F_1-Hybride: dunkelgrüne Salatgurke. ›Euphyra‹ F_1-Hybride: sehr ertragreiche Sorte; resistent gegen Echten Mehltau. ›Pepita‹: problemlose Anzucht; bringt viele kurze Früchte hervor; resistent gegen Gummose.

Schädlinge und Krankheiten

Viele der bei Gurken (und Melonen) auftretenden Pilzerkrankungen sind auf mangelnde Belüftung und Hygiene – infizierte Anzuchterde und unsaubere Töpfe – zurückzuführen. Die Verwendung »gebrauchter« Erde und schmutziger Töpfe begünstigt das Übertragen von Schädlingen und Krankheiten von Kultur zu Kultur.

Gurkenkrätze: Tritt zunächst in Form blaßgrüner, tieferliegender Flecken am Fruchtansatz in Erscheinung; die Flecken gehen ins Pinkfarbene und zeigen samtigen Schimmelbelag, der dann schwarz und mehlig wird. Die Frucht verfärbt sich schließlich gelb und stirbt ab.

Gegenmaßnahmen: Infizierte Früchte entfernen und vernichten. Mit einem entsprechenden Fungizidpulver behandeln. Für ausreichende Belüftung sorgen; für jede Kultur steriles Pflanzsubstrat und gründlich gereinigte Geräte verwenden.

Gurkenmosaikvirus: Verursacht gelbe und grüne Sprenkelung der Blätter und mißgebildete Früchte mit dunkelgrünen Warzen.

Gegenmaßnahmen: Verbreitung durch Blattläuse. Sind Blattläuse vorhanden, wird ein geeignetes Kontaktinsektizid eingesetzt. Infizierte Pflanzen vernichten. Hände und Geräte waschen, um weitere Ausbreitung durch infizierten Saft zu verhindern.

Gummose: Tieferliegende Flecken an der Frucht, die dickflüssiges Gummisekret absondern und später dunklen Schimmel bilden.

Gegenmaßnahmen: Kühle, feuchte Bedingungen fördern die Krankheit. Erhöhen der Temperatur und vermehrte Belüftung reduzieren die Feuchtigkeit und verbessern die Wachstumsvoraussetzungen. Infizierten Fruchtbehang vernichten und Gewächshaus mit geeignetem Fungizid aussprühen. Künftig auf resistente Züchtungen zurückgreifen.

Gelbes Kartoffelzystenälchen: siehe S. 68.
Echter Mehltau: Kann bei Gurken sehr problematisch sein (siehe S. 57).

Gegenmaßnahmen: Auf resistente Züchtungen zurückgreifen. Pflanzen im Wurzelbereich nie austrocknen lassen; gut lüften.

Melonen

Melonen (*Cucumis melo*) werden wegen ihres süßen Fruchtfleisches angebaut. Sie bringen zwar saisonunabhängig Früchte hervor, aber es kann sehr lange dauern, bis die im Winter unter minimaler Sonneneinstrahlung heranwachsenden Früchte reif sind; außerdem sind sie qualitativ so minderwertig, daß sich die Mühe nicht lohnt, sie zu ziehen. Um die größtmögliche Ausbeute zu erhalten, sät man erstmals zu Winteranfang – gegen

Frühjahrsende sind schließlich die ersten Früchte reif – und dann in Abständen ab Dezember/Januar für eine Ernte nach 16 bis 20 Wochen. Die späteste noch vertretbare Aussaatzeit ist der Hochsommer, so daß die reifen Früchte zwischen Spätherbst und Winterbeginn geerntet werden können. Beabsichtigt man, Melonen im Frühbeet oder in einem Kalthaus anzubauen, sollte die Aussaat im März/April erfolgen und die Anzucht im Mai/Juni im Frühbeet oder im unbeheizten Gewächshaus fortgesetzt werden, damit von Spätsommer bis Frühherbst geerntet werden kann.

Aussäen

Für die Aussaat von Melonen und die Behandlung der Sämlinge gelten die gleichen Regeln wie für die Aussaat von Gurken (siehe S. 69); günstigere Keimbedingungen schafft man jedoch, wenn man die Samen entweder seitlich oder mit dem spitzen Ende nach unten in das Substrat setzt.

Verpflanzen

Die für Gurken geltenden Maßnahmen treffen auch für Melonen zu. Man sollte darauf achten, daß die Pflanzen nie austrocknen, da Melonen einen hohen Wasserbedarf haben und bei Wassermangel fade schmeckende, leicht aufplatzende Früchte heranwachsen, die nicht die normale Größe erreichen. Zu viel Wasser kann hingegen die Krankheitsanfälligkeit erhöhen.

Düngen

Wie bei Gurken verfahren (siehe S. 69).

Erziehen

Melonen bedürfen häufiger Überprüfung; sie können entweder an Schnüren, die an Spanndrähten befestigt werden, oder an Spalieren aufgebunden werden. Der Haupttrieb wird bis zu einer Höhe von 1,2 m senkrecht ausgerichtet und dann entspitzt. Die fruchttragenden Seitentriebe werden vier Blätter über der Frucht gekappt; alle übrigen Seitentriebe werden über dem ersten Blatt gekappt oder gänzlich entfernt, um einem Übermaß an Trieben vorzubeugen. Während ihrer Wachstumsphase entwickeln sich Melonen sehr rasch. Man sollte daher die Triebe täglich aufbinden.

Bestäubung

Die weiblichen Blüten müssen von Hand bestäubt werden, weil andernfalls die Frucht klein bleibt. Man bricht

dazu eine männliche Blüte ab, entfernt die sie umgebenden Kronblätter und drückt sie vorsichtig in die Mitte der weiblichen Blüten (diese sind an ihrer Schwellung hinter der Blüte zu erkennen). Die Bestäubung sollte bei Sonnenschein vorgenommen werden; um eine ausgewogene Entwicklung aller Früchte zu gewährleisten, werden jeweils fünf bis sechs Blüten auf einmal bestäubt. Anschließendes Absprühen des Gewächshausbodens mit Wasser erhöht die Luftfeuchtigkeit und begünstigt die Befruchtung. Sobald die Melonen größer werden, müssen sie durch ein an den Spanndrähten oder am Spalier befestigtes Netz abgestützt werden, da die Früchte andernfalls von der Mutterpflanze abbrechen könnten.

Ernten

Man läßt die Früchte so lange an der Pflanze reifen, bis sie kräftig durchgefärbt sind – ein Zeichen dafür, daß sie ihr volles Aroma entfaltet haben. In der Regel kann eine Frucht dann geschnitten werden, wenn um ihren Stengel herum leichte Risse sichtbar werden.

Geeignete Sorten

Zuckermelonen (kleinere Früchte, häufig mit weißem Netzmuster auf der Schale) – ›Ogen‹: grünes Frucht-

Die immer schwerer werdenden Melonen müssen gestützt werden. Hier verhindern Netze das vorzeitige Abbrechen der nicht ausgereiften Früchte. Regelmäßiges Wässern ist entscheidend für das Wachstum der Melonen.

fleisch; ›Romeo‹: kleine, aromatische Frucht; spät reifende gute Ertragspflanze; gedeiht auch in mäßig warmem Sommer; ›Sweetheart‹: gutes Aroma, lachsorangefarbenes Fruchtfleisch. ›Tiger‹: früh reifende Sorte; orangefarbenes Fruchtfleisch.

Casaba (große, eiförmige Früchte mit grüner, fein gefurchter Schale) – ›Blenheim Orange‹: altbewährte, noch immer beliebte Züchtung; orangefarbenes Fruchtfleisch; aromatisch; ›Hero of Lockhinge‹: traditionsreiche Züchtung mit weißem Fruchtfleisch; ›Honeydew‹: Frucht mit vollem Aroma; weißes Fruchtfleisch.

Schädlinge und Krankheiten

Wie bei Gurken (siehe S. 70).

Salat

Die Salatkultur ist eine lohnenswerte Arbeit, die – ganz gleich ob im Frühbeet, im Kalthaus oder im frostfreien Gewächshaus gezogen – den Gärtner für seine Mühe reichlich entschädigt, denn frischer Salat kann den ganzen Winter bis zum Frühjahrsende geerntet werden. Sollte der Platz für eine Anzucht unter Glas im Winter nicht ausreichen, lassen sich die im Februar/März aus Samen gezogenen Setzlinge im Frühling in unbeheizte Frühbeete oder unter Folientunnel auspflanzen und von Frühjahrsende bis Frühsommer ernten.

Säen

Salat wird im November in Töpfe gesät und nach der Keimung in Anzuchtkästen pikiert; sind die Jungpflänzchen etwa 4 cm groß, werden sie in das Gewächshausbeet versetzt. Für die Aussaat von Salat verwendet man heutzutage häufig Torfanzuchttöpfchen oder Torfquelltöpfchen; in jede Vertiefung werden drei Samenkörner gelegt. Nach der Keimung entfernt man jeweils die beiden schwächeren Pflänzchen. Diese Saatmethode erleichtert die Handhabung der empfindlichen jungen Setzlinge und gewährleistet ihr schonendes Auspflanzen mit den Anzuchttöpfchen an ihren endgültigen Standort.

Pflanzen

Die Salatsetzlinge werden im Abstand von 20 × 20 cm direkt in das zuvor gründlich bewässerte Gewächshaus-Erdbeet verpflanzt. Salatpflanzen benötigen viel Licht und im Frühjahr Temperaturen, die nachts bei 6 – 8 °C und tagsüber bei 12 – 15 °C liegen.

Pflege

Sobald die Temperatur gegen Ende des Winters ansteigt, müssen die Pflanzen regelmäßig gegossen werden. Das geschieht am besten morgens oder am frühen Nachmittag, damit überschüssige Feuchtigkeit vor Nachteinbruch verdunsten kann, denn zu viel Feuchtigkeit begünstigt Krankheitserreger. Sobald die Außentemperatur über 7 – 10 °C ansteigt, muß belüftet werden. Wenn die Pflanzen im Frühjahr »auszuziehen« beginnen, empfiehlt es sich, einmal pro Woche einen kaliumkarbonathaltigen Flüssigdünger zuzusetzen.

Ernten

Salatpflanzen, die im November ausgesät wurden, können Ende März geerntet werden. Sie benötigen bei den Witterungsbedingungen des Winters mehr Zeit, sich zu entwickeln, als im März ausgesäter Salat, der bereits im Mai erntereif ist. Sobald sich Köpfe gebildet haben, kann der Salat geschnitten werden. Um die Erntezeit auszudehnen, sollte man die ersten Pflanzen bereits kurz vor der völligen Reife schneiden.

Geeignete Sorten

Kopfsalat ›Maikönig‹: gelblich-grüne, zarte Köpfe; Blattränder etwas rötlich gefärbt. Auch für das unbeheizte Frühbeet geeignet. ›Larissa‹: kräftig-grüner Kopfsalat; resistent gegen Mehltau. ›Novita‹: rasch reifend; krause Blätter; optisch ansprechend und aromatisch.

Eissalat ›Kelly‹: langsam reifend; gute, aromatische Sorte; auch für Folienanbau geeignet.

Feldsalat ›Vit‹: rundblättrige, raschwachsende Feldsalatsorte. Mehltauresistent.

Schädlinge und Krankheiten

Das Hauptproblem sind Blattläuse – sie lassen sich durch Florfliegen (*Chrysopa carnea*) oder räuberische Gallmücken (*Aphidoletes aphidimyza*) eindämmen – und der Falsche Mehltau bei Kopfsalat (siehe S. 57).

KULTURKALENDER		
Kalthaus (7 °C)		
Säen	*Verpflanzen*	*Ernten*
September/Oktober	Oktober/November	Dezember/Januar
Oktober/November	November/Dezember	Februar/März
November/Dezember	Dezember/Januar	März/April
Dezember/Januar	Januar/Februar	April/Mai
Überwinterungshaus		
Säen	*Verpflanzen*	*Ernten*
September/Oktober/November	Dezember/Januar/Februar	März/April/Mai
Oktober/November	Januar/Februar/März	April/Mai
Oktober/November/Dezember	Februar/März	April/Mai/Juni
Frühbeet		
Säen	*Verpflanzen*	*Ernten*
Januar/Februar	Februar/März	April/Mai/Juni
Februar/März	März/April	Mai/Juni

Anhand dieser Tabelle, in der die Saat-, Pflanz- und Erntezeiten von Salat aufgeführt sind, wird deutlich, wie gut sich diese Kultur – unter Glas gezogen – der jeweiligen Jahreszeit anpaßt.

Auberginen (Eierfrucht)

Auberginen sät man im Spätwinter nach den für Salat empfohlenen Methoden (siehe S. 72). Bis zum Keimen benötigen sie eine Temperatur von 20–25 °C und danach 15–18 °C. Die Sämlinge werden in Anzuchterde auf Ton/Torfbasis oder in ein gleichwertiges erdeloses Substrat eingesetzt und von einem kleinen Topf in den nächstgrößeren so lange verpflanzt, bis eine Topfgröße von 23 cm erreicht ist.

Anschließende Pflege und Ausrichtung

Man stützt jede Pflanze mit einem Stab und entspitzt den Vegetationspunkt, sobald die Staude 30 cm hoch ist. Absprühen der Pflanze an warmen Tagen fördert den Fruchtansatz. Sobald sich fünf Früchte pro Pflanze gebildet haben, werden sämtliche Seitentriebe und die restlichen Blüten entfernt. Die Pflanzen sind auf regelmäßiges Bewässern und – sobald die Früchte anzuschwellen beginnen – auf einen dem Gießwasser zugesetzten organischen Mischdünger angewiesen.

Ernten

Haben die Früchte schließlich ihre volle Größe erreicht, schneidet man sie, solange sie noch glänzen. Ältere, matte Früchte sind häufig überreif und schmecken unangenehm bitter.

Geeignete Sorten

›Black Beauty‹: große, dunkle Frucht; schnellwüchsig und frühreifend.
Negro F_1: dunkelviolette Sorte mit großen, glänzenden Früchten. Auch für Folienanbau geeignet.

Schädlinge und Krankheiten

Die Spinnmilbe kann bei der Anzucht Schwierigkeiten bereiten, läßt sich jedoch durch Absprühen der Pflanze an warmen Tagen in Schach halten. Gegen gelegentlich auftretende Blattläuse und die Weiße Fliege geht man wie auf Seite 57 beschrieben vor.

Paprika

Sowohl für milden Gemüsepaprika als auch für Gewürzpaprika gelten die für Auberginen beschriebenen Anzuchtmethoden. Die Farbpalette der im Handel erhältlichen Gemüsepaprikasorten reicht von den üblichen grünen und roten bis hin zu gelben, orangefarbenen und bläulich-roten Früchten. Die großen, bis zu 1,5 m hohen Gewürzpaprikapflanzen müssen mit Bast

an Stöcken befestigt werden; die größten Zuchtsorten mit entsprechend schwereren Früchten sollten aufgebunden werden, damit ihre Triebe nicht zu einem wirren Knäuel verwachsen. Fallen die Erträge besonders reichlich aus, kann man einige Früchte, auf eine Schnur aufgefädelt, zum Trocknen in die Küche hängen.

Geeignete Sorten

Gemüsepaprika ›Superset F_1‹: rasch wachsende Sorte mit zarten, dickfleischigen, zuerst grünen Früchten, die bei Vollreife rot geflammt sind. ›Sweet Banana‹: milde, schlanke Früchte, die bei Vollreife eine kräftig rote Farbe bekommen. ›Merit‹: rote, dickfleischige Früchte; auch für Frühbeet und Folienanbau geeignet. ›Mauras‹: dekorative, wohlschmeckende violettrote Früchte; auch für Frühbeet und Folienanbau geeignet.
Gewürzpaprika ›Cayenne long slim‹: volle, rote Farbe und sehr scharf.

Schädlinge und Krankheiten

Gemüse- und Gewürzpaprika leiden gelegentlich unter der Weißen Fliege, Spinnmilben und Blattläusen. Maßnahmen zur Bekämpfung siehe S. 57. Unsachgemäßes Wässern kann Blütenendfäule verursachen (siehe S. 68).

Gemüsepaprika ist eine köstliche Ergänzung zu selbstgezogenem Sommersalat. Man kann die Schoten ausreifen lassen, bis sie sich rot färben, oder – zugunsten einer ergiebigeren Fruchtentwicklung – bereits in grünem Zustand ernten.

Okra

Die Okra, auch Eßbarer Eibisch, Bamia, Gumbo oder Ladyfinger genannt, ist eines der ältesten Gemüse. Man erntet die Früchte unreif, solange sie noch grün, zart und saftig sind. Ausgereifte Früchte verlieren Farbe, Geschmack und auch Vitamine.

Okrasamen weicht man vor der Aussaat 24 Stunden in Wasser ein. Danach gelten ähnliche Kulturmaßnahmen wie für Auberginen, abgesehen davon, daß die Okra keiner Stütze bedarf. Voraussetzung für das Gedeihen der Okra sind Wärme und, zur Reduzierung der Feuchtigkeit, ausreichende Belüftung tagsüber. Die von Frühsommer bis Herbstbeginn erntereifen Schoten werden dreimal wöchentlich abgeschnitten, um zu verhindern, daß sie zu groß und zäh werden.

Geeignete Sorten

›Sonnenliebe‹: fünfkantige, fingerlange, schlanke Schoten mit aromatischem Geschmack.

Schädlinge und Krankheiten

Okra sind anfällig für Blattläuse, Weiße Fliege und Spinnmilbe (siehe S. 57).

Treiben von Gemüse

Rhabarber, Meerkohl, Chicorée und Kräuter wie Petersilie, Minze und Schnittlauch lassen sich im Warmhaus treiben und von Mitte Januar bis März/April ernten. Im Herbst von älteren Rhabarberpflanzen im Garten abgestochene Wurzelstücke (Klumpen) sollten ein paar Wochen lang auf der Erde liegenbleiben, damit durch den Frost die Keimruhe gebrochen wird. Danach können die Klumpen eingetopft oder in Anzuchtkästen in feuchten Torf gesetzt und unter das Tischbeet im Gewächshaus dunkel gestellt werden. Bei gleichbleibender Temperatur von 18–20 °C kann man nach vier bis sechs Wochen mit köstlichem, erntereifem Rhabarber rechnen.

Meerkohlwurzeln werden im Spätherbst im Garten abgestochen in 15-cm-Töpfe eingepflanzt und wie Rhabarber im Dunkeln unter dem Gewächshaustisch getrieben. Man treibt von Spätherbst bis Winter alle paar Wochen jeweils einige Topfpflanzen auf einmal, damit man den ganzen Winter mit saftigen, weißen Trieben versorgt ist. Sobald die Sprossen 15–20 cm lang sind, werden sie in Bodenhöhe abgeschnitten.

Chicoréewurzeln, die über 30 cm lang sind, werden vom Spätherbst an im Gemüsegarten abgestochen, nach Entfernen der Blätter in große, mit gut verrottetem Kompost gefüllte Töpfe oder hochwandige Holzkisten eingesetzt und dann im Dunkeln bei einer Temperatur von über 15 °C getrieben. Sobald die weißen Sprossen 15–30 cm lang sind, kann man sie ernten, indem man sie in Bodenhöhe abschneidet.

Minze- und Schnittlauchpflanzen werden in der Ruhezeit ausgegraben, zum Treiben in Töpfe gesetzt und im Glashaus bei einer Temperatur von über 10 °C gezogen. Petersilie wird von Hochsommer bis Spätsommer ausgesät; in Töpfen im Gewächshaus gezogen, kann sie im Winter als Küchenkraut verwendet werden.

Diese Aufstellung der wichtigsten Aussaat-, Pflanz- und Erntezeiten dient als Orientierungshilfe bei der Raumplanung in Ihrem Gewächshaus.

PLANUNGSTABELLE												
	Dezember/ Januar	Januar/ Februar	Februar/ März	März/ April	April/ Mai	Mai/ Juni	Juni/ Juli	Juli/ August	August/ September	September/ Oktober	Oktober/ November	November/ Dezember
TOMATEN		SÄEN	AUSPFLANZEN				ERNTEN					
			SÄEN		AUSPFLANZEN			ERNTEN				
GURKEN				SÄEN		AUSPFLANZEN		ERNTEN				
MELONEN		SÄEN										
		AUSPFLANZEN										
		ERNTEN										
SALAT (BEHEIZT)										SÄEN		
											AUSPFLANZEN	
	ERNTEN											
SALAT (KALT)										SÄEN		
		AUSPFLANZEN		ERNTEN								
AUBERGINEN/PAPRIKA			SÄEN		AUSPFLANZEN			ERNTEN				
OKRA			SÄEN		AUSPFLANZEN		ERNTEN					

Trauben

Obwohl Weintrauben in klimatisch günstigen Regionen im Freien gut gedeihen, ist nach einem unbeständigen Sommer eine zuverlässige Jahresernte hochwertiger Trauben nicht gewährleistet, denn die Pflanzen stellen hohe Ansprüche an Temperatur und Licht. Unter Glas gezogene Weinstöcke treiben früher aus als im Freiland wachsende und haben somit den Vorteil einer längeren Vegetationsperiode. Weinstöcke lassen sich auch – besonders bei beengten Platzverhältnissen im Treibhaus – zusammen mit einer Reihe anderer Obstsorten in Töpfen kultivieren (siehe S. 79).

Das Gewächshaus vorbereiten

Man bereitet eine mindestens 1,5 m breite, sich über die ganze Länge des Gewächshauses erstreckende Rabatte vor, die bis zu einer Tiefe von etwa 80 cm gelockert wird. Aus Platzgründen kann die für den Anbau von Wein vorgesehene Rabatte auch außerhalb des Gewächshauses angelegt werden (siehe unten). Die Erwärmung und das Wässern des Bodens lassen sich allerdings innerhalb des Glashauses besser vornehmen und kontrollieren. Voraussetzung für die Kultur von Wein ist ein gut drainierter Boden. Bei zu feuchtem Boden wird man nicht umhin können, in den unteren Bereich der Rabatte überschüssiges Wasser ableitende Drainagerohre einzubauen. Mageren Boden entfernt man bis zu einer Tiefe von 30 – 50 cm und ersetzt ihn durch Erde auf Ton/Torfbasis, der man Kalk und organischen Dünger beimischt. Es sollten gute Belüftungsmöglichkeiten und eine regulierbare Heizung vorhanden sein.

Einpflanzen

Im Gartencenter gekaufte, in der Regel zwei bis drei Jahre alte Weinstöcke sollten während der Ruheperiode zwischen Herbst und Winter gesetzt werden. Man hält einen Pflanzabstand von ungefähr 1,2 m ein und achtet darauf, daß die Wurzeln im Pflanzloch gut gespreizt sind. Anschließend wird das Loch so mit Erde aufgefüllt, daß der Wurzelballen etwa 15 cm unter der Erdoberfläche liegt. Dann tritt man die Erde fest. Im ersten Jahr ist es besonders wichtig, die Weinstöcke ausreichend zu Wässern. Wenn Sie die Weinreben in die Rabatte außerhalb des Gewächshauses einpflanzen wollen, graben Sie in Höhe des Fundaments ein Loch von etwa 15 cm Durchmesser, durch das sich der Stamm in das Gewächshaus führen läßt. (Darauf achten, daß das Loch auch für den voll ausgewachsenen Stamm groß genug sein muß!) Durch sorgfältiges Ausfüllen des Lochs mit Hanf läßt sich verhindern, daß kalte Luft in das Treibhaus eindringt.

Erziehung

Unmittelbar nach dem Pflanzen schneidet man den jungen Rebstock bis auf zwei Augen über Bodenniveau zurück; diese wachstumsfördernde Maßnahme ist Voraussetzung für die Bildung von Jungtrieben. Als Haupttrieb läßt man bei Rebstöcken lediglich einen kräftigen Leitstamm stehen, der bis hinauf zum Gewächshausfirst gezogen wird. Unter Einhaltung von mindestens 25 cm Abstand zur Glaswand spannt man entlang der Seitenwand horizontale Drähte im Abstand von 20 – 25 cm. Um Drähte in Gewächshäusern anzubringen, deren tragende Konstruktion aus Holz besteht, bohrt man in die Holzstreben Ringschrauben, die den Draht halten; in Gewächshäusern mit Aluprofilen müssen die Halterungen mit Metallbolzen an den Streben befestigt werden; bei Stahlkonstruktionen lassen sich Ringschrauben an mit Riegeln befestigte Holzleisten schrauben.

Den Haupttrieb bindet man vertikal ausgerichtet an den horizontalen Drähten fest, alle Seitentriebe im rechten Winkel zum Haupttrieb. Man wählt kräftige Nebentriebe, so daß man alle 40 cm einen Trieb auf jeder Seite des Leitstamms beläßt und horizontal ausrichtet. Sämtliche anderen Triebe werden oberhalb des ersten Blattes entspitzt. Die Jungtriebe brechen leicht, und Sie sollten daher ihr Wachstum beobachten und die Triebe immer wieder mit Bast an die Drähte binden. Bei älteren Weinstöcken wird jeder gezogene Trieb oberhalb von zwei Blättern über dem Blütenstand gekappt. Nebentriebe ohne Blüten und Rankstiele müssen über dem fünften Blatt, alle weiteren Triebe über dem ersten Blatt abgezwickt werden (siehe S. 76).

Ein köstliches Aroma und zuckersüße Beeren gewinnt man durch büschelweises Abschneiden der Trauben zwei Wochen nachdem sie ihre endgültige Farbe erlangt haben.

Bestäubung

Die Bestäubung erfolgt im Frühjahr. Durch Betupfen der Blüten läßt sich die Verstäubung des Pollens unterstützen. Das geschieht am besten in der Mittagszeit; danach wird das Gewächshaus (nicht aber die Blüten) abgesprüht und die Ventilation für die Dauer einer Stunde so niedrig wie möglich eingestellt, um die für die Befruchtung wichtige hohe Luftfeuchtigkeit zu halten.

Ausdünnen der Trauben

Zwei bis drei Wochen nach der Befruchtung sind die Fruchtansätze erbsengroß und müssen ausgedünnt werden, um zu verhüten, daß allzu dicht besetzte Trauben heranwachsen, deren Beeren aufplatzen. Zur Vermeidung von Druckstellen und Flecken auf den Trauben, die am Weinstock ausreifen sollen, benutzt man am besten eine Schere mit langen Griffen und ein kleines gegabeltes Stöckchen, mit dessen Hilfe sich die Beeren beim Schneiden auseinanderhalten lassen. Nach dem Ausdünnen sollten die Lücken zwischen den einzelnen Beeren etwa bleistiftdick sein.

Schneiden

Nachdem die Blätter im Spätherbst abgefallen sind, kann der Winterschnitt erfolgen. Vom Haupttrieb ausgehend schneidet man die Seitentriebe auf ein bis zwei Augen zurück. So entstehen Kurztriebe. An jungen Weinstöcken wird der Haupttrieb jedes Jahr um zwei Drittel des jährlichen Wachstums gekürzt, bis die Rebe das Dach des Gewächshauses erreicht hat. Dadurch werden die Seitentriebe zum Wachsen angeregt. Erfolgt

der Winterschnitt zu spät, bluten die Reben, das heißt, aus den Schnittflächen tritt reichlich Saft aus; dies mag Anlaß zur Sorge geben, der Saftfluß geht jedoch zurück und versiegt schließlich, sobald sich die Triebe im Frühjahr hinreichend entwickelt haben, um den Saftfluß wieder bewältigen zu können. Nach dem Schnitt sollte man die lose Rinde des Leittriebs abschälen – ohne dabei Knospen an den seitlichen Kurztrieben zu verletzen –, um überwinternde Krankheitserreger dem Luftzug auszusetzen. Weinstöcke sollten jeden Winter mit Kompost gemulcht und mit einer die Feuchtigkeit haltenden Schicht Stroh abgedeckt werden.

Kulturmaßnahmen

Das Gewächshaus sollte vom Spätherbst bis zum frühen Winter kalt gehalten und die Ventilation hochtourig gefahren werden, damit die für die Ruhephase des Weinstocks förderliche Bedingungen gegeben sind. Für frühreifende, ab Spätsommer zu erntende Kulturen darf die Temperatur unter Glas von Februar/März bis April auf 16 °C ansteigen. Zu Frühlingsbeginn sollten die Reben losgebunden und lediglich von einer langen, zur Schlinge gebundenen und an den Drähten befestigten Schnur gehalten werden, so daß sie waagrecht liegen. Diese Maßnahme fördert die Bildung neuer Triebe, und zwar nicht nur an der Spitze, sondern gleichmäßig über die ganze Länge des Leitstamms verteilt. Sobald sich neue Triebe entwickelt haben, wird der Leitstamm wieder an den Stützdrähten aufgebunden. Um bis zur Blütenbildung eine feuchtwarme Atmosphäre zu schaffen, werden Gewächshausboden und Weinstöcke – am besten dreimal täglich – mit Wasser besprüht. Die Rabatte sollte regelmäßig gegossen werden.

Erziehung und Schnitt des Weinstocks

● Zur Förderung des Wachstums schneidet man den Weinstock auf zwei Knospen zurück (1).
● Die Seitentriebe zwei Blätter über einer Blütenknospe entspitzen oder – falls keine vorhanden – über dem fünften Blatt kappen (2). ● Seitentriebe nach Abwerfen des Laubs auf zwei Knospen zurückschneiden (3).

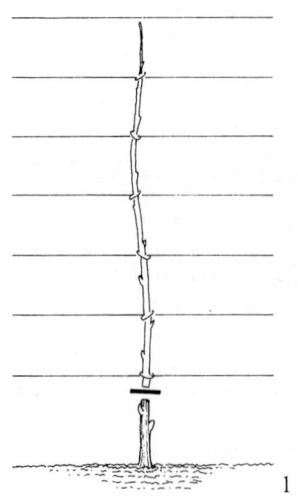

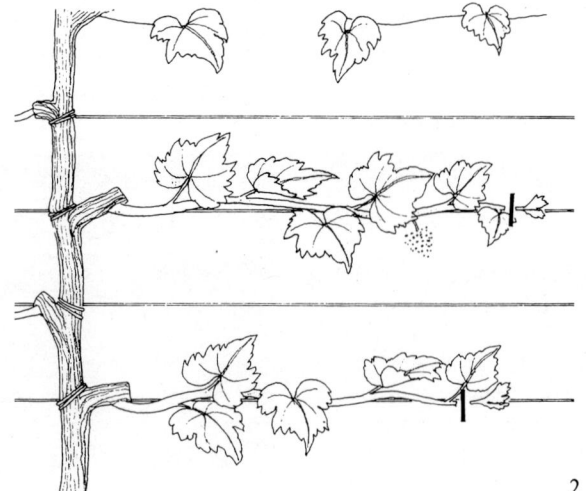

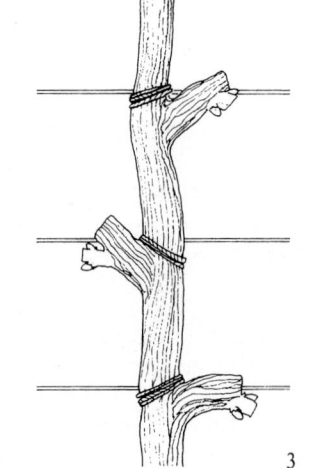

1

2

3

Ernte

Ob die Trauben bereits im Spätsommer oder erst zu Beginn des Winters geerntet werden, hängt jeweils von der Sorte und der Kulturführung ab. Die Trauben sollten mit einer Gartenschere von den Seitentrieben abgeschnitten werden.

Geeignete Sorten

Blaue Trauben ›Black Alicante‹: großbeerig; im Spätherbst erntereif; ›Blauer Spätburgunder‹: sehr ertragreiche Weinrebe; Tafeltrauben mit dichtgedrängten Früchten; ›Regent‹: eine blaue Rebsorte, die gegen echten und falschen Mehltau widerstandsfähig ist; ›Dornfelder‹: aromatische Tafeltraube; ›Hamburger Muskat‹: aromatisch, reif im Oktober/November.
Helle Trauben ›Gutedel‹: kräftig wachsende Rebe mit weißgelben Beeren; ›Ortega‹: aromatische Tafeltraube; ›Phoenix‹: Rebe ist resistent gegen Falschen und Echten Mehltau, liefert gehaltvolle, würzige Beeren; ›Bouvier‹: runde, grünweiße Beeren mit kräftigem, süßem Geschmack und feinem Muskataroma; ›Regina‹: ovale, goldgelbe, saftige Beeren, süß mit einem feinen Muskataroma.

Schädlinge und Krankheiten

Schmierläuse und Spinnmilben (siehe S. 57) hält man am besten durch Bestreichen der Triebe während der Ruhephase mit einem entsprechenden Insektizid – empfindliche Knospen aussparen – unter Kontrolle. Echter Mehltau (siehe S. 57) entsteht häufig durch unzulängliche Ventilation und mangelnde Feuchtigkeit im Wurzelbereich des Weinstocks. Sobald die Früchte reif sind, sollte man mit Hilfe von über die Ventilatoren gespannten Netzen verhindern, daß Vögel in das Gewächshaus fliegen. Auch gegen Nagetiere sind in dieser Zeit Schutzmaßnahmen zu treffen.

In Töpfen gezogenes Obst

Die Anzucht von sachgemäß herangezogenen Obstbäumen unter Glas mag eine reizvolle Aufgabe sein, sie erfordert aber Zeit und Platz, die für die Aufzucht anderer Pflanzen fehlen. Wer auf engstem Raum ein möglichst breites Spektrum verschiedener Obstarten kultivieren möchte, zieht seine Gewächse in Töpfen oder Kübeln heran, die den Sommer über in den Garten oder auf die Terrasse gestellt werden können.

Die meisten in Töpfen gezogenen Obstgehölze sind aufgrund ihres eingeschränkten Wurzelwachstums im Sommer auf regelmäßiges Gießen – mindestens einmal täglich – angewiesen. Ab Frühjahr wird alle zwei Wochen, im Sommer wöchentlich, ein kaliumkarbonathaltiger Dünger zugesetzt. Obstgehölze werden am besten in tonhaltige Erde eingetopft; dadurch erhalten die Gefäße mehr Stabilität, und für die eingewurzelten Obstbäumchen ist eine konstantere Nährstoffversorgung gewährleistet. Die Pflanzen gedeihen in Gefäßen aus Ton oder Plastik ebenso gut wie in hölzernen Kübeln; in Tontöpfe gepflanzte Bäume müssen im Sommer allerdings häufiger gegossen werden, und Plastiktöpfe haben den Nachteil, im Freien leichter vom Wind umgeweht zu werden. Die zum Einpflanzen von Bäumen geeigneten Behälter können je nach Größe der Originalpflanze und dem verfügbaren Platz von 23-cm-Töpfen bis 38-cm-Töpfen variieren. Man verpflanzt die Bäume jedes Jahr in den nächst größeren Topf, bis der größte Topf erreicht ist. Von da an wird jährlich eine Kopfdüngung aufgebracht, und alle zwei Jahre im Februar ist ein Verjüngungsschnitt fällig (siehe S. 49). Jeder Baum erhält als Stütze einen kräftigen Stab.

Nur durch sachgemäßes Erziehen und Auslichten der Triebe läßt sich die Anzahl der Trauben am Weinstock beschränken. Übermäßiges Laubwachstum reduziert den Lichteinfall, verhindert eine ausreichende Luftzirkulation und verstärkt die Anfälligkeit der Früchte für Echten Mehltau.

Bedingt winterharte Obstbäume sollten im Herbst und zu Anfang des Winters im Freien belassen werden, damit durch die Kälteeinwirkung der Keimprozeß angeregt wird. Das führt zu einer raschen Entwicklung der Knospen, sobald die Pflanzen gegen Winterende in das schützende Gewächshaus genommen werden. Die Wurzelballen von in Töpfen gezogenen Obstbäumchen müssen sorgfältig vor Frost geschützt werden, da bei Topfpflanzen die Wurzeln stärker der Kälte ausgesetzt sind als bei Beetpflanzen. Am besten gräbt man die Töpfe im Herbst, ehe der Frost einsetzt, bis zum Rand in den Gartenboden ein.

Prinzipiell können alle Obstarten in Töpfen gezogen werden, vorausgesetzt, sie finden Gefäße von entsprechender Größe. Bedenken Sie jedoch, daß große Pflanzen in Tontöpfen mit Erd-Kompost-Gemisch sehr schwer sind und ihr Transport mühevoll ist.

Pfirsiche und Nektarinen

Die neuen Zwergzüchtungen von Pfirsichen und Nektarinen, die bis zu zwölf Früchten pro Pflanze erbringen können, gedeihen gut in Töpfen. Die erforderlichen Schnittmaßnahmen sind minimal und beschränken sich auf das Ausschneiden von totem, erkranktem oder geschädigtem Holz im Anschluß an die Ernte.

Ebenso wie Weintrauben müssen Pfisiche und Nektarinen, nachdem sie ihre Blätter im Herbst abgeworfen haben, kühl überwintern (bei + 5 bis + 8 °C). Gegen Ende des Winters regt man den Neuaustrieb an, indem man die Temperatur unter Glas auf 10 °C erhöht. Damit das Gewächshaus nicht übermäßig warm wird, muß gut belüftet werden; erst nach dem Fruchtansatz wird die Raumtemperatur auf 18 – 21 °C erhöht. Bis zur Blüte sollten der Gewächshausboden befeuchtet und die Pflanzen abgesprüht werden, um ein gesundes Wachstum anzuregen.

Bestäubung Zu Beginn der Vegetationsperiode kommen die Blüten zum Vorschein. Um der Bestäubung etwas nachzuhelfen, klopft man leicht auf die Zweige und betupft die entfalteten Blüten mit einem Wattebausch, um auf diese Weise die Pollen von Blüte zu Blüte zu übertragen.

Ausdünnen der Frucht Sobald die Früchte so groß wie Kastanien sind, sollten sie so ausgedünnt werden, daß zwischen den einzelnen Früchten Abstände von etwa 20 cm entstehen. Ausdünnen dürfte nach dem natürlichen Fruchtfall erforderlich sein, um die Anzahl der Pfirsiche oder Nektarinen an einem überladenen Baum zu reduzieren. Wichtig dabei ist, daß der Schnitt mit einer Gartenschere sauber ausgeführt wird, um das Holz nicht zu verletzen.

Ernte Es empfiehlt sich, schattenwerfende Blätter zu entfernen, um den Reifungsprozeß der Früchte zu unterstützen. Die Früchte sind reif, wenn sie voll ausgewachsen sind und sich leicht von der Pflanze lösen lassen.

Geeignete Sorten

Pfirsiche – ›Bonanza‹: Mittelgroße Frucht; gelbe, pinkfarben überlaufene Haut; saftig, gelbfleischig; als 90 cm hohe Niederstämme im Handel erhältlich.
Nektarinen – ›Nectarella‹: Mittelgroße Frucht; grün-gelb pinkfarben geflammte Haut; gelbfleischig; als 90 cm hohe Niederstämme im Handel erhältlich.

Schädlinge und Krankheiten

Schädlinge und Krankheiten, gegen welche die übrigen im Gewächshaus gezogenen Pflanzen anfällig sind, können auch Pfirsiche und Nektarinen befallen; hinzu kommen die im folgenden beschriebenen:
Bakterienbrand: Tritt als narbiges Holz in Erscheinung und kann einen ganzen Trieb überziehen und schließlich zugrunde richten.
Eindämmende Maßnahmen: Infizierte Teile ausschneiden und den Baum mit Kupferoxychlorid besprühen.
Kräuselkrankheit bei Pfirsichen: Äußert sich in großen, roten, sich allmählich weiß verfärbenden Blasen an den Blättern am jungen Holz im Frühjahr. Diese bei Freilandpfirsichen häufig vorkommende Krankheit tritt im Treibhaus selten auf.
Eindämmende Maßnahmen: Mit bienenungiftigem Dichlofluanid behandeln.
Mosaikkrankheit: Die Blätter sind hellgrün bis gelb gefleckt, es zeigen sich auch helle Linien.
Eindämmende Maßnahmen: Nur virusgetestete Bäumchen kaufen; sämtliche Ansteckungsquellen ausschalten; Virusüberträger (Blattläuse, Thripse) bekämpfen.

Feigen

Feigen werden zweimal im Jahr – das erste Mal im Juni/Juli, dann ein zweites Mal im September – geerntet. Im Herbst entfernt man das ältere Holz, lichtet alle schwachen Triebe aus und läßt die stärksten Jungtriebe in voller Länge stehen. Sie können im Spätwinter durch Erhöhen der Temperatur auf 13 – 18 °C und tägliches Besprühen der Pflanze mit Wasser (zur Gewährleistung gleichbleibender Feuchtigkeit) getrieben werden. Aufgrund der erhöhten Temperatur kann sich die erste Ernte rasch entwickeln und ist nach drei Monaten reif. Die den Sommer über ausgetriebenen Seitenzweige schneidet man bis auf fünf Blätter zurück und entfernt alle überschüssigen Triebe. Der Feigenbaum bringt die Früchte für die zweite Ernte an denselben Trieben hervor wie für die erste.

Reben-Hochstämmchen in Töpfen – besonders hübsch mit Fruchtbehang – eignen sich vorzüglich für das kleine, räumlich beschränkte Gewächshaus; als Stütze genügt ein kräftiger Stock.

Geeignete Sorten

›Bourjasotte Grise‹: Wuchsfreudige Ertragspflanze; rundliche Früchte; aromatisch; ›Figue d'Or‹: Süße Früchte mit goldener Haut; gute Qualität; ›Negro Largo‹: große, gerippte Früchte mit schwarzer Haut; ›Saint Johns‹: Blaßgrüne, birnenförmige Früchte mit hellgrüner Haut; saftig, köstliches Aroma.

Schädlinge und Krankheiten

Feigen sind in der Regel recht robust, die Jungtriebe werden jedoch hin und wieder von Schmierläusen, Spinnmilben und Blattläusen befallen (siehe S. 57).

Trauben

Um einen jungen Rebenhochstamm im Topf zu ziehen, läßt man einen Trieb bis zu einer Höhe von etwa 1,2 m heranwachsen und entspitzt alle Seitentriebe bis auf die obersten drei; diese kürzt man nach dem Laubfall im Herbst bis auf zwei Augen ein. Drei bis fünf Jungtriebe läßt man stehen, damit sie sich im Frühjahr entwickeln können, und kappt sie oberhalb des zweiten Blattes über dem Blütenansatz. Nichtblühende Triebe werden über dem fünften, alle weiteren Triebe über dem ersten Blatt entspitzt. Die Pflegemaßnahmen wie Gießen, Besprühen, Bestäuben und Auslichten entsprechen denen der im Erdbeet des Gewächshauses gezogenen Weintrauben (siehe S. 76). Eine Auswahl geeigneter Sorten und Informationen über Schädlinge und Krankheiten sind auf Seite 77 beschrieben.

Aprikosen

Aprikosen lassen sich als Pyramide oder Busch erziehen. Die Frucht entwickelt sich an im vorangegangenen Sommer gebildeten Trieben und an Kurztrieben aus älterem Holz. Durch den Sommerschnitt der Seitentriebe über dem sechsten Blatt läßt sich das Wachstum von Kurztrieben fördern. Diese Kurztriebe werden nach dem Tragen auf drei Blätter zurückgeschnitten. Beim Kauf eines speziell für die Topfkultur geeigneten Aprikosenbäumchens sollte man ein Stämmchen wählen, das auf ›St Julien A‹, eine mittelstark wachsende Unterlage, gepfropft ist, da sich diese Bäumchen sehr gut in Töpfen entwickeln.

Geeignete Sorten

›Alfred‹: Pinkfarben überlaufene Früchte; erntereif von Hoch-/bis Spätsommer; ›Moor Park‹: Große, rotfleischige Früchte; im Spätsommer erntereif.

Schädlinge und Krankheiten

Wie bei Pfirsichen und Nektarinen (siehe S. 78).

Erdbeeren

Junge, aus im vorangegangenen Sommer gebildeten Ausläufern gezogene Erdbeerpflanzen werden in 9-cm-Töpfe gesetzt und bis Januar/Februar in ein nicht abgedecktes Frühbeet eingesenkt. Danach verpflanzt man sie in 13-cm-Töpfe, gefüllt mit komposthaltigem Erd-/Torf-Gemisch, oder setzt sie in einen traditionellen Erdbeertopf (bauchiger Behälter mit Seitenöffnungen). Die Pflanzen sollten während der ersten paar Wochen im Kalthaus untergebracht und danach durch Erhöhen der Temperatur auf bis zu 10 °C getrieben werden. Regelmäßiges Wässern und Düngen begünstigen ein rasches, gesundes Wachstum. Die ersten Blüten zeigen sich gegen Ende März und müssen, sobald sie sich entfaltet haben, von Hand bestäubt werden. Ab Mai/Juni kann mit den Früchten gerechnet werden.

Geeignete Sorten

›Senga Sengana‹: süße, aromatische, dunkelrote Früchte; ›Senga Dulcita‹: reift etwas später als ›Senga Sengana‹, vorzügliches Aroma; ›Hummi Gento‹: kräftigrote, kegelförmige Früchte mit aromatischem Geschmack.

Schädlinge und Krankheiten

Erdbeeren leiden gelegentlich unter Blattläusen und Echtem Mehltau (siehe S. 57).

Die Pfirsich-Zwergsorte ›Bonanza‹ wirkt als Hochstämmchen im Topf gezogen besonders hübsch. Im Frühling entfalten die Blüten ihre Pracht, im Sommer reifen köstliche Früchte.

DAS DEKORATIVE GEWÄCHSHAUS

Das dekorative Gewächshaus dient der Anzucht von Zierpflanzen, die den Wohn- und Eingangsbereich, den Wintergarten oder einen bestimmten Bereich des Gewächshauses schmücken. Es kann aber auch die Träume des Gärtners verwirklichen und zu einem tropischen Regenwald, einer Wüste mit Kakteen oder selbst im tiefsten Winter zu einem blühenden Frühlingsgarten werden, wenn der Garten draußen unter einer dicken Schneedecke ruht.

Ein fröhliches Sommerbild: Zusammen mit in Töpfen wachsender Drehfrucht *(Streptocarpus)*, Fuchsien, Pelargonien und der in Trauben herabhängenden Glockenblume *(Campanula isophylla)* entfaltet die üppig rankende, an Drähten bis unters Dach gezogene Passionsblume *(Passiflora x caerulea-racemosa)* eine bunte Fülle von Blüten und Blättern auf dem erhöhten Kiesbeet.

Erste Überlegungen

Gärtnern unter Glas heißt immer auch Gärtnern auf engstem Raum – das wird im dekorativ ausgerichteten Gewächshaus besonders augenfällig, da die Pflanzen in demselben Bereich sowohl angezüchtet als auch präsentiert werden. Deshalb lösen viele Gewächshausbesitzer die Platzfrage, indem sie Anzucht und Ausstellung der Pflanzen in getrennten Bereichen vornehmen. Die ideale Kombination wäre ein ganz einfaches Treibhaus ausschließlich für die Aufzucht von Gewächsen und ein an das Haus angrenzendes Anlehngewächshaus, in dem sich Blüten- und Blattpflanzen vorteilhaft präsentieren lassen. Eine Veranda ist ebenfalls geeignet, in Blüte stehende Pflanzen aus dem Gewächshaus dekorativ zur Geltung zu bringen.

Viele Hobbygärtner beginnen zunächst mit einem gängigen Sortiment von Gewächshauspflanzen, lassen sich mit der Zeit aber von einer speziellen Gruppe wie Begonien, Orchideen, Kakteen, Zwiebelpflanzen oder gar fleischfressenden Gewächsen faszinieren. Das Sammeln bestimmter Pflanzengruppen kann zu einer Leidenschaft werden, und das Ergebnis ist häufig ein von Pflanzen geradezu überquellendes Gewächshaus. Es gibt keine größere Genugtuung als einer neuen Pflanze habhaft zu werden – ganz gleich, ob es sich um eine Wild- oder eine Zuchtpflanze handelt –, und, nachdem man sich bei anderen Gärtnern und in Nachschlagewerken bereits über ihre Ansprüche kundig gemacht hat, schließlich selbst herauszufinden, wie sie am besten gedeiht. In der Regel wird ein Gewächshaus gebaut, bevor das Interesse für eine ganz spezielle Pflanzengruppe erwacht, und in diesem Fall ist es weitaus befriedigender, sich auf Pflanzen zu konzentrieren, die im bereits vorhandenen Gewächshaus herangezogen werden können, als sich mit Gewächsen abzuplagen, die auf ganz andere Wachstumsbedingungen angewiesen sind.

Die veränderlichen Größen innerhalb des Gewächshauses sind zunächst Licht und Wärme – ein auf offenem Gelände stehendes Pflanzenhaus ist den ganzen Tag über der Sonne ausgesetzt und erwärmt sich rasch, während ein im Schatten befindliches Gewächshaus höchstens im Sommer frühmorgens oder spätnachmittags direkte Sonneneinstrahlung erhält. Daher erwärmt es sich erfahrungsgemäß nur langsam und ist ausschließlich für schattenliebende Pflanzen, die in der Natur in Wäldern wachsen, geeignet. Lichtintensität und -dauer lassen sich durch Schattierung oder künstliche Beleuchtung variieren. Ebenso läßt sich die Temperatur entweder durch Schattieren oder durch Belüften absenken. Im Winter und nachts ist ein Gewächshaus beheizbar, und so kann seine Temperatur über der Außentemperatur liegen. Im Sommer hingegen ist es oft schwierig, das Gewächshaus so kühl zu halten, wie es für die Mehrzahl der Pflanzen förderlich wäre.

Ein weiterer wichtiger Faktor ist die Feuchtigkeit. Pflanzen aus Waldgebieten sowohl kühler, gemäßigter als auch tropischer Breiten benötigen eine hohe Luftfeuchtigkeit, da ihre Blätter häufig groß sind und leicht austrocknen. Pflanzen, die in der Natur auf offenem Gelände wachsen, insbesondere auf kargem Wüstenboden oder in Steppengebieten, haben sich ihrem Standort angepaßt und gedeihen bei geringer Feuchtigkeit, extremer Helligkeit und guter Luftzirkulation. Diese Bedingungen sind erfüllt, wenn das Gewächshaus der vollen Sonne ausgesetzt und gut belüftet ist.

Ist das Gewächshaus ausschließlich für die Anzucht von Pflanzen bestimmt, so ist es relativ einfach, die passenden Gewächse zu finden; schwieriger wird es, wenn es auch als Wintergarten mit Sitzgruppe verwendet werden soll. In diesem Fall muß es behagliche Wärme von etwa 22 °C und eine möglichst geringe Luftfeuchtigkeit haben, da sonst die empfindliche Möblierung Schaden nehmen könnte. Im Sommer muß das Gewächshaus gut belüftet und schattiert werden, damit es in seinem Innern nicht unerträglich heiß und feucht wird.

Die folgenden Pflanzen eignen sich für jeweils unterschiedliche Gewächshausbedingungen:

Schattig, feucht und kühl (4 – 10 °C): Empfindliche Rhododendren, *Codonopsis* (Glockenwinden), Farne und *Hedera* (Efeu).

Schattig, feucht und gemäßigt (12 – 15 °C): Begonien, Gloxinien, *Streptocarpus* (Drehfrucht), *Pilea*-Arten (Kanonierblumen).

Schattig, feucht und tropisch (15 – 20 °C): Tropische, fleischfressende Pflanzen, Bromelien, Nesselgewächse und andere tropische Blattpflanzen.

Sonnig und kühl: Einige Kakteenarten, Zitruspflanzen, unempfindliche Einjährige, viele südafrikanische Pflanzen (wie *Asparagus densiflorus*) und australische Gewächse (wie *Anigozanthus manglesii*).

Sonnig und gemäßigt: Viele Blütenpflanzen in Töpfen wie Fuchsien und Pelargonien sowie zahlreiche Kakteen und Sukkulenten.

Das Pflanzenarrangement

Nachdem man die für die vorhandenen Bedingungen geeigneten Pflanzen ausgewählt hat, geht es als nächstes darum, sie so wirkungsvoll wie möglich zu präsentieren. Bevor man damit beginnt, kann es sehr nützlich sein, botanische Gärten und öffentliche Parkanlagen zu besuchen, um sich ein Bild davon zu machen, wie professionelle Gärtner ihre Pflanzen arrangieren; bei dieser Gelegenheit können Sie Ideen sammeln.

Sollen die Pflanzen auf einem Tischbeet arrangiert

Auch unter Glas lassen sich Pflanzen – wie hier im Sommer – faszinierend arrangieren und zu allen Jahreszeiten wirkungsvoll präsentieren.

Von links nach rechts:
Clerodendrum thomsoniae
Adiantum raddianum
Tibouchina urvilleana
Streptocarpus
Brugmansia x *candida*
  ›Knightii‹
Jasminum polyanthum
Lotus berthelotii
Columnea x *banksii*
Bougainvillea ›Miss Manila‹
Begonia fuchsioides
Begonia rex
Asparagus densiflorus
  ›Sprengeri‹

werden, orientiert man sich an ihrer Größe und Wuchsform. Hohe Pflanzen mit dekorativem Blattwerk, wie die Australische Silbereiche *(Grevillea robusta)* mit ihren farnartigen Blättern, bilden – ganz hinten auf das Tischbeet gestellt – einen idealen Hintergrund, vor dem sich die in der Mitte gruppierten Pflanzen, deren Farbenpracht den Blickfang bildet, wirkungsvoll abheben. Die harten Konturen der Tischkanten lassen sich mit dem Blattwerk blühender Hängepflanzen wie des graulaubigen Hornklees *(Lotus berthelotii)* mit seinen roten Blüten kaschieren. Pflanzen mit rankenden Trieben wie *Columnea* x *banksii* in Ampeln aus Ton oder Hängekörben aus Plastik oder Drahtgeflecht schaffen zauberhafte Farbeffekte in Dachhöhe. Auch eine Art Landschaftsgarten – geplant wie im Freiland – läßt sich im Gewächshaus anlegen.

Nicht unterschätzen sollte man die Wirkung vertikaler Effekte, die sich mit Hilfe hoher, an Drähten oder Spalieren gezogener Sträucher wie *Alamanda cathartica* erzielen läßt. Da er bis zu 3 m groß werden kann ist er nur für große Gewächshäuser geeignet. Den Sitzbereich kann man verschönern durch eine Pergola als Rankgerüst für duftende Kletterpflanzen wie *Jasminum polyanthum*, die den Raum mit ihrem Wohlgeruch erfüllen und zwischen den hauchzarten leuchtendrosa Blütenblättern der *Bougainvillea* ›Miss Manila‹ hindurchwachsen. Ausdrucksvolle Blattpflanzen wie *Brassaia actinophylla (*syn. *Schefflera actinophylla)* eignen sich als Hintergrund für blühende und fruchttragende Zitruspflanzen und *Lagerstroemia indica.*

Begonien

Begonien, ursprünglich in warmen gemäßigten und tropischen Waldgebieten beheimatet, gedeihen am besten in einem schattigen Gewächshaus mit hoher Luftfeuchtigkeit. Aufgrund ihrer bezaubernden Blüten und Blätter gehören Begonien zu den beliebtesten Gewächshauspflanzen. *Semperflorens*-Begonien werden im Freiland in Sommerblumenrabatten gesetzt, *Rex*-Begonien sind mit ihrer reizvollen Blattfärbung und -struktur sehr hübsche Zimmerpflanzen, und *Begonia-Elatior*-Hybriden (syn. *B.* x *hiemalis*) werden ebenfalls als blühende Zimmerpflanzen verkauft.

Alle Begonienarten lassen sich aus ihren staubartigen Samen vermehren, die am besten auf erdeloses Aussaatsubstrat gesät werden. Wärme und Feuchtigkeit sind Voraussetzung für die Keimung, die erfahrungsgemäß innerhalb von zwei bis drei Wochen beginnt. Sobald die Sämlinge groß genug sind, daß man sie fassen kann, werden sie in Anzuchtschalen pikiert. Sommerblühende Begonien sollten zwischen Januar und März gesät werden. Die meisten Begonienarten lassen sich aber auch leicht aus im März oder April abgenommenen Stecklingen – Knollenbegonien durch Teilung der Knollen (siehe unten) im März/April – vermehren. Die großblättrige *Begonia rex* wird auch aus Blattstecklingen vermehrt.

Da sich Jungpflanzen sehr schnell entwickeln, sollte man mindestens alle zwei Jahre neue Begonien heranziehen, denn ältere Pflanzen werden leicht zu groß für das kleine Treibhaus und verlieren, wenn sie über Jahre hinweg im gleichen Topf bleiben, an Kraft. Begonien werden am besten in einem Gewächshaus gezogen, das im Winter eine Mindesttemperatur von 12–15°C hat und im Sommer durch Schattiermaterial vor direkter Sonneneinstrahlung geschützt wird.

Begonien lassen sich grob in drei Gruppen gliedern – *Semperflorens*-Begonien, *Rex*-Begonien und Knollenbegonien.

Semperflorens-Begonien

Semperflorens-Begonien sind immergrüne, prächtig blühende Topfpflanzen, die aus Samen oder Stecklingen vermehrt werden. Sie lassen sich ferner in Arten mit röhrenförmigen Stengeln, in hängende sowie in buschartig verzweigte Arten untergliedern. Begonien mit röhrenförmigen Stengeln entwickeln sich zu großen Pflanzen mit sehr schönen Blättern und Blüten. Zu meinen Lieblingssorten gehört *Begonia luxurians* mit ihren handflächenartigen Blättern und den zierlichen weißen Blüten. *B. metallica* mit olivgrünen, silbrig gesprenkelten Blättern und roter Unterseite zeigt hängende, pinkfarbene Blüten. Vertreter der Hängebegonien sind *B. limmingheana* (syn. *B. glaucophylla*) mit glänzend

grünen Blättern und scharlachroten Blüten sowie die vornehm wirkende *B. solananthera* mit blaßgrünem Blattwerk und weißen Blüten. Die von mir bevorzugten drei buschförmigen Begonienarten sind: *B. foliosa* var. *minata* (syn. *B. fuchsioides*) mit kleinen grünen Blättern und leuchtend pinkfarbenen, hängenden Blüten, *B. scharffii* (syn. *B. haageana*) mit zart pinkfarben getönten Blüten und großen olivgrünen, auf der Unterseite rot gefärbten Blättern, die mit einem zarten Flaum bedeckt sind, sowie die intensiv pinkfarben blühende *B. serratipetala* mit mittelgroßen olivgrünen, scharf gezähnten Blättern, die pink-rote Sprenkelung zeigen.

Rex-Begonien

Rex-Begonien sind in der Regel niedrige, kuppelförmig wachsende Pflanzen mit sehr hübschem immergrünem Blattwerk und Blüten, die sich im Frühjahr an unzähligen, oberflächig kriechenden Sprossen bzw. Rhizomen entfalten. *Rex*-Begonien-Hybriden zeichnen sich durch große, prächtig marmorierte Blätter aus. Die hübsche Gänsekranzbegonie (*B. masoniana*) hat gezähnte Blätter mit schwarzer oder dunkelbrauner kreuzförmiger Markierung.

Knollenbegonien

Diese laubabwerfenden Begonien sterben im Winter bis auf die Knollen ab und werden in trockenem Torf, Kokosfaser, verhäckseltem Zeitungspapier oder Sägemehl

Begonia x *tuberhybrida* ›Lou-Anne‹ wirkt, aus einer Blumenampel herausquellend, den ganzen Sommer überwältigend – regelmäßiges Gießen und Düngen vorausgesetzt. Abzupfen der welken Blütenköpfe und Samenschoten gehört zur täglichen Routine und sichert anhaltende Blütenpracht.

in einem frostgeschützten, trockenen Raum gelagert. Vom zeitigen Frühjahr an kann man sie bei einer Temperatur von 18 °C treiben, indem man die Knollen mit der eingebuchteten Seite nach oben in mit feuchtem Torf gefüllte Kisten legt. Wer seinen Bestand an Ausgangspflanzen vergrößern möchte, zieht entweder Jungpflanzen aus den von Januar bis März gesäten Samen oder teilt die Knollen. Sobald sich Wurzeln gebildet haben, werden die Pflänzchen in 10-cm-Töpfe gesetzt und kräftig gedüngt. Dann verpflanzt man sie in jeweils nächst größere und schließlich in 15-cm-Töpfe, in welchen sie im Sommer zum Blühen kommen.

Für Blumenampeln geeignete Knollenbegonien bringen im Sommer Kaskaden von Blättern und Blüten an langen, hängenden Trieben hervor. *B. sutherlandii* hat auffallend kleine, aber leuchtend orangefarbene Blüten, die einen Vergleich mit den farbintensiveren *B.* x *tuberhybrida*-Züchtungen, wie die zur Pendula-Gruppe gehörende ›Red Cascade‹ mit scharlachroten Blüten, keineswegs zu scheuen brauchen. Die männlichen Blüten der großblütigen *B.* x *tuberhybrida*-Züchtungen haben einen Durchmesser von 8 – 15 cm. Ausgewählte Sorten sind unter Sammlern sehr begehrt und natürlich entsprechend kostspielig.

Schädlinge und Krankheiten

Der gefährlichste Schädling ist der Dickmaulrüßler und die am meisten gefürchtete Krankheit der Echte Mehltau (siehe S. 57). Begonien werden aber auch von der Weichhautmilbe befallen, die sich in Blätter und Blütenknospen einnistet – sie dienen ihr zugleich als Nahrung –, Narben und Mißbildungen verursacht sowie die Entwicklung von Blüten und Trieben verhindert. Befallene Pflanzen müssen vernichtet werden, um eine Übertragung auszuschließen.

Chrysanthemen

Die meisten Chrysanthemen-Züchtungen sind Topf- und Schnitt-Chrysanthemen, auch Gärtner-Chrysanthemen genannt, die in einer überaus reichen Palette von Farben, Formen und Größen erhältlich sind.

Chrysanthemen sind in Gruppen entsprechend ihrer Blütezeit, Blütenform und -größe gegliedert. Die Klassifikation nach Blütezeit ist folgende: Frühe Kultivare blühen vor Oktober/November; mittelfrühe Züchtungen im Oktober/November und späte zu Herbstende/Winterbeginn. Da Feuchtigkeit und Frost den Chrysanthemen schaden, müssen mittelfrühe und spät blühende Züchtungen bei Frostgefahr in das Gewächshaus gebracht werden. Einfach blühende Chrysanthemen für Dekoration und Schnitt lassen sich in ball-, schirm- und rosettenförmige Chrysanthemen unterteilen. Ballförmige Chrysanthemen haben große, gefüllte, pomponartige Köpfe mit nach innen gebogenen Blütenkronblättern. Bei schirmförmigen Blüten sind die äußeren Kronblätter nach außen gebogen, während bei rosettenförmigen Blüten die Kronblätter nach innen gebogen und lockerer angeordnet sind. Darüber hinaus gibt es noch spinnenförmige, löffelartige und anemonenblütige Chrysanthemen.

Kleinblumige Chrysanthemen bringen Hunderte von einfach und gefüllt blühenden anemonenförmigen Blüten an langen, drahtigen Stengeln hervor; ihre Triebe können im Lauf der Wachstumsperiode entspitzt und in unterschiedliche dekorative Formen erzogen werden. Winterharte *Chrysanthemum-Koreanum*-Hybriden sind kleinblütig und von buschigem Wuchs, während Schmuck-Chrysanthemen einen ansehnlichen halbrunden bis runden Kopf mit sternchenförmigen Blüten im Oktober/November bilden.

Chrysanthemen kommen, im Februar/März ausgesät, innerhalb einer Vegetationsperiode zum Blühen; ausgewählte Züchtungen werden aber aus basalen Grünstecklingen gewonnen, die von Mutterpflanzen entnommen werden. Bei Mutterpflanzen, die im Topf gezogen wurden, schneidet man nach der Blüte die Stengel auf 2,5 – 5 cm über Bodenniveau zurück. Wachsen sie im Garten, kürzt man nach der Blüte die Stengel auf etwa 10 – 15 cm und entfernt alle großen Blätter und saftführenden Schößlinge unmittelbar über dem Austrieb. Dann gräbt man die Pflanze mit dem Wurzelballen aus und setzt sie in Kisten. Zum Überwintern werden sie, mit Erde bedeckt und leicht gegossen, in einem möglichst hellen Überwinterungshaus oder frostsicheren Frühbeet untergebracht. Zum Antreiben ab Februar/März nimmt man die Mutterpflanzen aus dem Frühbeet oder Überwinterungshaus, stellt sie im Gewächshaus bei 7 – 10 °C auf Tische und wässert sie.

Stecklinge werden – je nach Züchtung und Größe der Pflanze – im heizbaren Gewächshaus ab Mitte März abgenommen. Man schneidet 5 – 8 cm lange Stecklinge von den grundständigen Trieben der Mutterpflanze ab, entfernt vorsichtig die unteren Blätter und setzt sie in ein zu gleichen Teilen aus Torf und Flußsand bestehendes Bewurzelungssubstrat. Normalerweise entwickeln die Stecklinge problemlos Wurzeln und benötigen keine Bewurzelungshormone. Um den Bewurzelungsprozeß zu beschleunigen, werden sie in einen beheizten Vermehrungskasten gesetzt. Nach etwa zehn Tagen kann man am Austrieb neuer Blätter erkennen, daß die Stecklinge bewurzelt sind.

Nun setzt man sie in mit Anzuchterde (siehe S. 50) oder erdelosem Substrat gefüllte 9-cm-Töpfe ein und schützt sie ein paar Tage lang vor Sonne. Sobald die Erde in den Gefäßen durchwurzelt ist, werden die Pflan-

ZEITPLAN FÜR STECKLINGSSCHNITT BEI CHRYSANTHEMEN

November/Dezember – Januar: Einstielige Pflanzen.
Dezember – Januar/Februar: Große Sorten für dekorative Zwecke.
Januar/Februar: Ballförmige Exemplare.
Februar/März: Sorten für Dekorationszwecke, späte, einfach und gefüllt blühende Pompon-/, Schmuck-/ und Hängechrysanthemen.
März/April: Frühblühende Sorten für das Freiland.
April/Mai – Juni: Zwergformen für Dekorationszwecke.
Juni – Juli/August: Spätblühende, verzweigte Chrysanthemen.

Schmuckchrysanthemen wie ›Golden Chalice‹ bilden auch ohne Erziehungsmaßnahmen herrliche Pflanzen mit kuppelförmiger Krone, die sich aus Hunderten von kleinen Blüten zusammensetzt, die von Oktober bis Dezember erscheinen.

Ballform (nach innen gebogen)

Schirmform (nach außen gebogen)

Rosettenform

Spinnenchrysanthemen

zen in 13-cm-Töpfe umgepflanzt und in Reihen in ein Frühbeet gestellt. Man hält die Pflanzen abgedeckt, bis sie richtig angewachsen sind, und schützt sie vor Nachtfrost. In 23-cm-Endtöpfe verpflanzt, setzt man sie, sobald keine Frostgefahr mehr besteht, in das Freiland. Hier sollte der Boden eben und gut durchlässig sowie möglichst mit Kies bedeckt sein. Jede Pflanze wird mit einem Stock abgestützt, der, um ihn zu stabilisieren, an einem waagrecht zwischen zwei Pfosten gespannten Draht festgebunden wird.

Nach dem Umsetzen in die Endtöpfe wachsen die Pflanzen rasch, und sie müssen an heißen, sonnigen Tagen mehrmals täglich so großzügig gegossen werden, daß das gesamte Eintopfsubstrat gründlich durchtränkt wird. Einmaliges Düngen pro Woche genügt, bis der Topf völlig durchwurzelt ist, danach muß zweimal pro Woche gedüngt werden. Je nach Sorte und Wuchsform müssen die Pflanzen entspitzt und unerwünschte Knospen entfernt werden. Gegen Ende des Sommers stellt man die Pflanzen in das Gewächshaus, wo sie in der trockeneren, wärmeren Umgebung ihr Wachstum in der schützenden Umgebung vollenden und blühen – nichts schadet den empfindlichen Chrysanthemenblüten mehr als eine nasse, feuchte Umgebung.

Die Kunst, Chrysanthemen zu ziehen, setzt voraus, daß man über die Ansprüche der verschiedenen Züchtungen Bescheid weiß: Man muß den günstigsten Zeitpunkt kennen für den Schnitt der Stecklinge, der wiederum über die jeweilige Größe der Blütenpflanze entscheidet, und man muß wissen, wann es Zeit ist, die Pflanzen zu entspitzen. Bei Pflanzen, die aus im März abgenommenen Stecklingen gezogen wurden, bricht

man im April/Mai die Spitzen der Triebe aus, um die Entwicklung der die erste Blütenkrone bildenden Seitentriebe zu fördern. Ein zweites Entspitzen mit dem Ziel, die Blütezeit zu verlängern und die Bildung größerer Blüten zu fördern, erfolgt im Hochsommer. Pflanzen, die aus einem Trieb gezogen wurden, können bis zu fünfmal innerhalb einer Vegetationsperiode entspitzt werden. Zweimal entspitzte Pflanzen werden recht groß und nehmen in einem kleinen Treibhaus viel Platz ein. Lediglich einmal, und zwar im Hoch- bis Spätsommer werden Pflanzen entspitzt, die zu Beginn des Sommers aus Stecklingen gewonnen und zu je dreien unmittelbar in 23-cm-Töpfe eingesetzt wurden. Bewurzelte Stecklinge für eintriebige Pflanzen, die erst im Hochsommer geschnitten und in 15-cm-Töpfe eingepflanzt wurden, sollten nicht entspitzt werden.

Von Zeit zu Zeit müssen unerwünschte Knospen entfernt werden, um die Wuchsform zu beeinflussen. Eine große Einzelblüte erhält man, wenn man die große Hauptknospe stehenläßt und die Seitenknospen ausbricht, verzweigte, kleinere Blüten hingegen, wenn die große Hauptknospe entfernt wird und die unteren Seitenknospen stehenbleiben.

Schmuckchrysanthemen wachsen zu sehr großen Pflanzen heran, wenn sie aus im Februar/März geschnittenen Stecklingen gezogen wurden; nimmt man die Stecklinge indes zu einem späteren Zeitpunkt ab, lassen sich kleinere, für ein kleines Gewächshaus besser geeignete Pflanzen gewinnen. Zum Erstaunen vieler Gärtner müssen Schmuckchrysanthemen nicht entspitzt oder entknospt werden, da sie sich auf natürliche Weise verzweigen.

Geeignete Sorten

Schmuckchrysanthemen ›Redbreast‹: Leuchtendrote, relativ kleine Blüten. ›Ringdove‹: Pinkfarben mit weißem Auge; beinahe halbgefüllte Blüten. ›Yellow Hammer‹: Schöne gelbe Blüten.
Verzweigte Chrysanthemen ›Pink Gin‹: Intensiv pinkfarben; anemonenblütig. ›Romark‹: Reinweiß; gefüllt.
Besonders große Chrysanthemen ›Golden Gigantic‹: Groß, schirmförmig; bronzefarben. ›Dorridge Candy‹: Groß, schirmförmig; intensiv bräunlich pinkfarben. ›Fred Shoesmith‹: Groß, rosettenförmig; weiß mit cremefarbener Mitte. ›Golden Lady‹: Mäßig nach innen gebogen; leuchtend butterblumengelb.
Hängechrysanthemen ›The Bride‹: Zahlreiche kleine weiße Blüten.

Schädlinge und Krankheiten

Die Pflanzen sollten regelmäßig auf Schädlinge und Krankheiten (siehe S. 57) untersucht werden. Ein ständiges Problem sind in vielen Gewächshäusern nicht nur Blattläuse an den grünen Teilen und Blütenknospen, sondern auch die Maden der Minierfliege, die in einem Pflanzenbestand sehr schnell überhandnehmen können. Die Blatt- und Stengelälchen verursachen, von der Pflanzenbasis nach oben steigend, unansehnliche gelbe und braune Flecken auf den Blättern; als Vorbeugung empfiehlt sich die Verwendung steriler Anzuchtsubstrate. Rote Spinne und Weiße Fliege können ebenfalls Schwierigkeiten bereiten. Die beiden verbreitetsten Krankheiten sind Echter Mehltau und Chrysanthemenrost; letzterer bildet braune Flecken und hellbraune Pusteln auf der Blattunterseite. Beide Krankheiten werden mit systemischem Fungizid bekämpft.

Alpenveilchen

Cyclamen-persicum-Züchtungen lassen sich in zwei Hauptgruppen unterteilen: Frei bestäubte Sorten, die zu großen Blütenpflanzen mit sehr schön gezeichneten Blättern heranwachsen, und neuere F_1-Hybriden, die kompakte Pflanzen in den unterschiedlichsten Farben bilden.

Die frei bestäubten Sorten werden von Oktober bis Dezember ausgesät und benötigen einen Zeitraum von 14 Monaten bis zur Blüte, während die F_1-Hybriden – meist im Februar/März ausgesät – schon nach zehn Monaten blühen. Vor der Aussaat weicht man den Samen 24 Stunden lang in lauwarmem Wasser ein, um die Keimhemmstoffe aus der Samenschale auszuschwemmen. Die Samen werden dann in Töpfe, Kisten oder Torfeinsätze mit Vermehrungssubstrat gesät und mit einer 1 cm dicken Schicht aus feuchtem Torf abgedeckt.

Der Samen benötigt eine Keimtemperatur von etwa 18 °C und geht erfahrungsgemäß drei bis vier Wochen nach der Aussaat auf. Sobald sich die Blätter der Sämlinge entfaltet haben, sollte die Torfschicht entfernt werden, damit die sich entwickelnde Knolle freiliegt. Wenn die Blätter benachbarter Pflanzen einander berühren, werden die Alpenveilchen versetzt; dabei läßt man das obere Drittel der Knollen aus der Erde herausragen, um die Fäulnis auszuschließen. Am besten gedeihen die Jungpflanzen, wenn man sie zunächst in mit erdelosem Anzuchtsubstrat gefüllte 8-cm-Töpfe einsetzt. Alpenveilchen bevorzugen in der Wachstumsphase eine Temperatur von 18 °C.

Es empfiehlt sich, den heranwachsenden Alpenveilchen regelmäßig einen konzentriert stickstoffhaltigen NPK-Dünger (2-1-1) zuzusetzen; kräftig entwickelte Pflanzen sollten mehrmals umgetopft werden, bis sie einen 13-cm-Topf benötigen. Es ist wichtig, darauf zu achten, daß die Pflanzen einander nicht berühren, und sie in einem gut belüfteten Gewächshaus zu halten – hohe Luftfeuchtigkeit begünstigt Grauschimmel, der die Blätter faulen läßt und die Blüten beschädigt. Allerdings vertragen sie keine Zugluft. Man sollte die Mühe nicht scheuen, die Alpenveilchen regelmäßig zu pflegen und alle welken Blätter und verblühten Köpfchen an der Knolle zu entfernen. Dadurch verhindert man, daß Stummel stehenbleiben, die sich möglicherweise mit Krankheiten infizieren.

Wenn sich gegen Frühjahrsende die Blätter der Alpenveilchen allmählich gelb verfärben, sollte man die Pflanzen austrocknen lassen und an einem dunklen, trockenen Ort abstellen. Im Hoch- oder Spätsommer

Cyclamen-Hybriden der F_1-Generation blühen ununterbrochen von Spätherbst bis Vorfrühling, vorausgesetzt, man zupft die beschädigten Blätter und verblühten Köpfchen sorgfältig aus und hält die Temperatur unter 20 °C.

bringt man sie wieder an einen hellen Ort und gießt sie zunächst sparsam, bis sie erneut zu wachsen beginnen und wie gewohnt gewässert und gedüngt werden können. Unter beschränkten Platzverhältnissen ist es entschieden besser, jedes Jahr neue Jungpflanzen aus Samen zu ziehen.

Geeignete Sorten

Frei bestäubt F_1-By-Pass-Mischung: Große Blüten in den verschiedensten Farben. F_1 ›Grandia‹: Weiße gekräuselte Blüten; Scentsation-Mischung: Verschiedene Farben; duftend. ›Victoria‹: Gerüschte, weiße Kronblätter mit rotem Rand und roter Zeichnung.

Schädlinge und Krankheiten

Alpenveilchen sind anfällig für Blattläuse, Dickmaulrüßler, Grauschimmel (siehe S. 57) und Weichhautmilben (siehe S. 85).

Fuchsien

Fuchsien sind strauchartige, aus Mittel- und Südamerika stammende Pflanzen, die wir als Sommer- und herbstblühende Gewächshaus- und Kübelpflanzen kennen. Die meisten Fuchsien werden wegen ihrer hübschen, röhrenförmigen Blüten gezogen, die häufig zweifarbig sind. Es gibt aber auch eine ganze Reihe, die um ihres besonderen Blattwerks willen kultiviert wird, wie die *Fuchsia* ›Genii‹ mit ihrem gold-grünen Laub.

Buschfuchsien

Buschige Pflanzen lassen sich aus im Frühjahr geschnittenen Stecklingen vermehren; möchte man jedoch größere Exemplare heranziehen, nimmt man die Stecklinge im Spätsommer ab. Sobald die Pflanzen zu wachsen beginnen, kann man sie immer wieder entspitzen, um ihren buschigen Wuchs zu fördern. Ein schöner Blickfang ist ein Fuchsien-Bäumchen, das seine Blüten und Blätter über einem einzelnen, kahlen Stamm entfaltet. Solch ein Bäumchen zieht man, indem man alle Seitentriebe so lange entfernt, bis der Stamm die gewünschte Höhe erreicht hat. Dann läßt man fünf bis sechs Triebe stehen, damit diese die Krone des Bäumchens bilden können. Als Dekoration auf dem Tischbeet geeignete Fuchsien-Bäumchen lassen sich in vier Kategorien gliedern: Tisch-, Viertel-, Halb- und Hochstamm. Die reine Stammhöhe für ein Tisch-Hochstämmchen beträgt 25 – 30 cm, für ein Viertelstämmchen 30 – 40 cm, für ein Halbstämmchen 45 – 60 cm und für einen Hochstamm 75 – 100 cm. Den Stamm eines Fuchsien-Bäumchens stützt man mit einem kräftigen

Holzstab ab und bindet ihn sorgfältig mit Raffiabast daran fest.

Der Bestand an Mutterpflanzen kann jedes Jahr vermehrt werden, indem man die Fuchsien bei einer Mindesttemperatur von 5 – 10 °C überwintern läßt. Sollten sie ihre Blätter verlieren, ist das kein Grund zur Sorge, solange sie trocken und kühl stehen. Sie sollten im Winter gerade so viel Wasser bekommen, daß sie nicht vertrocknen. Im Frühjahr werden alle toten Triebe zurückgeschnitten und die Pflanzen in frische Erde getopft. Jetzt sollten sie wärmer stehen (etwa 15 °C Mindesttemperatur). Große, buschige Pflanzen benötigen erfahrungsgemäß einen 23-cm-Topf, um ihre Blütenpracht den ganzen Sommer über entfalten zu können. Zweimal wöchentlich gibt man einen stickstoffhaltigen Dünger und entfernt welke Blüten.

Geeignete Sorten ›Margaret‹: Halbgefüllt, mit karmesinroten Kelchblättern und violetten Kronblättern. ›Mission Bells‹: Rote Kelchblätter und blaß pinkfarbene Kronblätter. ›Pink Spangles‹: Rote Kelchblätter und blaß pinkfarbene Kronblätter. ›Snowcap‹: Rote Kelchblätter und weiße Kronblätter. ›Tennessee Waltz‹: Rosa-pinkfarbene Kelchblätter und halbgefüllte lila Kronblätter.

Hängefuchsien

Fuchsien mit biegsamen, kriechenden Trieben eignen sich besonders für die Bepflanzung von Ampeln, da die-

Frisch umgetopfte Fuchsien – aus im vorangegangenen Sommer geschnittenen Stecklingen gezogen – wachsen bis Herbstbeginn zu prächtigen großen Einzelpflanzen heran, die unter der Fülle ihrer Blätter und Blüten das Tischbeet verschwinden lassen.

se ihre Blüten am schönsten zur Geltung bringen. Von Hängeformen im Februar/März abgenommene Stecklinge werden, wenn sie Wurzeln getrieben haben, in 9-cm-Töpfe gesetzt. Sobald sich fünf bis sechs Blätter gebildet haben, entspitzt man die Triebe, um einen buschigen Wuchs zu fördern. Haben die Pflanzen schließlich die Erde in den Töpfen durchwurzelt, füllt man die Hängekörbe mit Anzuchterde und setzt fünf bis sechs Pflanzen in einen Korb von etwa 35 cm Durchmesser. Im Mai beginnen sie ihre Blütenpracht zu entfalten und blühen bis Oktober. Die meisten Hängefuchsien bilden mit ihren kaskadenartigen Trieben und Blüten bezaubernde Hochstammpflanzen, vorausgesetzt der Leitstamm wird mit einem kräftigen Stock als Stütze versehen.

Geeignete Sorten ›Annabel‹: Cremigweiße, rosaüberhauchte Blüten, blaßgrünes Laub. ›Eva Boerg‹: Weiße Kelchblätter und purpurne Kronblätter. ›Marinka‹: Rote Blüten und dunkelgrüne Blätter mit roten Mittelrippen. ›Pink Galore‹: Lachsrosa Blüten.

Schädlinge und Krankheiten

Fuchsien können von Blattläusen, Schmierläusen, Schildläusen, Weißer Fliege, Grauschimmel und Rost (siehe S. 57) befallen werden.

Pelargonien

Die ursprünglich aus Südafrika stammenden Pelargonien (oft werden sie als Geranien bezeichnet) gedeihen am besten in einem gut belüfteten, sonnigen Pflanzenhaus bei einer winterlichen Mindesttemperatur von 10 °C; extrem trockene Bedingungen während der Ruhezeit vorausgesetzt, überstehen sie allerdings auch Temperaturen bis 1 °C. Sie stellen keine besonderen Ansprüche hinsichtlich der Anzuchterde, solange diese gut durchlässig ist; Staunässe vertragen sie nicht. Während der von Frühjahr bis Herbst dauernden Blütezeit gedeihen sie, regelmäßig zweimal wöchentlich gedüngt, ausgezeichnet und entwickeln sich rasch an einem hellen Standort. Mutterpflanzen kann man zwar im Hinblick auf eine Stecklingsabnahme im Frühjahr überwintern, aber ich schneide meine Stecklinge lieber im Sommer und überwintere die Jungpflanzen in 9-cm-Töpfen; sie entwickeln sich dann im Frühjahr sehr rasch und wachsen zu bis zu 45 cm hohen Einzelpflanzen heran, die schließlich eine Topfgröße von 13 – 15 cm Durchmesser benötigen. Für Beete geeignete Zonalpelargonien, aus Samen im Januar/Februar gezogen, entwickeln sich rasch; sie können im Frühsommer ausgepflanzt werden.

Pelargonien mit duftenden Blättern

Einige Pelargonienarten werden hauptsächlich wegen ihrer aromatischen Blätter gezogen, die, zwischen den Fingern zerrieben, einen intensiven Duft verströmen. Besonders wohlriechend sind folgende Sorten:

Pelargonium crispum: Zitronenduft; auch mit hübsch gemustertem Blattwerk erhältlich; weiße bis pinkfarbene, rot geäderte Blüten. *P. odoratissimum*: Samtig behaarte Blätter; Apfelduft; weiße Blüten mit roten Markierungen. *P. quercifolium*: Eichenähnliche Blätter mit Mandelduft; pinkfarbene bis purpurne Blüten mit purpurner Äderung. *P.* ›Royal Oak‹: Intensiv duftend; eichenähnliche Blätter mit brauner Zeichnung; mauvepinkfarbene Blüten. *P. tomentosum*: Graues, samtiges Blattwerk; Pfefferminzduft.

Zonalpelargonien

Pelargonium-zonale-Hybriden (*P. x hortorum*) sind Züchtungen mit rundlichen Blättern und hübschen halb- oder ganz gefüllten Blüten. Sie blühen von Frühjahrsende bis Spätsommer, vorausgesetzt, die welken Blüten werden regelmäßig entfernt.

Geeignete Sorten ›Caroline Schmidt‹: Blaßgrünes Laub mit weißem Rand; gefüllte, rote Blüten. ›Golden Harry Hieover‹: Golden überlaufenes Blattwerk; pinkfarbene Blüten. ›King of Denmark‹: Grünes Blattwerk mit bron-

Edelpelargonien wirken grandios auf dem Tischbeet. Gute Dach- und Seitenbelüftung sind Voraussetzung für anhaltende Blütenpracht.

zefarbener Zone; halbgefüllte, lachsrosa Blüten. ›Mr. Henry Cox‹: Blattwerk mit grüner Mitte, rotbraun-purpurnem Band und cremefarbener Umrandung; pinkfarbene Blüten.

Edelpelargonien

Edelpelargonien *(P.-grandiflorum*-Hybriden*)* sind kompakte, strauchige Pflanzen mit tief gesägten, grünen Blättern und leuchtendbunten Blüten, die den ganzen Sommer blühen. Wie bei allen Pelargonienarten läßt sich die Blütezeit unter Glas durch Entfernen der welken Blüten – dadurch wird die Bildung von Samenschoten verhindert – verlängern. Blühende Pelargonien gedeihen am besten unter trockenen Bedingungen; Feuchtigkeit fördert den Pilzbefall und läßt die Blüten leicht faulen.

Geeignete Sorten ›Autumn Festival‹: Lachsrosa Blüten mit weißem Schlund. ›Aztec‹: Leuchtendrote Blüten mit purpurfarbener Zeichnung und weißgeränderten Kronblättern. ›Black Knight‹: Purpurfarbene Blüten mit weißgeränderten Kronblättern. ›Grand Slam‹: Rosa bis violettrote Blüten.

Hängepelargonien

Hängepelargonien *(P. peltatum)*, auch Efeupelargonien genannt, haben efeuartige Blätter; sie sind in einer schier unübersehbaren Anzahl von Blütenfarben erhältlich. Ihre kaskadenartig herabfallende Wuchsform kommt am besten in Ampeln oder Trögen zur Geltung.

Geeignete Sorten ›Abel Carrière‹: Rote bis purpurfarbene, halbgefüllte Blüten. ›L'Elégante‹: Geschecktes Blattwerk; weiße halbgefüllte Blüten. ›Rouletta‹: Halbgefüllte weiße Blüten mit rotgeränderten Kronblättern. ›Sybil Holmes‹: Pinkfarbene gefüllte Blüten. ›Tavira‹: Intensiv rote Blüten.

Schädlinge und Krankheiten

Pelargonien sind anfällig für Blattläuse, Weiße Fliege, Schwarzbeinigkeit und Grauschimmel (siehe S. 57).

Aus Samen gezogene Topfpflanzen

Viele Hobbygärtner lassen sich vom Gärtnern im Gewächshaus abhalten, weil sie die hohen Heizkosten und angebliche Ausgaben für exotische Pflanzen scheuen. Solche Bedenken sind jedoch unbegründet, da es eine

Gerbera jamesonii ›Happipot‹ Die ›Barberton‹-Zwergform mit ihren margeritenähnlichen Korbblüten eignet sich vorzüglich als dauerblühende Topfpflanze. Die großen gefüllten und halbgefüllten chrysanthemenartigen Blüten sind in vielen Farbtönen erhältlich. Aus Holland kommende, großblütige Gerberazüchtungen halten sich als Schnittblumen über zehn Tage in Wasser.

ganze Reihe winterharter und halbharter einjähriger und zweijähriger Pflanzen gibt, die sich, aus Samen gezogen, im Kalthaus bei einer Mindesttemperatur von 5 °C kultivieren lassen und das ganze Jahr hindurch faszinierend wirken. Viele bewährte einjährige Gartenpflanzen können von Spätsommer bis Herbst ausgesät werden und als frühblühende große Gewächse im Treibhaus zur Geltung kommen. Man sät die Samen in Töpfen oder Saatschalen aus, verzieht die Sämlinge unmittelbar in Töpfe und stellt sie an einen kühlen, hellen und gut belüfteten Ort, wie etwa ein Frühbeet.

Sobald die Erde in den Töpfen durchwurzelt ist, sollten die Pflanzen in größere Gefäße versetzt werden, damit sie sich ungehindert weiterentwickeln können. Das bedeutet, daß die Gewächse in der Wachstumsphase alle 10 – 15 Tage umgetopft werden müssen. Einjährige schützt man vor leichtem Nachtfrost durch auf die Frühbeetfenster gelegte Matten; bei akuter Frostgefahr (unter −2 °C) sollten die Pflanzen aus dem Frühbeet genommen und in einem Überwinterungshaus untergebracht werden. Man belüftet das Gewächshaus – außer bei Frost – so oft wie möglich und rückt die Pflanzen so weit auseinander, daß jedes einzelne Gewächs genügend Licht bekommt. Pflanzen, die in einem Warmhaus mit hoher Luftfeuchtigkeit zusammengepfercht sind, gedeihen nicht so gut, werden geiltriebig und staksig und müssen mit Stäben gestützt werden.

Viele Einjährige können jedoch auch von Winterende bis Frühsommer erfolgreich aus Samen gezogen werden; die etwas kleineren Pflanzen blühen den ganzen Sommer über bis zum Herbst. Größere Gewächse benötigen unter Umständen einen Stab, der zwar genügend Halt bieten, dennoch aber unauffällig sein sollte. Starkwüchsige Pflanzen mit kräftigen Trieben wie die Sommermalve *(Lavatera trimestris)* sind auf einen Bambusstab als Stütze angewiesen, während die drahtigen Stengel von Leinkraut *(Linaria maroccana)* am besten durch kurze, verzweigte Haseltriebe gehalten und sorgfältig mit Raffiabast aufgebunden werden.

Es lohnt sich grundsätzlich immer, Samenkataloge durchzublättern und jedes Jahr mit anderen winterharten und halbharten Einjährigen zu experimentieren, um schließlich herauszufinden, wie die Pflanzen auf die Anzucht in Töpfen ansprechen.

Im Sommer und Herbst ausgesäte Einjährige

Antirrhinum majus (Löwenmaul): Kleinwüchsigere Beet-Züchtungen eignen sich gut als Topfpflanzen. Coronette- und Princess-Serie: Verschiedene Farben; im Oktober/November aussäen; in 8-cm-Töpfe pikieren; mehrfach umtopfen, zuletzt in 15-cm-Töpfe setzen; Blüten erscheinen von April bis Juni.
Calceolaria x *herbeohybrida* (Pantoffelblume): Rundli-

che, pantoffelartige Blüten in vielen Farben. ›Jewel Cluster‹ und Perfection-Mischung: Bewährte Sorten; im Hochsommer aussäen; im Anfangsstadium langsam wachsend; kräftige Pflanzen blühen jedoch in 13-cm-Töpfen im Frühjahr.

Calendula officinalis (Ringelblume): ›Art Shades‹-Mischung, Fiesta-Serie ›Sun Glow‹: Topfpflanzen für das Kalthaus; nach Aussaat im Spätsommer erscheinen die Blüten gegen Winterende.

Senecio-cruentus-Hybriden *(*syn. *Cineraria* x *hybrida)* ›Stellata‹ und Superb-Mischung: Bilden größere Pflanzen; gänseblümchenartige Blüten in verschiedenen Farben; ab Hochsommer aussäen; im 13-15-cm-Topf blühen sie, je nach Wuchskraft der Sorte, vom späten Winter bis zum zeitigen Frühjahr.

Linaria maroccana ›Fairy Bouquet‹ (Leinkraut): Winzige gesporne Blüten in verschiedenen Farben; Pflanze möchte nicht durch Pikieren gestört werden, deshalb besser nur ein paar Samenkörner zu Herbstbeginn in 8-cm-Töpfe säen und nach der Keimung lediglich die kräftigsten Sämlinge stehenlassen; zunächst in 10-cm-, dann in 15-cm-Topf umsetzen; blüht von April bis Juni.

Mimulus-Hybriden (Gaukler-/Affenblume): Große wasserliebende Pflanzen; verschiedene Farben; zu Herbstbeginn aussäen; am wirkungsvollsten in 30–35 cm weiten Ampeln (Endtopf); während der Blüte im April/Mai an sonnigen Tagen mindestens zweimal gießen.

Primula vulgaris (Kissenprimel) und *P.-Polyantha*-Hybriden: Breites Farbspektrum; Aussaat der Hybriden im Hochsommer in torfhaltige Saaterde; während der Keimung so kühl wie möglich halten, da die Sämlinge sich nicht richtig entwickeln, wenn die Temperatur des Erdsubstrats mehr als 22 °C beträgt; in Saatschalen pikieren und in 9-cm-Töpfe, größere Sorten in 13-cm-Töpfe setzen; blüht ab Februar/März.

Primula malacoides (Fliederprimel) und *P. obconica* (Becherprimel): Bewährte Gewächshauspflanzen; Anzucht entsprechend *P.-Vulgaris*-Hybriden; blüht im 13-cm-Topf ab Februar/März; *P. malacoides* bringt Quirle mittelgroßer Blüten in verschiedenen Farben hervor; *P. obconica* zeigt große endständige Blütenbüschel.

Rehmannia angulata: Purpurrote bis violettbraune trompetenförmige Blüten; im Spätsommer ausgesät, blühen sie in 15-cm-Töpfen gegen Frühjahrsende; man zieht sie am besten als Einjährige aus Samen, kann aber die Pflanzen auch nach der Blüte zurückschneiden, damit sie weiterwachsen und im darauffolgenden Jahr erneut blühen.

Salpiglossis sinuata F_1 ›Casino‹ (Trompetenzunge): Lebhaftes Farbspektrum in Gelb-/Rottönen; nach Aussaat im Oktober/November erscheinen gegen Frühlingsende an den Pflanzen sich erweiternde, trompetenartige Blüten; kleinere, später blühende Pflanzen gewinnt man durch Aussaat im Januar/Februar.

Schizanthus (Spaltblume): Mittelgroße dekorative Blüten in vielen Farben; spektakuläre Topfpflanze; zwei empfehlenswerte Sorten sind: ›Hit Parade‹ und die etwas kompaktere ›Star Parade‹: Samen von Spätsommer bis Herbstbeginn aussäen; die Sämlinge entwickeln sich rasch und können gegen Herbstende in 23-cm-Endtöpfe gesetzt werden; die Pflanzen blühen im Mai/Juni.

Gloxinien *(Sinningia speciosa)* sind als Knollen erhältlich oder werden aus staubartigen Samen gezogen. Im Februar/März ausgesäte F_1-Hybrid-Mischungen wie ›Empress‹ blühen im Hochsommer.

Im Winter und Frühjahr ausgesäte Einjährige

Browallia: Bringt von Spätsommer bis Herbst hübsche Blüten hervor; Aussaat im Frühjahr bis Frühsommer möglich, um die Blütezeit auszudehnen; größere Pflanzen wie ›Jingle Bells‹ und ›Marine Bells‹ blühen im 13-cm-Topf, während die Zwergsorten ›Blue Troll‹ und ›White Troll‹ im 9-cm-Topf üppige Blüten zeigen.

Celosia plumosa Geisha-Serie: Die 20 cm hohen Zwergpflanzen entfalten im Spätsommer feine, federartige Blüten in Pink-, Rot- und Gelbtönen; Aussaat Frühjahr, alle *Celosia*-Arten sollten so oft wie möglich umgetopft werden, damit sie sich nicht an zu enge Töpfe gewöhnen; sie gedeihen am besten in torfhaltiger Anzuchterde; ein 15-cm-Topf dürfte erfahrungsgemäß ausreichen.

Coleus-Blumei-Hybriden (Samt-/Buntnessel): Ausdauernde strauchartige Pflanzen, die gewöhnlich als Einjährige gezogen werden; geschätzt wegen ihrer farbenprächtig gezeichneten Blätter; Aussaat jederzeit möglich; gegen Frühlingsende ausgesät, wachsen im 13-cm-Topf große kräftige Pflanzen heran, die von Hochsommer bis Herbst Farbe ins Gewächshaus bringen; alle zwei Wochen entspitzen, um buschigen Wuchs zu fördern und Blütenbildung zu verhindern; die erwähnten Sorten lassen sich auch erfolgreich aus im Spätsommer geschnittenen Stecklingen vermehren.

Exacum affine (Persisches Veilchen): Mit dem Enzian verwandt; wird bis 25 cm hoch; kleine glänzende Blätter und viele zierliche blaßblaue Blüten mit auffallend gelben Staubbeuteln; im Vorfrühling in 13-cm-Topf aussäen, damit von Sommer bis Herbst Blüten erscheinen.

Impatiens (Springkraut, Balsamine): Von Jahr zu Jahr größere Auswahl; einfach und gefüllt blühende Sorten von *I. walleriana* (Fleißiges Lieschen) in Farbtönen von Weiß bis Scharlachrot; Neuguinea-Hybriden mit attraktivem Blattwerk und Blütenschmuck, wie Neuguinea F_1 ›Spectra‹, bis vor kurzem ausschließlich aus Stecklingen gewonnen, können sie neuerdings auch aus Samen gezogen werden; ab Frühlingsbeginn Aussaat der feinen Samen auf torfhaltiger Saaterde; im beheizten Vermehrungskasten zum Keimen bringen; zwei bis drei Wochen nach der Aussaat in Pikierkisten verziehen und bei 15°C kultivieren; blüht im 13-15-cm-Topf ab Hoch- bzw. Spätsommer.

Petunia: Beliebte Beetpflanzen, deren Blüten in verregneten Sommern durch Nässe geschädigt werden; in Töpfen oder Ampeln im Gewächshaus kultiviert, sorgen sie für hübsche Farbtupfer und Wohlgeruch; großes Farbsortiment, auch gefüllt blühende Formen erhältlich; im Vorfrühling aussäen und im beheizten Vermehrungskasten zum Keimen bringen, damit sie im 13-cm-Endtopf ab Hochsommer blühen; alternativ dazu je drei Pflanzen in 20-cm-Töpfe setzen und an Stäben als blühende Spindel ziehen.

F_1-Double-Delight-Mischung: Gefüllte Blüten in verschiedenen Farbtönen von Purpurrot über Pink bis Weiß im Handel. F_1 Picotee Mixed Colours; verschiedenfarbig, mit weiß geränderten Kronblättern. F_1 ›Super Magic Light Blue‹: Hellblaue Blüten.

Sinningia speciosa (Gloxinie): Gehört ebenso wie das Usambaraveilchen zu den *Gesneriaceae*; große glockenförmige Blüten erscheinen über einer Rosette ausladender, tief geäderter Blätter; Mammoth-Hybriden bilden gefleckte und gesprenkelte Blüten in verschiedenen Farben; Gloxinien sollte man von unten her gießen, da kaltes Wasser unansehnliche Flecken auf den Blättern hinterlassen kann; die genannten Sorten sind als Sproßknollen erhältlich, die ab Januar zu wachsen beginnen und im 13-cm-Topf im Sommer blühen. ›Gregor Mendel‹: Große, gefüllte, scharlachrote Blüten mit weißem Rand; im Vorfrühling auf torfhaltiger Saaterde ausgesät, erscheinen die Blüten im Sommer; die Keimung erfolgt bei 20–25°C; nach einem Monat in Anzuchtschalen pikieren und bei einer Mindesttemperatur von 15°C ziehen; in 9-cm-Töpfe, später in 13–15 cm weite spezielle Zwergpflanzentöpfe setzen, die den leicht brechenden Blättern Schutz bieten.

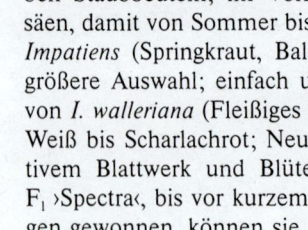

Crassula coccinea syn. **Rochea coccinea**
Dieser kleine, bis zu 60 cm hoch werdende Strauch stammt aus Südafrika. Er wird wegen seiner großartigen karminroten Röhrenblüten gezogen, die als endständige Dolden im Sommer erscheinen. Ein nach der Blüte erforderlicher Rückschnitt regt die Bildung neuer, kräftiger Blütentriebe für das darauffolgende Jahr an und fördert den starken, kompakten Wuchs der Pflanzen. Die Vermehrung erfolgt aus Samen oder Grünstecklingen und halbausgereiften Stecklingen im Frühling.

Kakteen und andere Sukkulenten

Sukkulenten sind Pflanzen, die – schroffen, unfruchtbaren Bedingungen angepaßt – überleben, indem sie in ihren dicken, fleischigen Blättern und Trieben Wasser speichern. Je nach ihrem Speicherorgan unterscheidet man Blatt- und Stammsukkulenten. Zu den letzteren zählt man die Kakteen. Sie gehören einer großen Familie von Sukkulenten, den *Cactaceae*, an, die in Süd- und Mittelamerika wachsen. Die Mehrzahl hat große, verdickte, wasserspeichernde Triebe, die mit Gruppen von Stacheln bedeckt sind.

Kakteen und Sukkulenten sind wegen ihrer prachtvollen Blüten und bizarren Form überaus populäre Liebhaberpflanzen. Die Auswahl an unempfindlichen, aber auch anspruchsvolleren Pflanzen, die sich aufgrund ihres relativ kleinen Wuchses auf engstem Raum ziehen lassen, ist unübersehbar groß. Auch wenn es Sukkulenten gibt, die in allen Klimazonen gedeihen, gilt als Faustregel dennoch, daß sich die meisten Kakteen im Kalthaus bei einer winterlichen Mindesttemperatur von 5°C wohl fühlen, während viele Dickblattgewächse (*Crassulaceae*) und *Kalanchoe*-Arten eine Mindesttemperatur von 10–15°C im Winter bevorzugen. Wüstenkakteen benötigen eine Wintertemperatur von 5–10°C. Wenn sie blühen sollen, brauchen sie unbedingt eine kühle und trockene Ruheperiode im Winter. Mit ihrem Bedarf an Licht und geringer Luftfeuchtigkeit eignet sich die Mehrzahl der Sukkulenten für das sonnenbeschienene Gewächshaus. Ihre Wachstumsperiode reicht von Frühling bis Sommer, da es in dieser Zeit hell genug ist. In dieser Phase benötigen die Pflanzen am meisten Feuchtigkeit, so daß manche bei Hitze zwei- bis dreimal wöchentlich gegossen und alle zwei Wochen gedüngt werden müssen. Es ist dennoch ganz wichtig, die Topferde der Sukkulenten zwischen dem Wässern immer wieder austrocknen zu lassen, da sie rasch faulen können, wenn die Erde zu feucht ist – im Zweifelsfall also besser nicht gießen! Im Winter sollten die nicht oder nur sehr langsam wachsenden Pflanzen in einem kühlen, trockenen Raum untergebracht und höchstens alle vier bis sechs Wochen gegossen werden. Hält man sie zu warm oder zu feucht, bilden sie zur falschen Jahreszeit Triebe und werden unförmig, schlimmstenfalls modrig im Wurzelbereich.

Ab Frühling können die Pflanzen vermehrt und eingetopft werden. Ich empfehle ein mit Torf und Kies vermengtes Erdsubstrat als durchlässiges, gut drainiertes Anzuchtmedium. Viele Sukkulenten wie *Kalanchoe* ›Tessa‹ können aus Stecklingen vermehrt werden; bei *Epiphyllum* (Blattkaktus) und *Schlumbergera* x *buckleyi* (Weihnachtskaktus), trennt man eines der flachen Blattgliedsegmente ab und bewurzelt es. Eine ganze Reihe von Sukkulenten mit fleischigen Blättern kann aus Blattstecklingen vermehrt werden; die neue Pflanze entwickelt sich an der Blattbasis unmittelbar über der Anzuchterde. Rosettenbildende Pflanzen wie *Agave americana* (Amerikanische Aloe) erzeugt häufig Ableger, die von der Mutterpflanze getrennt werden, sobald sie eigene Wurzeln getrieben haben. Kakteen können leicht aus rasch keimendem Samen gezogen werden; es dauert allerdings recht lange, bis die Pflanzen schließlich herangewachsen sind.

Geeignete Sorten

Aeonium arboreum ›Atropurpureum‹ (Ewigblatt): Flache Rosetten aus intensiv purpurfarbenen, fleischigen Blättern; alte Pflanzen zeigen bizarr verzweigten Wuchs.

Agave victoriae-reginae: Mittelgroße Rosette von 50 cm Durchmesser, geschätzt wegen ihrer silbernen Streifen auf den dunkelgrünen Blättern.

Aporocactus flagelliformis (Rattenschwanzkaktus): Geeignet für große Ampeln; dicke, verzweigte, röhrenförmige Triebe mit goldenen Stacheln; gefüllte, rosarote Blüten gegen Frühlingsende.

x *Aporophyllum* ›Wisewood‹: Ampelpflanze mit hängenden, fleischigen Trieben, die mit Stacheln besetzt sind; magentarote und pinkfarbene Blüten erscheinen von Winterende bis Vorfrühling.

Ceropegia woodii (Rosenwein): Kriechpflanze mit kleinen, hübsch gezeichneten, herzförmigen Blättern und seltsamen röhrenförmigen Blüten im Sommer.

Christusdorn siehe *Euphorbia milii*

Crassula ovata (syn. *C. argentea*; Dickblatt): Beliebte Zimmerpflanze; buschig, mit unzähligen fleischigen, dunkelgrünen Blättern; weiße Blüten in Büscheln erscheinen im Frühling.

Dickblatt siehe *Crassula ovata*

Euphorbia milii (Christusdorn): Immergrüner, dorniger Strauch mit spatelförmigen Blättern; die zahlreichen kleinen, von Vorfrühling bis Sommer erscheinenden Blüten sind von auffallend farbenprächtigen Hochblättern umgeben.

Ewigblatt siehe *Aeonium arboreum*

Feigenkaktus siehe *Opuntia microdasys*

Fetthenne siehe *Sedum morganianum*

Kalanchoe pumila: Flache graue Blätter; hübsche pinkfarbene Blüten im Frühling; für Blumenampeln an sonnigem Standort geeignet.

Lebender Stein: siehe *Lithops.*

Lithops (Lebender Stein): Kultiviert wegen ihrer seltsam verwachsenen, angeschwollenen Blattpaare, die auf Bodenhöhe erscheinen und wie Kieselsteine aussehen; weiße oder gelbe, gänseblümchenartige Blüten im Spätsommer bis Herbst.

Lobivia backebergii (syn. *Echinopsis backebergii*): Horstbildende, aus den Anden stammende Pflanze; manche Spezies haben violette oder rote Blüten, die von Frühjahrsende bis Hochsommer erscheinen.

Mammillaria zeilmanniana (Warzenkaktus): Kugelige Pflanze mit einfachen, gebogenen Stacheln, die im Frühling von einem Kranz hübscher dunkelrosa bis purpurfarbener Blüten umgeben sind; ältere Pflanzen bilden Horste; Warzenkakteen gehören zu den beliebtesten kleinen Kakteen.

Opuntia microdasys (Feigenkaktus): Mittelgroße Pflanze mit abgeflachten, ovalen Gliedsegmenten; im Sommer erscheinen trichterförmige, gelbe Blüten.

Osterkaktus siehe *Rhipsalidopsis gaertneri*

Rhipsalidopsis gaertneri siehe *Schlumbergera* x *buckleyi*

Rosenwein siehe *Ceropegia woodii*

Schlumbergera x *buckleyi* (Weihnachtskaktus) und *Rhipsalidopsis gaertneri* (Osterkaktus): Hybriden bringen im Frühling Blüten in verschiedenen Farben hervor; in gemäßigten und tropischen Wäldern heimisch; bevorzugen im Frühjahr und Sommer feuchte, nährstoffreiche Erde; vor direkter Sonneneinstrahlung schützen.

Sedum morganianum (Fetthenne): Sehr hübsche Ampelpflanze, deren kriechende Triebe mit kurzen, zylindrischen Blättern besetzt sind; im Sommer erscheinen sternförmige, rosarote Blüten.

Warzenkaktus: siehe *Mammillaria zeilmanniana.*

Weihnachtskaktus: siehe *Schlumbergera* x *buckleyi.*

Dieses bunte Sortiment kleiner Kakteen, das aus *Mammillaria, Rebutia* und *Lobivia* besteht, gedeiht im Kalthaus bei einer erforderlichen Mindesttemperatur von 5 °C.

Schädlinge und Krankheiten

Kakteen können von Schmierläusen, Schildläusen und Weichhautmilben befallen werden (siehe S. 57). Gelegentlich auftretende Korkfleckigkeit wird durch Lichtmangel, zu hohe Luftfeuchtigkeit bei niedrigen Temperaturen und ungenügende Luftzufuhr verursacht. Die Symptome sind rostige oder korkige Punkte, die sich zu eingesunkenen Flecken entwickeln. Durch verbesserte Licht- und Feuchtigkeitsbedingungen kann Abhilfe geschaffen haben. Gelbliche oder bräunliche Flecken deuten auf die Rote Spinne hin. Falsche Pflege führt ebenfalls zu Schäden an den Pflanzen: Wenn sie schrumpfen, weich werden und kaum wachsen, kann die Ursache Wurzelfäule oder zu wenig Wasser sein. Blasse, dünne neue Triebe deuten darauf hin, daß die Pflanze entweder zu schattig steht oder im Winter zu viel Wärme bekommt.

Zwiebelpflanzen

Es gibt viele aus allen Teilen der Welt stammende Pflanzen, die unterirdische Speicherorgane besitzen, in welche sie sich zurückziehen können, um vor extremen Witterungsverhältnissen während bestimmter Jahreszeiten – wie etwa heißen, trockenen, mediterranen Sommern oder klirrend kalten, alpinen Wintern – Schutz zu finden. Diese Speicherorgane lassen sich in vier Hauptgruppen untergliedern: Zwiebeln, Knollen, Rhizome und Wurzelknollen. Zwiebeln sind sehr stark verkürzte Sprosse mit fleischigen Zwiebelschuppen. Ein typisches Beispiel ist die Narzissenzwiebel. Sproßknollen sind Verdickungen einer Wurzel, wie sie Alpenveilchen und Krokusse aufweisen. Rhizome sind unterirdische, meist horizontal wachsende Erdsprosse, ein Charakteristikum der Irisarten. Dahlien und einige Ranunkelarten bilden Knollen aus verdickten Wurzeln. Dennoch sind all diese Pflanzen in vielen Katalogen unter dem Oberbegriff »Zwiebelpflanzen« zusammengefaßt, und ich übernehme im folgenden diese vereinfachte Version.

Die Anzucht von Blumenzwiebeln für die Blüte in den Wintermonaten ist besonders günstig, weil in den Herbst- und Wintermonaten oft genügend Platz im Gewächshaus vorhanden ist. Beim Kauf von Zwiebeln sollte man ausschließlich gesunde Exemplare ohne Anzeichen für Schädlinge oder Krankheiten auswählen. Versuchen Sie, die größten Zwiebeln auszuwählen, da sie über die reichsten Nährstoffreserven und das größte Blütenpotential verfügen. Da ohnehin viele Wildpflanzen infolge rigoros durchgesetzter Wirtschaftsinteressen von ihren natürlichen Standorten verdrängt werden, ist es um so wichtiger, Zwiebeln zu kaufen, anstatt sie in der Natur auszugraben.

Die meisten Zwiebelblumen sollten erst nach der Blüte gedüngt werden, denn erst dann werden verstärkt die Blätter gebildet, und in dieser Zeit brauchen die Pflanzen die meisten Nährstoffe, die in den Zwiebeln für den Blütenschmuck der kommenden Saison gespeichert werden. Wenn die Blätter allmählich anfangen gelb zu werden, heißt das, daß sich die Pflanze auf die Ruhephase vorbereitet und die Anzuchterde austrocknen darf. Töpfe mit »schlafenden« Zwiebeln, Wurzel- oder Sproßknollen sollten an einem kühlen, trockenen Ort, etwa unter dem Tischbeet im Gewächshaus, gelagert werden, bis die Pflanzen erneut zu wachsen beginnen und an einen hellen Standort plaziert werden. Zwiebeln in Tontöpfen sollten randbündig in ein Sandbeet eingesenkt werden, damit die Anzuchterde nicht zu sehr austrocknet und die Zwiebeln nicht zu viel Feuchtigkeit verlieren.

Als allgemeine Regel gilt, daß die Pflanztiefe etwa das Zweieinhalbfache ihrer Wuchshöhe betragen sollte. Man setzt sie in mit gut durchlässiger humoser Erde gefüllte Tontöpfe. Eine Ausnahme von der Regel bilden *Hippeastrum* (»Amaryllis«) und *Nerine* (Guernsey-Lilie), die so eingetopft werden, daß das obere Drittel der Bul-

Ruhmeskronen *(Gloriosa superba)* sind eine exotische Ergänzung im temperierten Gewächshaus. Diese gewöhnlich als Knollen in der Ruhephase erworbenen Kletterpflanzen kommen etwa drei Monate nach dem Eintopfen zum Blühen.

be aus der Erde herausragt. Große Zwiebeln, wie die der *Hippeastrum*-Arten, werden einzeln in 15-cm-Töpfe gelegt, kleine kommen indes besser zur Geltung, wenn sie in Gruppen zu fünf bis zehn Zwiebeln eingetopft werden. Während man die meisten Zwiebeln jedes Jahr in frische Erde setzt, bringen zahlreiche Zwiebelpflanzen, wie *Nerine*- und *Crinum*-Arten (Hakenlilie), schönere Blüten hervor, wenn sie über Jahre in demselben Topf bleiben, bevor sie umgesetzt und danach jedes Jahr in der Wachstumsphase mit einer frischen Schicht Kompost bedeckt werden.

Wenn die Zwiebeln zu wachsen beginnen, sollte man sie zunächst vorsichtig gießen; sobald das Laub jedoch voll entwickelt ist, trocknet die Erde rascher aus, so daß die Pflanzen regelmäßig gegossen werden müssen. Frostempfindliche Zwiebeln benötigen nachts eine Mindesttemperatur von 7 – 10 °C, tropische Arten gar 13 – 16 °C.

Freesien

Freesien sind wegen ihrer duftenden Blüten beliebt, die sich im Winter und Frühling zeigen. Sie sind besonders gut als Schnittblumen geeignet. Ursprünglich stammen sie aus Südafrika. Die modernen Züchtungen sind genetisch so verbessert worden, daß die Pflanzen einen höheren Wuchs und größere Blüten haben. Gartencenter bieten dem Hobbygärtner lediglich ein vorgegebenes Farbsortiment an.

Je sechs Knollen werden ab Spätsommer 5 cm tief in einen 15-cm-Topf mit Einheitserde gelegt, damit im Winter Blüten erscheinen. Im Herbst eingetopfte Knollen blühen im Frühjahr, und im Frühling gesetzte speziell präparierte Knollen zeigen ihre trichterförmigen Blüten im Sommer.

Sie sollten im Kalthaus (7 °C) herangezogen und im Lauf der Wachstumsphase vermehrt gegossen werden. Sobald sich etwa sieben Blätter pro Knolle gebildet haben, erhöht man die Temperatur auf 10 °C; die Pflanzen erhalten regelmäßig einen kaliumkarbonathaltigen Flüssigdünger, der die Blütenbildung fördert und die Blätter und Stengel kräftigt (Temperaturen, die über 20 °C liegen, begünstigen die Blattentwicklung auf Kosten der Blühfreudigkeit). Es empfiehlt sich, nach der Blüte noch zwei Monate weiter zu gießen und zu düngen, bis das Laub allmählich gelb wird. Danach sollte man die Anzuchterde austrocknen lassen.

Freesien lassen sich auch aus von Frühling bis Frühsommer ausgesäten Samen ziehen und blühen von Herbstbeginn bis Frühjahr. Um die Keimung zu unterstützen, muß die harte Schale der Samen mit einem Schmirgelpapier aufgerauht und die Samenkörner anschließend 24 Stunden in warmem Wasser eingeweicht werden. Nach der Aussaat bedeckt man die Samen mit einer etwa 0,5 cm dicken Schicht Saaterde, die eine Kei-

mung im Dunkeln gewährleistet. Sobald die Sämlinge so groß sind, daß man sie leicht fassen kann, werden sie in Gruppen zu sechs bis sieben in 15-cm-Töpfen pikiert und bis zur Blüte bei 12 – 15 °C kultiviert. Die Triebe kann man durch dünne Birkenreiser abstützen, damit sie nicht umknicken.

Schädlinge und Krankheiten Freesien sind anfällig für Blattläuse (siehe S. 57), Zwiebelhalsfäule und Gelbstreifigkeit. Zwiebelhalsfäule wird durch eine Reihe von Infekten verursacht, die die Knollen während der Ruhepause befallen. Infizierte Knollen sind unverzüglich auszusondern. Gelbstreifigkeit äußert sich zunächst in Form gelber Streifen zwischen den Blattadern; es folgt ein totales Vergilben und Absterben der Blätter. In der Mitte durchgeschnittene Knollen zeigen eine braune Färbung an der Basis. Infizierte Pflanzen müssen vernichtet werden. Zur Vorbeugung sollte man die Knollen vor dem Lagern mit einem Fungizid bestäuben.

Ruhmeskronen

Gloriosa superba (Ruhmeskrone) ist eine aus dem tropischen Afrika stammende kletternde Lilie, die eine Höhe von 2 m erreicht und zurückgebogene rote Kronblätter mit gelben Rändern zeigt. Die Knollen werden von Winter bis Frühsommer waagrecht zu je zweien in einen 20-cm-Topf oder einzeln in einen 14-cm-Topf gelegt und mit einer 5 cm dicken Schicht Anzuchterde bedeckt. Um das aktive Wachstum anzuregen, hält man sie tagsüber bei einer Temperatur von 20 °C, nachts nicht unter einem Minimum von 17 °C. Sobald die Pflanzen zu treiben beginnen, müssen sie regelmäßig großzügig gegossen und alle zwei Wochen flüssig gedüngt werden. Den Sommer über sollte das Gewächshaus abgesprüht und sorgfältig belüftet werden, um einer allzu trockenen, nicht eben wachstumsfördernden Atmosphäre entgegenzuwirken; die Pflanzen sollten vor direkter Sonne geschützt werden.

Die heranwachsenden Ruhmeskronen benötigen eine Stütze aus zeltartig zusammengestellten Bambusstöcken oder ein spiralförmiges Drahtgestell, an dem sie sich entsprechend ausrichten lassen. Im Frühjahr eingetopfte Knollen bringen Pflanzen hervor, die von Juni bis September blühen. Nach der Blüte läßt man die Knollen austrocknen; das Laub wird, sobald es dürr ist, zurückgeschnitten. Die Knollen lassen sich im Winter bei 10 – 15 °C in mit trockenem Sand gefüllten Plastiktüten lagern, bis sie in der kommenden Saison erneut eingetopft werden. Ruhmeskronen benötigen nährstoffreiche, durchlässige Erde.

Schädlinge und Krankheiten Ruhmeskronen sind anfällig für Blattläuse und Weiße Fliege (siehe S. 57).

Zantedeschia aethiopica
Die aus Südafrika stammende Zimmerkalla ist nach dem italienischen Botaniker und Arzt Giovanni Zantedeschi benannt, der im 19. Jahrhundert lebte. Sie wird kultiviert wegen ihrer großen eleganten Blüten mit gelben Kolben und weißen segelartigen Blütenscheiden, die unter Glas von Winterbeginn bis Frühjahrsende erscheinen. Als feuchtigkeitsliebende Pflanze muß sie selbst im Winter täglich gegossen werden.

Amaryllis

Diese Gattung von Zwiebelpflanzen trägt den botanisch korrekten Namen *Hippeastrum*. Sie gehört zur Familie der *Amaryllidaceae* und ist daher (fälschlicherweise) als »Amaryllis« bekannt. Sie wird auch als »Ritterstern« angeboten. *Hippeastrum*-Züchtungen sind winterblühende Gewächse, die sechs bis acht Wochen nach dem Pflanzen zu blühen beginnen. Jeder Blütenschaft trägt drei bis vier Blüten, und große Zwiebeln bringen in der Regel zwei Blütenschäfte hervor. Die Zwiebeln werden von Herbst bis Frühjahr so in nährstoffreiches, erdeloses Substrat oder humose Erde eingetopft, daß die Zwiebelspitze aus der Erde herausragt. Nach dem Angießen sollten die Töpfe in einen Raum mit konstanter Temperatur von 20–23 °C gestellt werden. Nach zwei Wochen dürfte der Wachstumsprozeß einsetzen, nach vier bis acht weiteren Wochen die Blüten erscheinen. Reduziert man in diesem Stadium die Temperatur auf 15 °C, läßt sich die Blütezeit hinauszögern. Nach der Blüte sollten die Zwiebeln noch sieben Wochen gegossen und gedüngt werden, bevor man sie trocknen läßt und die Blätter über der Zwiebel abschneidet. Anschließend lagert man sie zwei bis drei Wochen bei 23–25 °C und weitere acht bis zehn Wochen bei 13–17 °C, bevor sie in Kultur genommen werden.

Geeignete Sorten ›Apple Blossom‹: Pinkfarben, mit weißer Mitte. ›Ludwig Dazzler‹: Weiß. ›Minerva‹: Rot, mit weißer Mitte. ›Red Lion‹: Rot. ›Rilona‹: Lachsrosa.

Schädlinge und Krankheiten Amaryllis sind anfällig für Blattläuse, Schmierläuse und Wurzelläuse (siehe S. 57). Auch Zwiebelschildläuse und Blattbrand können Probleme bereiten. Zwiebelschildläuse nisten sich in den Zwiebelhälsen ein, die ihnen zugleich als Nahrung dienen, und verursachen Verwachsungen, sichelartig gebogene Blätter und sägeförmige Einkerbungen an Blatträndern und Blütenstengeln. Auch die Blüten können sich verzerrt und verkrüppelt ausbilden. Infizierte Pflanzen sollten vernichtet werden. Blattbrand ist eine Krankheit, die sich in Form brauner Flecken an Blattbasis, Blütenstengeln und Kronblättern äußert; gewöhnlich werden die befallenen Teile schleimig und faulen. Man schneidet die infizierten Teile heraus und behandelt die Anschnittstellen mit einem entsprechenden Fungizid. Dabei sorgfältig darauf achten, daß keine Nachbarpflanzen infiziert werden.

Weitere geeignete Zwiebelpflanzen

Cyrtanthus parviflorus (Bogenlilie): Schmale Blätter und rote, trichterförmige Blüten in Dolden erscheinen im Frühjahr und Sommer; 15–20 cm.

Urceolina grandiflora (syn. Eucharis amazonica): Spatelförmige immergrüne Blätter; narzissenähnliche, weiße, in Dolden angeordnete Blüten erscheinen im Sommer; 30–60 cm.

Haemanthus albiflos (Elefantenohr): Breite, riemenförmige Blätter mit weiß behaarten Rändern; weiße, flaschenbürstenartige Blütenköpfe im Spätsommer; 5–30 cm.

Lachenalia aloides: siehe S. 114.

Lilium longiflorum (Osterlilie): Große, duftende, weiße Trompetenblüten erscheinen im Frühsommer; 90 cm.

Nerine sarniensis (Guernseylilie): Riemenförmige Blätter; im Frühherbst zeigen sich runde Köpfchen aus bis zu 20 orangeroten Blüten; 25–50 cm.

Sprekelia formosissima (Jakobslilie): Riemenförmige Blätter; karmesinrote Blüten von Frühling bis Frühsommer; 20–30 cm.

Zantedeschia aethiopica (Zimmerkalla): Langstielige, lanzettliche Blätter; elegante weiße Arumblüten von Winter bis Sommer; 1,5 m.

Vortreiben winterharter Zwiebeln

Selbst im tiefsten Winter läßt sich das Gewächshaus oder die Wohnung durch Vortreiben unterschiedlichster winterharter Zwiebeln in einen blühenden Frühlingsgarten verwandeln.

Man setzt die Zwiebeln von Spätsommer bis Spätherbst in Töpfe oder Schalen, damit sie von Winterbeginn bis Frühlingsende blühen. Bei großen Zwiebeln wie Narzissen und Hyazinthen läßt man den Hals aus der Erde herausragen, während kleinere Zwiebeln wie Krokusse und Traubenhyazinthen *(Muscari)* 2,5 cm tief gesteckt werden. Wählt man sowohl früh- als auch spätblühende Arten, läßt sich die Blütezeit über einen langen Zeitraum ausdehnen.

Die Zwiebeln bedürfen einer kühlen, feuchten Periode, durch die die Keimruhe gebrochen wird, in der sich aber auch das Wurzelsystem entwickelt, bevor Blüten und Blattwerk erscheinen. Um optimale Bedingungen zu schaffen, stellt man die Töpfe vor direkter Sonne geschützt ins Freie und bedeckt sie mit einer 10 cm starken Sandschicht, die die Erde feucht hält und starke Temperaturschwankungen abmildert. In Spezialkatalogen werden präparierte Zwiebeln mancher Gattungen angeboten, deren Keimruhe durch Temperaturbehandlung gebrochen wurde, um sie zu vorzeitiger Blüte anzuregen.

Sobald sich Triebe gebildet haben – das dauert bei den meisten Zwiebeln etwa zehn bis zwölf Wochen –, entfernt man den Sand. Die Töpfe mit den Zwiebeln können anschließend an einen hellen Ort gestellt und bei 17 °C getrieben werden. Eine höhere Temperatur sollte man vermeiden, weil unter deren Einfluß die Pflanzen bereits vor dem Blühen geiltriebig und kopflastig werden. Um die Blütezeit innerhalb einer bestimmten Pflanzengruppe zu staffeln, hält man einen Satz Zwiebeln unter kühleren Bedingungen bei 5 °C zurück und bringt davon jede Woche einen Teil zum Treiben an einen wärmeren Ort. So läßt sich die Blütezeit über sechs bis acht Wochen ausdehnen.

Für ein ansprechendes Zwiebelpflanzenarrangement eignen sich sowohl Töpfe als auch Schalen. Pflanzen in Schalen ohne Abzugsloch müssen sehr vorsichtig gegossen werden, damit keine Staunässe entsteht. Um eine ausgewogene Erdmischung zu erhalten, kann man eine Schicht Holzkohle auf den Grund der Schale geben oder ein aus Torf, Holzkohle und gemahlenem Muschelkalk bestehendes, speziell für Zwiebelpflanzen geeignetes Substrat verwenden.

Niedrigere Zwiebelgewächse wie Krokusse und Miniaturtulpen benötigen keinen Stützstab; da viele Narzissen- und Hyazinthenzuchtsorten indes umknicken, sobald man sie in der warmen Wohnung oder im Wintergarten aufstellt, bedürfen sie einer Stütze. Hyazinthen können mit Stäben gestützt werden, sobald ihre Blüten halb geöffnet sind. Man spitzt dazu einen dünnen Blumenstab an einem Ende an und stößt ihn entlang des Blütenstengels mit dem fein angespitzten Ende durch die Zwiebel hindurch. Danach wird das obere Ende des Stabs bis auf halbe Höhe der Blütenähre gekürzt und mit Raffiabast unmittelbar unter der ersten Blüte festgebunden. Diese Methode mag zwar etwas gewaltsam erscheinen, sie ist jedoch die einzige Möglichkeit, den Stab dicht und relativ unauffällig an den Blütenstengel heranzubringen, und das schadet der Zwiebel in der Regel kaum. Narzissen in Töpfen werden durch eine um Blätter und Blütenstengel gebundene Schlinge aus Raffiabast davor bewahrt umzuknicken, auch wenn das unter Umständen etwas steif wirken mag. Man kann aber auch einen dünnen Stock in die Mitte des Topfes stecken und Laub und Blüten büschelweise drei- bis viermal locker daran aufbinden. Nach der Blüte stellt man die Pflanze an einen hellen Ort, bis sie in den Garten umgepflanzt werden kann.

Beim Kauf von Zwiebeln zum Treiben sollte man ausschließlich feste Bulben ohne Risse und jegliche Anzeichen auf Schädlings- oder Krankheitsbefall auswählen. Aus getriebenen Zwiebeln entstandene Pflanzen sind im allgemeinen schädlings- und krankheitsfrei, auch wenn die jungen Triebe gelegentlich von Blattläusen befallen werden (siehe S. 57).

Krokusse

Im Vorfrühling bilden dichtstehende Krokusse eine üppige Farbenpracht zu einer Jahreszeit, in der nur wenige andere Pflanzen blühen. Es gibt aber auch herbst- und

winterblühende Krokusse. Großblütige Krokusse *(Crocus)* sollten zu Herbstbeginn in Gruppen von fünf bis zehn Knollen in halbhohe Töpfe gesetzt werden, damit sie in der ersten Hälfte des Winters blühen.

Geeignete Krokussorten sind: *C.* x *stellaris* ›Golden Yellow‹: Gelb. *C. vernus* ›Pickwick‹: Lila mit silbern gefiederten Streifen. ›Queen of the Blues‹: Blau. *C. vernus* ssp. *albiflorus* ›Snowstorm‹: Weiß. *C. chrysanthus* blüht besonders früh. Gelbe, blaue und purpurrote Blüten.

Hyazinthen

Präparierte Hyazinthenzwiebeln *(Hyacinthus)* sollten im August/September eingetopft werden, damit sie im Winter blühen. Nichtpräparierte Bulben werden in der ersten Hälfte des Herbstes in Töpfe gesetzt, damit sie von Spätwinter bis Vorfrühling blühen. Die Blüten sind 15–20 cm groß. Zum Treiben sollte man größere Zwiebeln kaufen, die man entweder direkt in flache Schalen oder zunächst in 9-cm-Töpfe setzt und später, sobald die Blütenfarbe erkennbar ist, um der hübscheren Proportionen willen in Schalen umpflanzt. Mit Hyazinthen bepflanzte Gefäße wirken noch dekorativer, wenn man die Erde mit Moos bedeckt.

Geeignete Hyazinthenzüchtungen sind: *Hyacinthus orientalis* ›Borah‹: Eine Bulbe bringt viele kleine blaue Blütenähren hervor. ›Delft Blue‹: Dichte Ähren violettblauer Blüten. ›Jan Bos‹: Karminrote Blüten. ›L'Innocence‹: Weiße Blüten. ›Pink Pearl‹: Ähren aus pinkfarbenen Blüten.

Was wäre ein winterliches Pflanzenarrangement im Gewächshaus ohne den süßen Duft der Hyazinthen? Hier werden die intensiv blauen Blütenähren des *Hyacinthus orientalis* ›Blue Jacket‹ durch die pinkfarbene Primula obconica farblich ergänzt.

Narzissen

Nichtpräparierte Zwiebeln werden entweder zu Herbstbeginn eingetopft, damit sie im Januar/Februar (Vorsaison) zum Blühen kommen oder im September/Oktober, damit sie im Frühling blühen (Hauptsaison). Präparierte Narzissenbulben *(Narcissus)* werden in der zweiten Hälfte des Herbstes eingetopft, damit sie im Winter blühen. Empfehlenswerte Sorten sind: ›Grand Soleil d'Or‹ (präparierte Bulben): In Büscheln zu mehreren erscheinende herrlich duftende gelbe Blüten; nicht frostbeständig, ungeeignet für Freilandpflanzungen, es sei denn in besonders warmen Klimazonen; Weinbaugegenden; 38 cm. ›Ice Follies‹: Weiße Blüten mit flachen Becherkronen und blaßgelben, gekräuselten Rändern; 45 cm; Hauptsaison. ›Paper White‹ (präparierte Bulben): Vergleichbar mit ›Grand Soleil d'Or‹, aber mit kleineren weißen Blüten; blüht bereits sechs Wochen nach dem Eintopfen.

Tulpen

Tulpen *(Tulipa)* sollten in der ersten Hälfte des Herbstes eingetopft und im Januar/Februar zum Treiben in das Gewächshaus gestellt werden. Sie blühen von Winterende bis Frühling. Geeignete Tulpenzüchtungen sind: ›Apricot Beauty‹: Lachsrosa; 40 cm. *T. kaufmanniana*: Blüten mit cremeweißer Mitte und karminroter Zeichnung; 15 cm. ›Mr. van der Hoef‹: Goldgelb; 30 cm. ›Oranje Nassau‹: Feuerrot; 30 cm. ›Red Riding Hood‹: Purpur-braun gezeichnete Blätter; scharlachrote Blüten; 20 cm; *T. tarda*: An jedem Stengel erscheinen zwei bis drei gelbe Blüten mit weißen Spitzen; 15 cm.

Ausdauernde Kletterpflanzen

Kletterpflanzen bilden im Zierpflanzen-Gewächshaus den malerischen Hintergrund; sie kaschieren die harten Linien der Baustruktur sowohl im dekorativ gestalteten als auch im mit Tischbeeten versehenen Raum und stellen ein vertikales Gestaltungselement dar, vor dem sich andere Pflanzen wirkungsvoll präsentieren lassen (siehe auch S. 83). Herrliche Blütenpflanzen mit kletterndem Wuchs stehen in vielen Farben zur Auswahl.

Doch bevor man mit dem Pflanzen beginnt, sollte man für eine Stütze sorgen, die stabil genug ist, das Gewicht der ausgewachsenen Kletterer zu tragen. Kletterpflanzen wie Efeu klammern sich mittels winziger Haftwurzeln an Mauern und Wände. Pflanzen mit rankenden Trieben wie *Jasminum polyanthum* lassen sich als kleine Topfpflanzen an einem spiralförmigen Stützdraht aufleiten. Eine im Gewächshaus-Erdbeet oder einem 20-25-cm-Topf eingewurzelte größere Pflanze kommt

Die wuchsfreudige *Bougainvillea* – hier die an einem Stützpfeiler emporkletternde ›Poulton's Special‹ – bietet mit ihren einzigartigen, leuchtend pinkfarbenen Hochblättern den ganzen Sommer ein spektakuläres Bild.

sehr gut zur Geltung, wenn man ihre kräftigen Triebe an mehreren vertikal in Fächerform gespannten Drähten ausrichtet. Passionsblumen *(Passiflora)* halten sich mit ihren Ranken an Drahtgittern oder Spalieren fest. Erfahrungsgemäß wirken sie am hübschesten, wenn ihre mit üppigen Blüten besetzten Haupttriebe an horizontal zwischen den Dachtraufen des Gewächshauses gespannten Drähten entlangranken, während ihre Seitentriebe wie ein schwerer Vorhang aus Blättern und Blüten herunterhängen und das dekorative Bild reizvoll abrunden.

Spreizklimmer wie Bougainvilleen klammern sich mit ihren Dornen an die Kletterhilfe; im Gewächshaus gezogen, müssen sie allerdings regelmäßig an stabilen Spalieren, Drähten oder einer Pergola aufgebunden werden. Viele freistehende strauchartige Pflanzen lassen sich an vertikalen Stützen ausrichten und entfalten reichen Blütenschmuck, sofern sie stets sorgfältig erzogen und geschnitten werden. Ein gutes Beispiel für eine strauchartige Pflanze von lockerem Wuchs ist *Abutilon megapotamicum* (Schönmalve), deren zarte Triebe an Drähten und Spalieren aufgeleitet werden, um kaskadenförmig herunterfallend ihre Blüten und Blätter zur Schau zu stellen.

Für die Kultur und als dekoratives Gartenelement gleichermaßen geeignet ist ein an das Haus angrenzendes Anlehngewächshaus, an dessen Rückwand Aufleitdrähte oder Spaliere angebracht werden können. Sind keine Mauern vorhanden, lassen sich die Spanndrähte, mittels Ringschrauben (siehe S. 75) an den Seitenwänden oder zwischen die Dachtraufen gespannt, am Gewächshaus befestigen; beim Anbringen sollte man darauf achten, daß die wachsende Kletterpflanze möglichst wenig Schatten auf die anderen Gewächshauspflanzen wirft. Es ist wesentlich einfacher, Kletterpflanzen zu ziehen, wenn die Drähte gerade und straff sind; Drahtspanner oder mit einem Lauf versehene Spannvorrichtungen verhindern ein Durchhängen der Drähte.

Allzuoft höre ich Hobbygärtner darüber klagen, daß ihre Kletterpflanzen kaum Blüten tragen. Im Lauf des Gesprächs stellt sich dann gewöhnlich bald heraus, daß sie – um das Übermaß sommerlicher Triebbildung zu bändigen – einen radikalen Rückschnitt vorgenommen und aufgrund mangelnder Kenntnis, Zweige entfernt haben, an welchen im darauffolgenden Frühjahr Blüten erschienen wären. Man sieht daran, wie wichtig es ist, das Wuchs- und Blühverhalten der Kletterpflanze genau zu kennen, bevor man sich an irgendwelche Schnittmaßnahmen heranwagt.

Die meisten Kletterpflanzen lassen sich in zwei Kategorien unterteilen – in die, die an neuen Trieben des jeweiligen Jahres in der Regel im Sommer und Herbst blühen und jene, die am Holz des Vorjahres im Frühjahr und Sommer blühen. Erstere werden am besten ge-

gen Winterende geschnitten, damit ihnen genügend Zeit bleibt, kräftige Triebe zu bilden, bevor sie später im Jahr blühen. Beispiele dafür sind *Plumbago auriculata* (Bleiwurz) und *Ipomoea acuminata* (Prunkwinde), die durch einen Rückschnitt bis auf die Knospen am alten Holz zu kräftigem Neuaustrieb angeregt werden. Pflanzen, die sich extrem stark ausgebreitet haben, nehmen anderen Gewächsen leicht zu viel Licht weg, wenn man nicht eingreift. In solchen Fällen schneide ich im Herbst die Triebe bis auf die Hälfte aus; der Rest bleibt bis zum Hauptschnitt gegen Winterende stehen. Frühlings- und sommerblühende Kletterpflanzen blühen in der Regel am Holz des Vorjahres. Beliebt sind *Acacia baileyana* (Akazie) und *Clianthus puniceus* (Ruhmesblume), die am besten unmittelbar nach der Blüte geschnitten werden.

Schnittmaßnahmen sollten grundsätzlich mit einem scharfen Messer oder einer Baumschere erfolgen, da stumpfes Werkzeug Wundrisse verursacht, die unter Umständen zu absterbenden und kranken Trieben führen. Man schneidet stets unmittelbar über einer Knospe, so daß keine Stummel stehenbleiben, die absterben und Infektionen begünstigen könnten und überdies unschön aussehen. Zunächst werden alle toten, erkrankten oder absterbenden Äste entfernt, anschließend alle zu dicht wachsenden oder sich kreuzenden Triebe ausgeschnitten. Zuletzt entscheidet man, welche Blütentriebe stehenbleiben und welche das Astgerüst der heranwachsenden Pflanze bilden; sie werden mit Kokosstrick so aufgebunden, daß die zarten, jungen Triebe nicht zu fest eingeschnürt und abgeklemmt werden. Es ist ganz wichtig, sämtliche Bindeschnüre regelmäßig zu überprüfen und alle zu stramm sitzenden zu erneuern. Pflanzen mit rankenden Trieben oder Blattstielranken halten sich gewöhnlich selbst und müssen kaum ausgerichtet werden, Spreizklimmer oder formierte Sträucher sollten hingegen in der aktiven Wachstumsphase immer wieder so aufgebunden werden, daß ihre Triebe das entsprechende »Grundgerüst« bilden. Zu lange Triebe lassen sich nur schwer handhaben. Bei einer kräftig entwickelten, zuverlässig blühenden Pflanze lassen sich die Schnittmaßnahmen auf das Bändigen des Wuchses und das Entfernen der toten oder abgeblühten Triebe beschränken. Ein alle paar Jahre erfolgender Verjüngungsschnitt kann das Wachstum einer älteren Pflanze neu anregen.

Wer im kleinen Gewächshaus eine große Anzahl von Pflanzen auf engstem Raum kultivieren möchte, hat die Wahl zwischen vielen in Kübeln gedeihenden, üppig blühenden Kletterpflanzen. Man denke nur an die Bougainvilleen! Weniger starkwüchsige Sorten gedeihen in 20-30-cm-Töpfen, so *Bougainvillea* x *buttiana* ›Mrs. Butt‹ mit hauchdünnen, rosa-karmesinroten Blütenblättern, die halbgefüllte *B. glabra* ›Snow White‹ oder eine der buntlaubigen Formen wie ›Raspberry Ice‹. Im Winter sollten Bougainvillea-Spezies nur wenig feucht gehalten werden, damit sie im Kalthaus überleben. Sinkt die Temperatur über längere Zeit unter 4 °C, werfen die Pflanzen die Blätter ab, was aber unbedenklich ist, solange sie trocken gehalten werden. Gegen Ende des Winters sollte man sie bis auf zwei oder drei Knospen am Holz des Vorjahres zurückschneiden, so daß nur ein spärliches Astgerüst stehenbleibt, und anschließend eine Schicht nährstoffreicher, humoser Erde aufbringen. Im Sommer benötigen sie viel Licht und müssen ausreichend belüftet werden. Um das Wachstum der Pflanzen anzuregen, ist eine Temperatur von etwa 22 °C erforderlich und regelmäßiges Düngen mit einem konzentriert stickstoffhaltigen Präparat. Man entspitzt die Triebe, um das Verzweigen der Pflanze zu fördern, und richtet sie, solange sie noch biegsam sind, an fächerförmig oder zeltartig zusammengestellten Bambusstöcken aus. Die pergamentartigen, endständigen Blüten erscheinen ab Hochsommer. Reduziert man die Stickstoffgaben zugunsten eines die Triebe kräftigenden kaliumkarbonatreichen Düngers, läßt sich die Blütezeit noch verlängern. Nach der Blüte kürzt man die Triebe ein, um die Bildung neuer Zweige und Blüten zu fördern.

Passionsblumen (*Passiflora*) gehören mit ihren einzigartigen Blüten zu den besonders dekorativen Kletterpflanzen. Sie lassen sich problemlos in 23-cm-Töpfen ziehen und an in Wigwamform zusammengestellten Stöcken aufleiten. Manche stärker wachsende Arten, wie *P. edulis*, müssen regelmäßig gestutzt werden, damit sie das Gewächshaus nicht völlig überwuchern. Die aus gemäßigten und tropischen Breiten stammenden *Passiflora*-Arten *P. mollissima* und *P.* x *caponii* ›John Innes‹ sind hervorragende Topfpflanzen. Einschränkend sei jedoch gesagt, daß sie anfällig für Wurzelhalsfäule sind, wenn sie im Winter zu kalt stehen, und daß man gut beraten ist, im Sommer als Vorsichtsmaßnahme ein paar Stecklinge zu bewurzeln, falls eine besondere Pflanze im Winter eingehen sollte.

Die folgende Aufstellung enthält weitere ausdauernde, für das Gewächshaus besonders gut geeignete Kletterpflanzen. Es wurden keine Angaben zur Pflanzengröße gemacht, da diese, je nach Kulturführung, sehr unterschiedlich sein kann.

Abutilon: Siehe S. 110

Acacia (Akazie): Siehe S. 110

Allamanda cathartica (Goldtrompete): Siehe S. 122

*Aristolochia littoralis (*syn. *A. elegans*; Pfeifenwinde*)*: Leicht zu führende Kletterpflanze mit rankenden Trieben und herzförmigen Blättern; benötigt Kletterhilfe; elegante braunmarmorierte Blüten erscheinen im Frühjahr und Sommer; Mindesttemperatur 10 °C; aus Samen oder Stecklingen im Frühling vermehren.

Bignonia capreolata (Trompetenblume): Starkwüchsige, immergrüne Kletterpflanze mit zweifach gelappten, lanzettlichen Blättern; klettert mittels Blattranken; orangerote, röhrenförmig sich erweiternde Blüten erscheinen gegen Ende des Frühjahrs an im Vorjahr gebildeten Trieben; später im Herbst bis zu 15 cm lange erbsenschotenförmige Hülsen; Vermehrung aus Stecklingen im Sommer oder Herbst oder aus Ablegern im Winter.

Bougainvillea: Diverse Sorten; siehe S. 111

Buddleja asiatica (Buddleie, Schmetterlingsstrauch): Mittelgroßer, halbimmergrüner, für Spaliere geeigneter Strauch; von Spätwinter bis Frühling erscheinen mit Flaum bedeckte lanzettförmige Blätter und hängende Rispen aus kleinen, weißen, duftenden Blüten; benötigt viel Sonne; Vermehrung aus Samen oder Stecklingen im Frühjahr.

Cestrum aurantiacum (Hammerstrauch): Siehe S. 116

Chorizema ilicifolium: Kleiner Strauch mit drahtigen Trieben; stacheliggezähnte, ledrige Blätter; als Rankpflanze zwischen anderen am Spalier gezogenen Gewächsen geeignet; rote und orange-rote Blüten im Frühjahr und Sommer; benötigt eine Mindesttemperatur von 7 °C und viel Licht; in Kübeln gezogene *Chorizema* in der Ruheperiode wenig, ansonsten mäßig gießen. Vermehrung aus Samen im Frühjahr oder Stecklingen im Sommer.

Clerodendrum thomsoniae (Losbaum): Siehe S. 122

Clianthus puniceus (Ruhmesblume): Siehe S. 113

Cytisus canariensis: Siehe S. 113

Fuchsia fulgens (Fuchsie): Mittelgroßer Strauch; am Spalier gezogen, wirken seine kaskadenartig herabfallenden Triebe mit den im Sommer erscheinenden Büscheln scharlachroter, röhrenförmiger, grüngeränderter Blüten sehr hübsch; Knollen im Winter trocken lagern; sehr anfällig für Weiße Fliege (siehe S.57); Vermehrung durch Teilung der Knollen im Frühjahr oder aus Stecklingen im Sommer.

Hoya carnosa (Wachsblume): Mittelstarkwüchsiger, immergrüner Schlingstrauch mit fleischigen, glänzenden Blättern; von Sommer bis Herbst erscheinen Dolden rosagetönter, in der Mitte rotgetupfter, nachts duftender Blüten; beliebte Topfpflanze; benötigen eine Mindesttemperatur von 7 °C; aus Samen oder Stecklingen im Frühjahr vermehren.

Jasminum (Jasmin): Siehe S. 113

Lapageria rosea: Siehe S. 114

Plumbago auriculata (Bleiwurz): Siehe S. 114

Tetrastigma voinierianum (syn. *Vitis voinieriana*): Immergrüne, starkwüchsige kletternde Laubpflanze mit auffallend gerippten Blättern, die bei der Jungpflanze mit braunem Flaum bedeckt sind, benötigt eine Mindesttemperatur von 15 °C; im Sommer für Schatten sorgen; reichlich gießen in der Wachstumszeit, bei niedriger Temperatur verträgt die Pflanze nur wenig Wasser; aus Stecklingen im Frühling vermehren.

Rhodochiton atrosanguineum

Die purpurfarben blühende Pflanze ist eine ausdauernde, aus Mexiko stammende Kletterpflanze. Der botanische Name beschreibt ihre ungewöhnliche Blüte – *rhodon* heißt Rose und *chiton* bezieht sich auf die mantelähnliche Gruppe von Kelchblättern. Die Blüte besteht aus einem auffällig roten glockenförmigen Kelch, an dem eine schmale, rötlich-braune, röhrenförmige Blüte hängt.

Aus Samen gezogene Kletterpflanzen

Ebenso wie bei den ausdauernden Kletterpflanzen gibt es auch bei den Einjährigen eine reiche Auswahl von Kletterern, die, alljährlich aus Samen gezogen, Lücken in einem Spalier füllen und in Töpfen an Stäben oder verzweigten Trieben hochrankend auf dem Tischbeet außergewöhnlich hübsch wirken.

Man sät die Samen in Töpfen oder Saatschalen im April/Mai aus und bringt sie bei einer Temperatur von 15–20 °C zum Keimen. Anschließend werden die Sämlinge einzeln in mit humoser Anzuchterde oder erdelosem Substrat gefüllte 9-cm-Töpfen pikiert. Ein vorsichtig dicht neben den Sämling gesteckter dünner Stab dient als Stütze für die rasch wachsenden, rankenden Triebe.

Sobald sie dessen Ende erreicht haben, kann die inzwischen hinreichend entwickelte Pflanze umgesetzt werden; man leitet sie an einem vorhandenen Spalier oder Drähten auf oder setzt je sechs Pflänzchen zusammen in einen 30-cm-Topf und läßt sie an Stöcken oder verzweigten Trieben hochklettern. Ist die Frostgefahr vorüber, können viele dieser jedes Jahr ausgesäten Kletterpflanzen, sofern sie zuvor entsprechend abgehärtet wurden, ins Freiland gesetzt werden. An Drähten oder einem Spalier außerhalb des Gewächshauses gezogen, bilden diese einjährigen Kletterer im Sommer eine sehr hübsch wirkende, »lebendige« Schattierung. Falls ihre Triebe zuviel Schatten werfen, können sie leicht ausgelichtet werden. Es empfiehlt sich, die beim ersten Frost eingehenden Pflanzen zu entfernen, damit im Herbst mehr Licht in das Gewächshaus fällt.

Im Sommer kann man seine eigenen Badeschwämme unter Glas heranziehen. Die Schwammgurke *(Luffa cylindrica)*, ist eine einjährige, mit der Gurke verwandte und entsprechend kultivierte Kletterpflanze. Ursprünglich stammt diese Pflanze aus dem tropischen Afrika und Asien. Sie kann bis zu 4 m hoch werden und besitzt großflächige Blätter und Blattranken. Gebrauchsfertige Schwämme gewinnt man, indem man die reife Frucht mit Fleisch und Schale mehrere Tage in Wasser einweicht. Anschließend wäscht man Samen und Fruchtfleisch sorgfältig ab, bis nur noch der elastische Strunk übrigbleibt, den man trocknen läßt.

Es folgt eine Auflistung ausdauernder und einjähriger Kletterpflanzen, die sich, jedes Jahr im Frühjahr aus Samen vermehrt, im Gewächshaus ziehen lassen.

Cobaea scandens (Prachtglocke, Glockenrebe): Starkwüchsige Kletterpflanze, die in einem Jahr bis zu 5 m Höhe erreichen kann; gefiederte, aus eiförmigen Blättchen bestehende Blätter, die in einer Ranke enden; von

Sommer bis Anfang Herbst erscheinen blaßgrüne, glockenförmige Blüten, die mit der Zeit eine violette Tönung annehmen.

Eccremocarpus scaber (Schönranke): Rasch wachsende Kletterpflanze, die in einem Jahr 2–3 m hoch wird; sie hat hübsche, doppelt gefiederte, in Ranken endende Blätter; von Sommer bis Herbst erscheinen orangefarbene Blüten.

Quamoclit lobata (syn. *Mina lobata*; Sternwinde): Rankende, bis zu 3 m hoch werdende Kletterpflanze; dreiteilige Blätter; entfaltet im Sommer Büschel röhrenförmiger, hochroter Blüten, die sich allmählich gelb färben.

Quamoclit vulgaris (syn. *Ipomoea quamoclit*; Prachtwinde): Einjährige Kletterpflanze, die bis zu 5 m hoch wird; feine, farnartig gefiederte Blätter; scharlachrote, röhrenförmige Blüten im Sommer.

Thunbergia alata (Schwarzäugige Susanne): Bis zu 3 m hoch werdende Kletterpflanze mit Rankstielen; hellgelbe bis orangefarbene Blüten mit dunkelbrauner Mitte im Sommer; herzförmige Blätter.

Tropaeolum majus (Kapuzinerkresse): Einjährige bis zu 3 m hohe Kletterpflanze; nahezu runde Blätter; große, rote, orangefarbene oder gelbe, gespornte Blüten, die von Sommer bis Herbst erscheinen; Blüten, Blätter und Samen sind eßbar.

Tropaeolum peregrinum (syn. *T. canariense*; Kapuzinerkresse): Einjährige bis zu 4 m hoch werdende Kletterpflanze; gelappte Blätter; klammert sich mittels langer Blattstiele fest; fransige, gelbe Blüten im Sommer.

Die Schönranke *(Eccremocarpus scaber)* ist eine ausdauernde, aber frostempfindliche Kletterpflanze. Sie wird am besten aus jährlich abgenommenen Samen gezogen und zeigt dann von Hochsommer bis zum ersten Frost im Herbst ihre reizvollen Blüten.

DAS GARTENJAHR IM GEWÄCHSHAUS

Ich erinnere mich noch genau, wie ich als Kind in den Ferien bei einem Onkel in Wales war und erstaunt feststellte, daß die Osterglocken in seinem Garten gegen Frühjahrsende noch immer in voller Blüte standen, während unsere zu Hause in London bereits seit drei Wochen verblüht waren. Da die klimatischen Bedingungen von Gegend zu Gegend sehr unterschiedlich sein können, wurden keine genauen Zeitangaben bezüglich der Ausführung einzelner Kulturmaßnahmen gemacht, sondern jeweils die Jahreszeit angegeben.

Selbst wenn im Spätwinter und Vorfrühling draußen noch Schnee liegt, können blühende Zwiebelpflanzen in Töpfen und im Herbst ausgesäte Einjährige wie *Schizanthus* ›Hit Parade‹ – hier mit den anmutigen Blüten der *Zantedeschia aethiopica* und Tulpen bestens kombiniert – bereits ein farbenprächtiges Bild im Gewächshaus bieten.

Frühling

Nur allzu leicht läßt man sich von ein paar sonnigen Tagen im Frühjahr in trügerische Sicherheit wiegen. In der Annahme, daß der Sommer bereits da ist, fängt man an, Pflanzen abzuhärten, um nur einen Tag später das Gewächshaus unter einer Schneedecke vorzufinden. Warme Tage und kühle Nächte führen im Gewächshaus zu großen Temperaturschwankungen, die wiederum ein rasches Austrocknen der Pflanzen verursachen. Man sollte es sich zur Gewohnheit machen, der Witterung entsprechend vorauszuplanen, indem man beispielsweise die Pflanzen frühmorgens gießt und während des Tages für ausreichende Belüftung sorgt.

Das Frühjahr ist die wichtigste Zeit im Gewächshaus, denn Säen, Pikieren und Topfen der Pflanzen zahlen sich – zum richtigen Zeitpunkt ausgeführt – später im Jahr durch reiche Erträge aus. Hellere Tage und steigende Temperaturen fördern eine rasche Wurzelbildung und Keimung der im Frühjahr vermehrten Pflanzen; hinzu kommt, daß die Jungpflänzchen viel Zeit haben, unter besten Voraussetzungen zu gesunden, kräftigen Pflanzen heranzuwachsen.

Sobald die durchschnittliche Tagestemperatur über 6 °C ansteigt, setzt der Wachstumsprozeß ein; besonders im Auge behalten muß man all jene Pflanzen, von welchen für die Vermehrung Grünstecklinge geschnitten werden, sobald ihre Triebe groß genug sind. Mit dem Ansteigen der Temperatur wachsen auch die Schädlingsprobleme; sie müssen im Anfangsstadium eingedämmt werden. Man kann bereits im Vorfrühling biologische Bekämpfungsmittel wie Gelbsticker einsetzen, die fliegende Insekten anlocken und gleichzeitig Aufschluß über den Schädlingsbestand geben, vorausgesetzt, man wechselt die Sticker regelmäßig aus.

Frühlingsbeginn

An sonnigen Tagen das Gewächshaus lüften und die Wege um die Mittagszeit mit Wasser besprühen. Da Pflanzen, die nicht an helles Sonnenlicht gewöhnt sind, unter Umständen trotz genügend feuchter Wurzeln welken, muß ganz sorgfältig gegossen werden. Der Wasserverlust der Blätter läßt sich sowohl durch Besprühen des Laubs als auch durch Schattieren reduzieren. Es empfiehlt sich,

Die Blüten von im Sommer und Herbst ausgesäten Einjährigen kündigen den Frühling an.

Schattierfarbe auf die Außenflächen des Gewächshauses aufzutragen.

Kalthaus und Frühbeet: Im Winter (Januar/Februar) ausgesäter Salat kann entweder unmittelbar in das Gewächshaus-Erdbeet, in das Frühbeet oder in den Garten unter Folie gepflanzt werden.
Beheiztes Gewächshaus: Vermehrungseinrichtungen wie geschlossene Kästen und Polyäthylenzelte sind unbedingt vor direkter Sonneneinstrahlung zu schützen; nur so läßt sich verhindern, daß die Temperatur zu schnell ansteigt und empfindliche Pflanzen Schaden nehmen. Dahlienknollen werden in einer mit feuchtem Torf gefüllten Kiste bei einer Mindesttemperatur von 15 °C getrieben; von den sich entwickelnden Trieben lassen sich Grünstecklinge abnehmen. Man sät Samen von im Winter blühenden Alpenveilchen (*Cyclamen*), Spaltblumen (*Schizanthus*) und *Salpiglossis* aus, deren Blüten im Sommer erscheinen. Ebenso solte man jetzt Tomaten und Melonen aussäen, um Jungpflanzen zu kultivieren. Für Gewächshaus, Frühbeet und Folie werden Gurken gesät. Wenn Sie Gurkenpflänzchen kaufen wollen, können diese jetzt in das Warmhaus gesetzt werden. Es empfiehlt sich, Frühtomaten auszupflanzen; im Januar/Februar ausgesät, tragen sie im Frühsommer Früchte.

Frühlingsmitte

Wind und plötzliche Regenschauer können in dieser Zeit Probleme schaffen, und da Jungpflanzen durch kalte Luft und über die Lüftung eindringende Wassertropfen geschädigt werden, ist gutes Belüften dringend erforderlich. Am besten schließt man die Lüftungsöffnungen auf der Wetterseite und hält sie auf der windabgewandten Seite leicht nach unten geneigt geöffnet, damit der Regen abfließt. Da warme, sonnige Tage auf die gesamte Vegetation wachstumsfördernd wirken, muß morgens so großzügig gegossen werden, daß die Pflanzen bis zum Abend ausreichend versorgt sind. Das Besprühen der Kiesbeete und des Gewächshausbodens gewährleistet eine feuchte, wachstumsfördernde Atmosphäre und verringert die Gefahr des Austrocknens. Man sollte die Pflanzen hin und wieder austopfen, um ihren Wurzelballen zu prüfen. Pflanzen gewöhnen sich sehr rasch an zu enge Gefäße und leiden unter Nährstoffmangel, wenn sie nicht rechtzeitig umgetopft werden.

Kalthaus und Frühbeet: Man setzt halbharte Pflanzen zum Abhärten aus, damit im beheizten Gewächshaus Platz für Beetpflanzen und Gemüse wie Gurken und Tomaten geschaffen wird.
Beheiztes Gewächshaus: Beet- und Gewächshauspflanzen sollten umgetopft werden, damit sie sich ungehindert weiterentwickeln können. Günstigere Außentemperaturen und Lichtverhältnisse haben nun das Wachstum vieler Sträucher und Stauden derart angeregt, daß man all die Pflanzen aufmerksam beobachten sollte, die sich – wie Flieder (*Syringa*) und Schmetterlingsstrauch (*Buddleja*) – aus Grünstecklingen im beheizten Frühbeet oder in einem Anzuchtkasten im Gewächshaus vermehren lassen. Man sät *Kalanchoe blossfeldiana*, deren Blüten gegen Winterende erscheinen, sowie die Ziertabakarten *Nicotina sylvestris* und *N. rustica*, die in den Garten gesetzt werden, sobald kein Frost mehr droht. Auch Küchenkräuter wie Basilikum und Dill sollten in Töpfen ausgesät werden. Da die Sonneneinstrahlung so intensiv sein kann, daß manche Pflanzen verbrennen, sollte man bereits jetzt beginnen, das Gewächshaus zu schattieren; vorrangig ist zunächst der Sonnenschutz auf der Südseite. Winter- und frühjahrsblühende Sträucher müssen unmittelbar nach dem Verblühen zurückgeschnitten werden; alle neuen Triebe von strauchigen Klet-

terpflanzen werden aufgeleitet. Die Triebe von Weinreben bindet man sorgfältig an den Stützdrähten fest und entspitzt die Blütenansätze zwei Blätter über der Blütentraube.

Frühlingsende

Kalthaus und Frühbeet: Beetpflanzen in Frühbeeten abhärten, damit man sie im Frühsommer ins Freiland setzen kann. Auch Ampeln sollten bepflanzt und im Frühbeet oder unbeheizten Gewächshaus abgehärtet werden – um der Stabilität willen stellt man sie am besten auf einen Topf.

Beheiztes Gewächshaus: Stecklinge von Kalanchoegewächsen wie der hängenden Kalanchoe ›Tessa‹ und *K. manginii* abnehmen. Samtnessel *(Coleus)*, Petunien, *Celosia*, Fleißiges Lieschen *(Impatiens)* und Ringelblume *(Calendula)* aussäen – sie werden in Töpfen im Gewächshaus kultiviert –, ebenso einjährige Kletterpflanzen wie Prachtwinde *(Ipomoea tricolor)* ›Heavenly Blue‹ oder die Schwarzäugige Susanne *(Thunbergia alata* ›Susie‹*)*, die ins Freiland gesetzt werden. Im Gewächshaus-Erdbeet oder in Töpfen werden Auberginen, Gemüsepaprika, Gurken und Melonen gezogen und nach dem Pflanzen kräftig angegossen.

Sommer

Da die Lichtintensität im Frühsommer am stärksten ist, trocknen die Pflanzen rasch aus und müssen mindestens dreimal täglich gegossen werden. Besondere Aufmerksamkeit verlangen Topfpflanzen, die nicht umgesetzt werden, und besonders leicht austrocknende Gewächse in kleinen Töpfen. Rasch wachsende Pflanzen müssen großzügig gewässert und bis zu zweimal wöchentlich gedüngt werden, wenn man ihre Wuchskraft erhalten möchte, ohne einen Nährstoffmangel zu riskieren. Verstärktes Schattieren, gute Belüftung und regelmäßiges Absprühen des Gewächshausbodens gewährleisten eine feuchte, wachstumsfördernde Atmosphäre. Durch Sprühen bilden sich allerdings auch vermehrt Algen, die mit einem elektrischen Hochdruckreiniger oder einer harten Bürste und Seifenwasser entfernt werden sollten. Algenvernichtungsmittel verhindern die Neubildung von Algen, müssen im Sommer jedoch wiederholt aufgebracht werden, denn diese Mittel können nicht von dauerhafter Wirkung

Coleus-blumei-Hybriden (Samt-/Buntnesseln) entfalten im Sommer eine überwältigende Vielfalt bunten Blattwerks.

sein, weil der Gewächshausboden immer wieder abgesprüht wird.

Die gleichbleibende Wärme fördert die rasche Vermehrung von Schädlingen. Deshalb sollte man die Pflanzen von Zeit zu Zeit auf Ungeziefer untersuchen und bei den geringsten Anzeichen ein entsprechendes chemisches oder regelmäßig biologische Bekämpfungsmittel einsetzen.

Frühsommer

Kalthaus und Frühbeet: Von Früh- bis Hochsommer können Grünstecklinge und halbausgereifte Stecklinge von Stauden und Sträuchern abgenommen und direkt in ein schattiertes Frühbeet gesetzt werden. Man sät großblütigen Fingerhut *(Digitalis)* wie Excelsior-Hybriden von *D. purpurea* für die Topfkultur im unbeheizten Gewächshaus aus. Die Weinstöcke im Erdbeet sollten zur Unterstützung der Fruchtbildung gedüngt und die größer werdenden Fruchttrauben ausgelichtet werden, damit die zu dicht stehenden Beeren nicht aufplatzen.

Beheiztes Gewächshaus: Gurken sollten geerntet werden, sobald sie reif sind, damit die Ernteperiode möglichst ausgeschöpft werden kann. Tomaten müssen großzügig gewässert werden, damit sie

nicht austrocknen. Unzuverlässiges Gießen führt zu Blütenendfäule und Aufplatzen der Früchte. Durch Besprühen der Pflanzen in der Mittagszeit läßt sich der Fruchtansatz fördern. Sobald die Wuchskraft nachläßt, gibt man einen Dünger mit erhöhtem Stickstoffanteil.

Hochsommer

Der Hochsommer ist die beste Zeit für größere Instandhaltungsarbeiten oder Veränderungen im Gewächshaus. Da es im Freien warm genug ist, kommen die meisten Pflanzen ohne Schutz aus, sofern sie nicht der prallen Sonne ausgesetzt sind.

Kalthaus und Frühbeet: Man erntet die reifen Tomaten und entspitzt den Vegetationspunkt der als Kordon ausgerichteten Pflanzen oberhalb der fünften Blütentraube. Buschtomaten in Frühbeeten sollten mit Stroh gemulcht werden, damit sie nicht auf der Erde aufliegen. Stecklinge, die man im vorangegangenen Monat zum Bewurzeln eingesetzt hat, müssen überprüft und abgefallene oder erkrankte Blätter entfernt werden.

Beheiztes Gewächshaus: *Senecio* und *Calceolaria* aussäen, damit sie im zeitigen Frühjahr blühen. Primeln wie *Primula vulgaris* (syn. *P. acaulis*) werden bei einer Temperatur von 15–18 °C auf erdeloses Substrat gesät; sie entfalten ihre Blüten von Winterende bis Frühling. Höhere Temperaturen hemmen die Sämlingsentwicklung. Durch Abzupfen der welken Blüten von Sommerblumen und Ausbrechen der Samenstände läßt sich die Blühzeit verlängern.

Spätsommer

Kalthaus und Frühbeet: Bewurzelte Stecklinge, die im Frühsommer in das Frühbeet eingesetzt wurden, müssen vor dem Eintopfen durch verstärktes Belüften abgehärtet werden. So wird im kalten Kasten Platz geschaffen für halbausgereifte Stecklinge von immergrünen Sträuchern, damit diese möglichst noch vor dem Winter einwurzeln. Im vorangegangenen Monat ausgesäte Einjährige werden in 8–9-cm-Töpfen pikiert und in ein gut belüftetes Frühbeet gesetzt. Winterharte Alpenveilchen *(Cyclamen)* und Primeln aussäen. Es empfiehlt sich, Erdbeeren einzutopfen, die den Winter über im Kalthaus getrieben werden.

Beheiztes Gewächshaus: Spaltblume *(Schizanthus)*, *Clarkia* und Natternkopf *(Echium)* aussäen. Stecklinge von Pelargonien, Fuchsien und Begonien sowie anderen halbharten Gartenpflanzen abnehmen; sie lassen sich in einem beheizten Frühbeet oder Vermehrungskasten im Gewächshaus bewurzeln. Nachbarn oder Freunden erleichtert man die Betreuung der Pflanzen während der Urlaubszeit, indem man für die Zeit der Abwesenheit ein automatisches Bewässerungssystem installiert; denn es wäre fast zu viel verlangt, wenn jemand dreimal täglich kommen und die Pflanzen gießen und besprühen soll.

Herbst

Der Herbst ist die Übergangsphase zwischen Sommer und Winter, und tatsächlich kann man im Lauf des Herbstes das gesamte Klimaspektrum von Sommer und Winter einschließlich aller Abstufungen der dazwischenliegenden Jahreszeiten erleben. Zu Herbstbeginn können die Tage zwar noch trocken und sonnig sein, die Nächte aber schon bald so kalt werden, daß sich der Frost nur durch Heizen fernhalten läßt. Im Lauf des Herbstes werden die Tage kürzer, kühler und feuchter, womöglich mit längeren Frostperioden und Nebel im Spätherbst. Man sollte unbedingt die Wettervorhersagen beachten – nicht nur wegen der Frostgefahr, sondern auch im Hinblick auf Stürme, die in nicht rechtzeitig geschlossenen Frühbeeten und Gewächshäusern beträchtlichen Schaden anrichten können.

Herbstbeginn

Der Frühherbst ist die beste Zeit für eine gründliche Innenreinigung des Gewächshauses, bevor der Raum erneut mit Pflanzen gefüllt wird, die auf Winterschutz angewiesen sind. Das Glas wird mit Seifenwasser abgeschrubbt, damit alle Spuren von Schattierfarbe, Algen oder Schmutz, die sich im Sommer gebildet haben, beseitigt werden. Bei kleinen Gewächshäusern lohnt es sich, sämtliche Pflanzen während der Reinigung ins Freie zu stellen – man erleichtert sich dadurch den Zugang und verhindert mögliche Schäden. Das zwischen Glas und Metallprofilen wachsende Moos muß mit einem angespitzten Stock, an Stellen, wo es besonders fest haftet, mit einem Hochdruckreiniger entfernt werden, da die aus dem Moos sickernde Flüssigkeit unter Umständen in die Sämlingstöpfchen tropft und die Erde zu feucht

Chrysanthemen werden zu Herbstbeginn in das schützende Gewächshaus gebracht.

werden läßt. Ist das Gewächshaus innen sauber, können durch Anbringen von Isoliermaterial wie Noppenfolie die Heizkosten gesenkt werden. Bevor der Herbstregen einsetzt, sollten die Regenrinnen überprüft und nötigenfalls von Herbstblättern gesäubert werden. Da die Sonneneinstrahlung nachläßt, kann man die Schattierrollos abnehmen.

Kalthaus und Frühbeet: Salat, den Sie im Frühling ernten möchten, sollten Sie jetzt aussäen. Die im Spätsommer ausgesäten Einjährigen müssen pikiert, die im Hochsommer gesäten Sommerblumen erneut umgetopft werden. An schönen Tagen können die Frühbeetfenster über den Einjährigen abgenommen werden, an feuchten Tagen hält man sie indes bei ausreichender Belüftung geschlossen; in besonders kalten Nächten muß das Frühbeet geschlossen und zum Schutz mit wärmedämmenden Matten abgedeckt werden. Blumenzwiebeln kaufen und *Narcissus* ›Paper White‹ bis zum Eintopfen im Spätherbst im Kühlschrank lagern. Auch andere Zwiebeln werden eingetopft und an einem kühlen, feuchten Ort untergebracht, bis sie auszutreiben beginnen.
Beheiztes Gewächshaus: Um die Früchte im Gewächshaus vor Schädlingen zu schützen, müssen

Fallen für Nagetiere aufgestellt werden; vor die Lüftung gespannte Netze verhindern, daß Vögel hineinfliegen. Bewurzelte Stecklinge von Pelargonien, Begonien und Fuchsien eintopfen, damit sie noch vor Winterbeginn in den 9-cm-Töpfchen einwurzeln. Auch halbharte Gewächse wie das Blumenrohr und Mutterpflanzen von Fuchsien und Pelargonien aus dem Garten werden in Töpfe gesetzt, damit sie im frostfreien Raum überwintern können. Zu Winterbeginn erntereifer Salat muß jetzt ausgesät werden.

Herbstmitte

Kalthaus und Frühbeet: Salat im Kalthaus aussäen, damit man ihn im April ernten kann. Die letzten Tomaten pflücken. Noch grüne Früchte können zusammen mit einem Apfel in einer Schublade oder Dose ausreifen oder zu grünem Tomatenchutney verarbeitet werden. Einjährige Pflanzen müssen immer wieder umgetopft werden; sie dürfen im Frühbeet nicht zu dicht stehen, da sie auf ein Maximum an Licht angewiesen sind. Frühbeete sollten geschlossen und nachts vor Frost geschützt werden.
Beheiztes Gewächshaus: Da die Sonnenintensität nun merklich nachläßt und die Feuchtigkeit zunimmt, wachsen die Pflanzen langsamer und benötigen weniger Wasser. Gesprüht wird nur noch morgens an sonnigen Tagen, da die Luftfeuchtigkeit in dieser Jahreszeit meist ohnehin zu hoch ist. Nun sollten alle Vermehrungsmaßnahmen abgeschlossen werden, da die Pflanzen infolge kürzer werdender Tage langsamer einwurzeln. *Cyclamen*-Hybriden aussäen, nachdem die Samen zunächst 24 Stunden in lauwarmem Wasser eingeweicht wurden.

Herbstende

Kalthaus und Frühbeet: Salat aussäen, wenn man gegen Frühjahrsende ernten möchte. Die Samen von Stauden und Sträuchern müssen in Töpfen ausgesät und in ein unbeheiztes Frühbeet gestellt werden, damit der Frost den Keimprozeß anregt. *Narcissus* ›Paper White‹ eintopfen und zu den anderen Töpfen mit Zwiebelpflanzen stellen. Präparierte Hyazinthenzwiebeln kommen allmählich in die Wachstumsphase und sollten vor dem Treiben an einen hellen Standort bei Temperaturen von 12 °C gestellt werden. Bis Ende November/ Anfang Dezember können Möhren in das unbeheizte Frühbeet gesät werden. Sobald der Frost einsetzt, das Frühbeet mit einem alten Teppich abdecken.

Beheiztes Gewächshaus: Frühlingssalat aussäen. Sobald strenger Frost droht, müssen die Einjährigen aus dem Frühbeet genommen und an einen luftigen, hellen Ort im Gewächshaus gestellt werden. Wurzelabschnitte von Meerkohl, Rhabarber und Chicorée im Gemüsegarten ausgraben und zum Treiben unter das Tischbeet im Gewächshaus stellen. Weinreben schneidet man nach Abwerfen der Blätter so zurück, daß das im Lauf des Jahres gebildete Holz auf ein bis zwei Knospen eingekürzt wird.

Winter

Es ist ganz wichtig, sämtliche frostempfindlichen Pflanzen im temperierten Gewächshaus unterzubringen, das während strenger Frostperioden Tag und Nacht beheizt werden muß. Alle milden, sonnigen Wintertage nutzt man, um das Treibhaus durchzulüften und die verbrauchte, feuchte Luft herauszulassen.

Selbst Pflanzen im warmen tropischen Gewächshaus stellen im tiefsten Winter ihr Wachstum aufgrund mangelnden Lichts ein; man sollte deshalb zu dieser Jahreszeit entsprechend sparsam gießen und aufhören zu sprühen, bis die Tage gegen Winterende wieder länger und heller werden. Auf dem Gewächshaus liegender Schnee muß sorgfältig mit einer langstieligen Bürste entfernt werden, da er den Pflanzen das Licht nimmt und durch sein Gewicht unter Umständen die Baustruktur schädigt.

In der ersten Winterhälfte sollte man grundsätzlich keine Pflanzen vermehren, da die Lichtverhältnisse zu schlecht sind, als daß zufriedenstellendes Wachstum möglich wäre. Probleme mit Schädlingen existieren im Winter praktisch nicht, da es für ein rasches Brüten zu kalt ist. Man sollte sich diesen Vorteil zunutze machen und das Gewächshaus reinigen und die Pflanzen untersuchen, um eventuell infizierte Gewächse von Schädlingen zu befreien. Schädlingsbekämpfung durch Nützlinge sind im Winter lediglich in extrem warmen Treibhäusern wirksam und sollte im allgemeinen besser erst vorgenommen werden, wenn gegen Winterende die Temperaturen ansteigen. Vergessen Sie nicht, die Wasserrohre und -hähne im Freien abzustellen und leerlaufen zu lassen, damit sie bei Frost nicht platzen.

Routinearbeiten im Gewächshaus werden am besten im Winter erledigt, wenn Gärtnern im Freien nicht mehr möglich ist.

Winteranfang

Wer jetzt bereits Kataloge von Samenhandlungen und Gärtnereien anfordert, kann am warmen Ofen in aller Ruhe seine Phantasie schweifen lassen und die Gewächshausbepflanzung für die folgende Wachstumsperiode zusammenstellen.

Kalthaus und Frühbeet: Pflanzen überprüfen und alle abgestorbenen oder erkrankten Blätter abnehmen. Auch vor Nagetieren, die in Töpfen nach Zwiebeln und großen Samen graben, sollte man auf der Hut sein. Durch Maschendraht können Pflanzen im Frühbeet geschützt werden.

Beheiztes Gewächshaus: Blumenzwiebeln lassen sich in einem frostsicheren Gewächshaus treiben und blühen in der zweiten Hälfte des Winters; denken Sie daran, Zwiebelpflanzen an Stützstäben festzubinden, bevor die Stengel sich vornüberneigen. Sämtliche Gewächshauspflanzen sollten auf Grauschimmel untersucht werden; dabei entfernt man alle abgestorbenen und kranken Blätter. An den Weinstöcken muß während der Keimruhe die lose Rinde abgelöst werden (Vorsicht im Bereich der Knospen), damit überwinternde Schädlinge sichtbar werden und unverzüglich bekämpft werden können.

Wintermitte

Kalthaus und Frühbeet: siehe Winteranfang

Beheiztes Gewächshaus: Weiterhin Chicorée, Meerkohl und Rhabarber für vorzeitige, köstliche Ernten unter dem Tischbeet im Gewächshaus treiben. Ausläufer von Pfefferminze und Wurzelabschnitte von Schnittlauch kann man jetzt ausgraben und eintopfen, damit sie im frostfreien Überwinterungshaus bis zum Vorfrühling getrieben werden können. Man setzt Erdbeeren in Töpfen ins frostfreie Überwinterungshaus, damit sie gegen Frühlingsende geerntet werden können. Eingetopfte Amaryllis-Zwiebeln *(Hippeastrum)* werden im Warmhaus in Kultur genommen. Der Wachstumsprozeß setzt erfahrungsgemäß nach zwei Wochen ein; häufig erscheinen die Blüten vor den Blättern. *Begonia semperflorens* und F_1-Pelargonien aussäen.

Winterende

Plötzliche Warmwetterperioden können zu einem extremen Ansteigen der Temperatur im Gewächshaus führen. An solchen Tagen muß man ab Vormittag lüften, um zu verhindern, daß das Gewächshaus überhitzt wird. Bei anhaltendem Sonnenschein etwas schattieren. Eventuell Wege mittags mit einer feinstrahligen Brause besprühen.

Kalthaus und Frühbeet: Im Vormonat ausgesäten Salat in ein Frühbeet oder Kalthaus setzen und in der zweiten Hälfte des Frühlings ernten.

Beheiztes Gewächshaus: Von März bis Frühlingsbeginn Auberginen und Paprika zur Jungpflanzengewinnung aussäen. Wintergartenpflanzen wie Schönmalve *(Abutilon)* und Keulenlilie *(Cordyline australis)* können in der Regel bereits jetzt ausgesät werden, damit ihnen eine lange Wachstums- und Entwicklungszeit bis zum kommenden Winter zur Verfügung steht.

Man nimmt Chrysanthemen-Stecklinge ab und setzt sie zum Bewurzeln in ein Frühbeet oder unter Sprühnebelbewässerung. Mitte März wird das Wachstum der Weinreben durch Erhöhen der Temperatur auf 15 °C und großzügiges Wässern des Gewächshaus-Erdbeets angeregt. Man besprüht den Boden und die Rebtriebe dreimal täglich, um das gleichmäßige Aufbrechen der Knospen entlang der Triebe zu fördern. In Töpfen eingepflanzte Obstgehölze wie Feigen, Pfirsiche, Nektarinen und andere Früchte werden ebenfalls in Kultur genommen.

107

DIE WICHTIGSTEN GEWÄCHSHAUSPFLANZEN

Die folgende Auswahl beruht auf meiner persönlichen Vorliebe für all die Pflanzen, die unter Glas das ganze Jahr über attraktiv wirken und eine Herausforderung für den Gärtner darstellen. Sie enthält eine Reihe bewährter Gewächse aus gemäßigten und tropischen Zonen, die das Treibhaus in einen exotischen Garten verwandeln, aber auch Pflanzen, die lediglich während bestimmter Entwicklungsphasen – sei es für die Zeit der Anzucht oder zum Schutz vor Kälte – im Gewächshaus untergebracht sind.

Gardenia jasminoides ›Fortuniana‹, ehemals groß in Mode in den Wintergärten des beginnenden 20. Jahrhunderts, erfüllt während der Hauptblütezeit von Sommer bis Herbst selbst das größte Gewächshaus mit berauschendem Duft. Gardenien gedeihen im temperierten Gewächshaus im Halbschatten; auf Zugluft reagieren sie durch Abwerfen der noch nicht entfalteten Blütenknospen.

Große Gruppen beliebter Gewächshauspflanzen wie Begonien, aber auch Obst und Gemüse fehlen in dieser Aufstellung, weil ich sie in den Kapiteln über das ertragreiche (siehe S. 59) und das dekorative Gewächshaus (siehe S. 81) ausführlich behandelt habe. Orchideen gehören als typische Liebhaberpflanzen weder zur einen noch zur anderen Gruppe, da viele Arten derart spezielle Kulturbedürfnisse haben, daß sie sich nur schwer mit einem bunten Sortiment von Pflanzen kombinieren lassen.

In der jedem Pflanzenporträt folgenden Zusammenfassung habe ich die erwartungsgemäß maximale Höhe und Breite für die jeweilige Pflanzengruppe angegeben, obwohl diese Größenangaben unter Umständen beträchtlich nach unten korrigiert werden müssen, wenn die Wurzelentwicklung durch Gefäßkultur eingeschränkt wird und die Gewächse stets sorgfältig zurückgeschnitten werden. Zur Breite der Kletterpflanzen habe ich keine Angaben gemacht, da diese weitgehend von der vorhandenen Stütze abhängt.

Bei der Gruppierung der Pflanzen habe ich mich an der für die Blütenbildung erforderlichen Mindesttemperatur orientiert: Kalthaus 5–12°C, temperiertes Haus 7–17°C und Warmhaus 17–26°C.

Kalthaus

Abutilon
(Schönmalve)

Diese Gattung immergrüner, halbimmergrüner oder laubabwerfender Sträucher stammt aus Südamerika. Die Pflanzen bringen farbenprächtige glockenförmige Blüten hervor, die sehr ausdauernd blühen. Eine Reihe von Züchtungen zeigt leuchtendgelbes oder cremefarben panaschiertes Blattwerk. Hält man sie den Winter über relativ trocken, überstehen viele Abutilonarten selbst Frostperioden. Auch wenn die Vermehrung aus Grünstecklingen oder halbausgereiften Stecklingen an keinen festen Zeitpunkt gebunden ist, schneide ich die Stecklinge am liebsten im Spätsommer und überwintere die Jungpflanzen. Schönmalven wirken sehr hübsch in Töpfen im Gewächshaus, können aber auch nach dem letzten Frost im Frühsommer ausgepflanzt werden. Wird das Wurzelwachstum nicht beschränkt, können starkwüchsige Züchtungen in einer Saison bis zu 2 m hoch werden.

Bewährte Sorten sind: ›Boule de Neige‹ mit reinweißen Blüten und mittelgrünem Blattwerk; ›Canary Bird‹ mit großen gelben Schalenblüten; ›Kentish Belle‹, große orange-gelbe Blüten; ›Nabob‹, intensiv karmesinrote Glokken; ›Souvenir de Bonn‹, orange-gelbe Blüten mit kräftig pinkfarbenen Adern und dunkelgrünen, ahornartigen Blättern, die creme-gelbe Ränder aufweisen. A. x hybridum ›Savitzii‹ ist eine weniger starkwüchsige und daher gut für die Gefäßkultur geeignete Pflanze mit weiß überlaufenem Laub und orange-gelben Blüten. A. megapotamicum ist ein immergrüner Strauch mit langen, schlanken Zweigen, ovalen Blättern mit herzförmigem Blattgrund und hängenden Blüten mit leuchtendroten Kelchblättern und gelben Blütenkronblättern. A. megapotamicum ›Variegatum‹, eine der weniger frostempfindlichen Schönmalven, wird ausschließlich wegen ihrer hübsch gesprenkelten Blätter gezogen. Sie macht sich am besten vor einer Mauer an Drähten oder Spalieren ausgerichtet; Jungpflanzen eignen sich gut für Ampeln.

A. x milleri zeigt eine ähnliche Wuchsform wie A. megapotamicum, hat indes größere, gelb geäderte Blüten. A. pictum (syn. A. striatum) bildet ahornartige Blätter und hängende rote Blüten mit attraktiv genetzten, orangefarbenen Adern. Die Zuchtform ›Thompsonii‹ fällt durch marmoriertes Laub auf. A. x suntense ist ein laubabwerfender, bedingt winterharter Strauch mit weinlaubartigen Blättern, der bis zu 2,5 m hoch wird und in einem Farbspektrum von weiß bis purpur-violett erhältlich ist.

Größe H.: 2–5 m; **B.:** 2–3 m. **Reizvollste Jahreszeit:** Buntlaubige Pflanzen das ganze Jahr; Blüten von Frühling bis Herbst. **Vermehrung:** Wildformen durch Samen im Frühling; Wildformen und erwähnte Zuchtformen das ganze Jahr aus Grünstecklingen und halbausgereiften Stecklingen.

Bleiwurz siehe *Plumbago auriculata*

Acacia
(Akazie)

Diese Sträucher und kleinen Bäume werden wegen ihres immergrünen Blattwerks und ihrer im Spätwinter und Frühling erscheinenden runden Büschel mimosenartiger Blüten gezogen. Sie gedeihen am besten an einem vollsonnigen Standort in Töpfen, die zum einen das Wachstum der besonders starkwüchsigen Arten beschränken helfen und zum anderen die Blütenbildung der Jungpflanzen anregen. Sämtliche Akazien werden unmittelbar nach der Blüte zurückgeschnitten. Einige Spezies vertragen leichten Frost und eignen sich für das Kalthaus oder eine geschützte Rabatte in milden Lagen. Man darf die Pflanzen im Spätsommer nie zu trocken werden lassen, da dies die Bildung der Blütenknospen beeinträchtigen kann. A. armata ist eine buschartige Pflanze mit geflügelten, borstigen dunkelgrünen Trieben und leuchtendgelben Blüten im Frühling. A. baileyana (Echte Akazie) ist ein kleiner Baum mit hängenden Trieben, doppelt gefiederten blaugrünen Blättern und gegen Winterende erscheinenden intensiv gelben Blüten. In Weinbaugegenden übersteht er den Winter im Freien. A. dealbata (Mimose) wird im Frühjahr in Blumengeschäften wegen seiner hübschen graugrünen Blätter und der mit Flaum bedeckten duftenden gelben Blüten angeboten. In milden Gegenden an einer geschützten Mauer gezogen, hält die Pflanze leichtem Frost stand. Die zierliche hängende A. longifolia (Sydney Goldgeflecht), bringt im Frühjahr lange, schmale Blätter und zylindrische Büschel blaßgelber Blüten hervor, während der buschige Strauch A. podalyriifolia attraktive silbrigblaue Blattstielblätter und leuchtendgelbe Blüten im Frühling zeigt.

Größe H.: 3 – 15 m; **B.:** 2 – 8 m. **Reiz-vollste Jahreszeit:** Winterende bis Frühling. **Vermehrung:** Samen im zeitigen Frühling; halbausgereifte Achselstecklinge im Frühsommer.

Akazie siehe *Acacia*

Alyogyne huegelii
›Santa Cruz‹

Diese mit dem Hibiskus verwandte Pflanze wird wegen ihrer prächtigen, zartblauen, bis zu 8 cm großen Blüten (Durchmesser) und sattgrünen, gelappten Blätter gezogen. Sie wächst rasch zu einem großen Strauch heran, läßt sich jedoch leicht unter Kontrolle halten, wenn man sie im Herbst auslichtet und gegen Winterende bis auf ein niedriges Grundgerüst aus Zweigen zurückschneidet. Wie alle zur Familie der Malven *(Malvaceae)* gehörenden Pflanzen wird ›Santa Cruz‹ von der Weißen Fliege befallen!
Größe H.: Bis zu 3 m; **B.:** Bis zu 2 m. **Reizvollste Jahreszeit:** Frühling und Sommer. **Vermehrung:** Grünstecklinge und halbausgereifte Stecklinge im Frühling und Sommer.

Asparagus
(Zierspargel)

Asparagus wird wegen seines farnartigen, stacheligen oder pfriemförmigen Laubes kultiviert, das aus Phyllodien (so der korrekte botanische Fachbegriff) besteht. Das sind zwar blattähnliche Stengel, aber keine richtigen Blätter. Viele Spezies bringen kleine sternförmige Blüten, gefolgt von erbsengroßen Beeren hervor. Sie eignen sich gut als Topfpflanzen, sollten aber alle paar Jahre neu aus Samen gezogen werden, da die Töpfe leicht zu eng werden und sich die dicken, fleischigen Wurzeln dann kaum mehr weiterentwickeln können.
Der aus Südafrika stammende Zierspargel (*A. densiflorus*; syn *A. sprenge-*

ri) hat lange, überhängende Triebe mit feinen, leuchtendgrünen, blattähnlichen Stengeln. Im Sommer trägt er weiße Blüten und später rote Beeren. ›Myerii‹ wächst zu einer mittelgroßen Pflanze heran und bietet das ungewöhnliche Bild eines Bündels herunterhängender Katzenschwänze. ›Sprengeri‹ macht sich sehr gut als Rand- oder Hintergrundpflanze; mit einer Vielzahl von Trieben, die mit Gruppen zu je drei bis vier blattähnlichen Stengeln besetzt sind, ist sie in der Textur zierlicher als ›Myerii‹. *A. setaceus* (Plumosus-Zierspargel) ist eine bis zu 3 m hoch werdende Kletterpflanze. Man zieht sie vor allem wegen ihres anmutigen farnkrautartigen Blattwerks, das in gleichen Abständen entlang der Triebe erscheint. ›Compacta‹ ist – wie der Name schon sagt – dichter im Wuchs und besser geeignet für das kleine Gewächshaus und die Anzucht in Töpfen.
Größe H.: 60 cm – 3 m; **B.:** 120 cm bis 2 m. **Reizvollste Jahreszeit:** Das ganze Jahr über. **Vermehrung:** Samen und Teilung im Frühjahr.

Bitterorange siehe *Citrus*

Bougainvillea

Diese mit stacheligen Trieben besetzten starkwüchsigen Kletterpflanzen werden wegen ihrer überwältigenden pergamentartigen Hochblätter geschätzt. Es gibt sie in vielen verschiedenen Farben. Einem leichten Schnitt nach der sommerlichen Blüte folgt ein gründlicher Rückschnitt gegen Winterende. Die Pflanzen lassen sich sowohl an Spalieren als auch über einer Pergola ziehen; üppige Blütenpracht entfalten aber auch Topfpflanzen, deren Triebe an Drähten oder Stäben aufgeleitet werden. Im Winter sollten Bougainvilleen fast trocken stehen, im Sommer hingegen gut gewässert und regelmäßig mit einem hochwertigen Stickstoffdünger ver-

Abutilon x *milleri*

Ein Kalthaus mit 5 °C Mindesttemperatur bei Nacht im Winter und einer auf bis zu 12 °C erhöhten Tagestemperatur bietet ideale Bedingungen für Gewächshauspflanzen, die in kühleren Klimazonen beheimatet sind.

sorgt werden. Ergänzend zu den im Kapitel »Das dekorative Gewächshaus« erwähnten Züchtungen (siehe S. 100) seien folgende bewährte Sorten genannt: *B.* ›Miss Manila‹ mit leuchtend orangeroten, allmählich pinkfarben verblassenden Hochblättern; ›Mahara Off White‹ mit gefüllten weißen Hochblättern und pinkfarbenen Rändern; ›Mahara Orange‹ mit gefüllten orangefarbenen, allmählich in Pink übergehenden Hochblättern;

Cineraria Brillant-Serie

›Mahara Pink‹ mit gefüllten pinkfarbenen Hochblättern und ›Mahara Red‹ mit gefüllten rotvioletten Blütenhüllblättern.
Größe: 3 – 7 m. **Reizvollste Jahreszeit:** Sommer. **Vermehrung:** Grünstecklinge und halbausgereifte Stecklinge im Frühling und Sommer.

Calamondin siehe *Citrus*

Calceolaria
Pantoffelblume

Diese aus Südamerika stammenden Pflanzen sind als Einjährige und als Kleinsträucher erhältlich und werden wegen ihrer außergewöhnlichen, beutelförmig gewölbten Blüten gezogen, die zwischen Frühling und Sommer erscheinen.
C. x *herbeohybrida*, als Zweijährige kultiviert, zeigen große leuchtende Blüten in breitem Farbspektrum. Als kleine Topfpflanzen wirken sie sowohl im Gewächshaus als auch auf einem Fensterbrett sehr hübsch.
C. integrifolia (syn. *C. rugosa*) wächst zu einem kleinen Strauch heran, den man im Sommer am besten als halb-

harte Rabattenpflanze in den Garten auspflanzt. Sie benötigt einen sonnigen Standort, an dem sie im Sommer Trauben leuchtendgelber Blüten hervorbringt.
Größe H.: 20 – 120 cm; **B.:** 15 – 60 cm. **Reizvollste Jahreszeit:** Frühling bis Sommer. **Vermehrung:** Samen von zweijährigen Spezies; von Frühjahr bis Sommer geschnittene Grünstecklinge und halbausgereifte Stecklinge von ausdauernden Pflanzen.

Cestrum siehe temperiertes Gewächshaus

Senecio x *hybridus* syn. *Cineraria* x *hybrida*

Diese mit dichten Blüten besetzten Topfpflanzen werden als Zweijährige gezogen und bringen im späten Winter und Frühling leuchtende Margeritenblüten hervor.
Samensortimente sind in der Regel in gemischten Farben von Rot über Blau und Pink bis Weiß erhältlich. Die Superb-Serie zeichnet sich durch großblütige Pflanzen mit hübschen zweifarbigen Kronblättern aus. Die Gaytime-Mischung macht sich als winterblühende Pflanze sehr hübsch auf dem Fensterbrett.
In Blüte stehende Cinerarien müssen sehr sorgfältig gegossen werden. Pflanzen in praller Sonne können trotz feuchter Wurzeln welken. In diesem Fall sollte das Laub besprüht werden.
Größe: 25 – 45 cm; **B.:** 15 – 30 cm. **Reizvollste Jahreszeit:** Blüten von Winter bis Frühjahr. **Vermehrung:** Samen von Hochsommer bis Herbst.

Citrus

Orangen, Zitronen und Limonen werden wegen ihrer eßbaren Früchte und süß duftenden, weißen Blüten seit ein paar hundert Jahren erfolgreich im Schutz des Gewächshauses gezogen.

Sie benötigen eine Mindesttemperatur von 5 – 10 °C; bei darunterliegenden Temperaturen kultivierte Pflanzen werfen im Winter unter Umständen ihre Blätter ab und sollten dann trokkener gehalten werden. Unter den günstigeren Licht- und Wärmebedingungen im Frühling beginnen sie erneut auszutreiben. Man setzt sie am besten in Tontöpfe oder Holzkübel, die bessere Standfestigkeit gewährleisten, wenn die Pflanzen im Sommer außerhalb des Gewächshauses aufgestellt werden. Zitrusgewächse lassen sich im allgemeinen problemlos ziehen, obgleich sie sehr schädlingsanfällig sind; die schlimmsten Feinde sind Schild- und Schmierläuse (siehe S. 57). Die Pflanzen lassen sich zwar aus Kernen heranziehen, erfolgversprechender sind indes bewährte Züchtungen, die häufig in Form veredelter Pflanzen im Handel sind. Man schneidet sie gegen Winterende zurück, lichtet sich überkreuzende Zweige aus und kürzt die Hälfte der Triebe auf ein Viertel ein.

x *Citrofortunella* (Calamondin) ist ein buschiger, immergrüner Strauch, der mit seinen lediglich 5 cm großen Früchten und weißen Blüten im Winter äußerst dekorativ ist. Aus den Früchten läßt sich Marmelade herstellen. Im Handel erhältlich ist auch eine reizvolle buntlaubige Form mit goldenen Blattmarkierungen.

Citrus aurantium (Pomeranze oder Bitterorange) wächst im Erdbeet zu einem Baum heran, läßt sich in Töpfen gezogen jedoch auf Strauchgröße begrenzen. Die herben Früchte dieser dekorativen, großblütigen Pflanze werden für die Marmeladenproduktion verwendet.

Citrus limon (Zitrone) ist ein Strauch beziehungsweise kleiner Baum; gut eingewurzelte Pflanzen lassen sich jedoch auch räumlich beschränkt im

Kübel ziehen. ›Meyer‹ ist eine sehr fruchtbare Sorte, die mittelgroße Früchte mit glatter Schale hervorbringt. ›Variegata‹ zeigt Blätter mit unregelmäßig grau und goldfarben gezeichneten Rändern und grün-gelb gestreifte Früchte.

Citrus medica (Zitronatzitrone) wächst, entsprechend geschnitten, zu einem ausladenden Strauch heran, der wegen seiner großen Früchte gezogen wird; sie werden zu Zitronat verarbeitet.

Citrus reticulata (Mandarine) trägt mittelgroße, süße Früchte.

Citrus sinensis (süße Orange) ›Jaffa‹ bringt große, saftige Früchte hervor, die sich leicht schälen lassen.

Größe: 2–5 m; **B.:** 1,5–3 m. **Reizvollste Jahreszeit**: Das ganze Jahr. **Vermehrung**: Samen im Frühling; im Sommer abgenommene halbausgereifte Achselstecklinge.

Clianthus puniceus
(Ruhmesblume)

Dieser aus Neuseeland stammende ausladende, starkwüchsige Strauch zeigt hübsches, seidig glänzendes immergrünes Blattwerk in feinen Fiedern und in Trauben herunterhängende auffallende Blüten im Frühjahr und Sommer.
Er gedeiht gut in Töpfen an Drähten im Gewächshaus gezogen oder als Niederstamm. Ein Rückschnitt nach der Blüte regt den Neuaustrieb an. ›Albus‹ (auch als ›White Heron‹ angeboten) bringt weiße, ›Flamingo‹ pinkfarbene und ›Red Cardinal‹ rote Blüten hervor.
Größe H.: Bis zu 5 m; **B.:** Bis zu 2 m. **Reizvollste Jahreszeit**: Blüten von Frühlingsende bis Frühsommer. **Vermehrung**: Bald nach der Blüte geschnittene halbausgereifte Stecklinge oder durch Samen im Frühjahr.

Cytisus canariensis
syn. *C.* x *spachianus*
(Geißklee, Ginster)

Dieser anmutige Ginster, mit seinen an biegsamen Stengeln stehenden, jeweils aus drei Blättchen zusammengesetzten Blättern, entfaltet im Frühling und Sommer Büschel duftender, gelber Schmetterlingsblüten. In das Erdbeet im Gewächshaus gepflanzt, wächst er zu einem großen immergrünen Strauch heran; als kleine bis mittelgroße Topf- oder Kübelpflanze gezogen, wirkt er ebenfalls sehr hübsch. Ein übler Schädling, für den alle Pflanzen dieser Familie anfällig sind, ist die Spinnmilbe.
Größe H. und B.: Bis zu 3 m. **Reizvollste Jahreszeit**: Winter und Vorfrühling. **Vermehrung**: Halbausgereifte Achselstecklinge im Sommer

Dicksonia antarctica siehe Farne, temperiertes Gewächshaus

Genista fragrans canariensis siehe *Cytisus canariensis*

Jasminum
(Jasmin)

Diese umfangreiche Gattung von Sträuchern und Kletterpflanzen läßt sich durch Töpfe eingeschränkt kultivieren oder in der Gewächshausrabatte ziehen; die starren Triebe werden an Drähten oder Stäben aufgeleitet. Die meisten Spezies haben überaus attraktive dunkelgrüne Blätter, von welchen sich die zierlichen, süß duftenden Blüten sehr hübsch abheben. *J. angulare* zeigt gefiederte Blätter und Büschel weißer intensiv duftender Blüten, die von Sommer bis Winterbeginn erscheinen. *J. grandiflorum* ist ein kletternder Jasmin, der von Sommer bis Herbst wohlriechende Blütentrauben hervorbringt. *J. mesnyi* (syn. *J. primulinum*), ein Schlingstrauch, sollte gelegentlich aufgebunden wer-

den, damit er in Form bleibt. Seine halbgefüllten gelben Blüten entfalten sich im Spätwinter und Frühling. *J. polyanthum* ist ein bewährter kletternder Jasmin mit intensiv duftenden weißen Blüten, die als Knospen pinkfarben überlaufen sind. *J. sambac* ist eine starkstämmige Kletterpflanze, die eine Mindesttemperatur von 10 °C benötigt und daher am besten im temperierten Gewächshaus gezogen wird. Ihre Blüten verströmen einen überaus süßen Duft. Die Blüten der gefüllten Sorte ›Grand Duke of Tuscany‹ ähneln kleinen Gardenienblüten.
Größe H.: 2–3 m. **Reizvollste Jahreszeit**: Frühling und Sommer. Einige Spezies blühen das ganze Jahr über. **Vermehrung**: Samen im Frühjahr; halbausgereifte Stecklinge und Blattknospenstecklinge im Frühjahr und Sommer.

Lachenalia

Diese brauchbare Gruppe kleiner, aus Südafrika stammender Zwiebelpflanzen zeigt gebogene, riemenartige Blät-

Citrus limon ›Meyer‹

Plumbago auriculata

ter und schlanke, glockenförmige Blüten an 15 cm langen Stengeln.

L. aloides, die gängigste aller *Lachenalia*-Spezies, bringt hängende, 2,5 cm große Blüten in vielen verschiedenen Farben hervor. Es sind viele *L.-Aloides*-Hybriden erhältlich, etwa ›Aurea‹ mit zartgelben Blüten, ›Nelsonii‹ mit leuchtendgelben Blüten, ›Quadricolor‹ mit roten Knospen und grüngelben oder orangefarbenen Blüten.

Größe H. und B.: Bis zu 15 cm. **Reizvollste Jahreszeit:** Blüten vom späten Winter bis Frühling. **Vermehrung:** Samen im Frühling; Teilung der Zwiebeln im Frühherbst; Blattknospenstecklinge im Spätherbst.

Lapageria rosea

Diese immergrüne, windende Kletterpflanze zeigt dünne, drahtige Stengel und wachsartige, glockenförmige Blüten im Spätsommer und Herbst. Sie bevorzugt einen kühlen Standort und eignet sich sehr gut für ein schattiges Treibhaus, das sich im Sommer nicht allzustark aufheizt; in Gegenden mit milden Wintern überlebt sie aber auch an einer Außenwand. Eine kräftig entwickelte, gesunde Topfpflanze benötigt als Endtopf ein 30-cm-Gefäß und wird an etwa 2 m langen zeltartig

zusammengestellten Stöcken aufgeleitet. Im Handel erhältlich sind Züchtungen mit weißen, roten und pinkfarbenen Blüten. Bei Vermehrung durch Samen erhält man in der Regel rotblühende Formen; Zuchtsorten wie die leuchtend pinkfarbene ›Nash Court‹ vermehrt man am besten durch Absenker.

Größe H.: Bis zu 3 m. **Reizvollste Jahreszeit:** Blüten von Spätsommer bis Herbst. **Vermehrung:** Samen und Absenker im Frühling.

Mandarine siehe *Citrus reticulata*

Mimose siehe *Acacia*

Orange, süße, siehe *Citrus sinensis*

Pellaea rotundifolia siehe Farne, temperiertes Gewächshaus

Pericallis x *hybrida* siehe
Cineraria x *hybrida*

Plumbago auriculata syn. *P. capensis*
(Bleiwurz)

Dieser lockere Strauch bringt den ganzen Sommer lang himmelblaue Blüten hervor. Er benötigt eine Mindesttemperatur von 7 °C. Dieser immergrüne Kletterstrauch wächst rasch und blüht von Sommer bis Frühwinter. Am besten wird er in Töpfen als Kletterpflanze gezogen, deren Triebe an einem Stab oder an auf einer Seite des Gewächshauses gespannten Drähten aufgeleitet werden. Auch in der sommerlichen Rabatte findet man diesen dekorativen Strauch häufig; seine aufgeleiteten Triebe bilden einen markanten Blickpunkt aus Blättern und Blüten. Man entfernt die welken Blütenköpfe im Spätsommer und schneidet die alten Schößlinge zurück, bevor sich gegen Ende des Winters die neuen Triebe bilden. *P. auriculata* ›Alba‹ unterscheidet sich

durch weiße Blüten und hellere Blätter von den blaublühenden Spezies.
Größe H.: 3–6 m. **Reizvollste Jahreszeit:** Blüten im Sommer. **Vermehrung:** Grünstecklinge im Frühjahr; halbausgereifte Stecklinge im Spätsommer.

Polystichum falcatum siehe Farne, temperiertes Gewächshaus

Pomeranze siehe *Citrus aurantium*

Primula
(Primel)

Sie werden als Zweijährige, aber auch als ausdauernde Pflanzen wegen ihrer hübschen Blüten gezogen, die von Winterende bis Frühling erscheinen (Kultivierung siehe S. 91). Sie benötigen eine Mindesttemperatur von 7 bis 10 °C und sind daher im Kalthaus gut aufgehoben. Man schützt sie im Frühling vor direkter Sonne, um sie vor Schäden zu bewahren. Sie gedeihen am besten in erdelosem Substrat und dürfen nie austrocknen. Zu den schlimmsten Schädlingen gehören Gewächshauszikaden und Dickmaulrüßler (Gegenmaßnahmen siehe S. 57).

P. ›Kewensis‹, eine Kreuzung zwischen *P. verticillata* und *P. floribunda*, bringt Quirle gelber Blüten an bis zu 30 cm hohen Stielen hervor. *P. malacoides* zeigt hübsche bogenförmig gerundete Blätter und aus winzigen Blütchen bestehende dicht besetzte Blütendolden. Im Handel werden gefüllte und einfachblühende Formen in großer Farbauswahl von Weiß und Pinkfarben bis zu Lavendelblau und Rot angeboten. *P. obconica* bringt bis zu 10 cm große, ovale, mit feinem Flaum bedeckte Blätter hervor, die Hautausschläge verursachen können. Die in einer Vielzahl von Farben erhältlichen Blüten haben einen Durchmesser von 2,5 cm und stehen auf bis zu 17 cm hohen Blütenschäften. Durch beliebige Kreuzung von *P.* x

polyantha, einer Gruppe winterharter, zu Frühlingsbeginn blühender Hybriden, mit *P. vulgaris*, *P. veris* und *P. juliae* ist eine ganze Reihe kräftiger, großblütiger Pflanzen in breitem Farbspektrum entstanden.
Größe H. und B.: 20–30 cm. **Reizvollste Jahreszeit:** Blüten im Winter und Frühling. **Vermehrung:** Samen im Sommer; Teilung im Herbst.

Ruhmesblume siehe *Clianthus puniceus*

Schizanthus
(Spaltblume)

Aus im Spätsommer gesäten Samen gezogen, kommt diese überaus brauchbare zweijährige Topfpflanze im Winter und Frühling zum Blühen – zu Frühlingsbeginn ausgesät, erscheinen die Blüten im Sommer (weitere Details zur Kultivierung siehe S. 91). Sowohl die hohen als auch die kleinwüchsigen Sorten sind beliebt wegen ihrer farnartigen Belaubung und der wunderschön gezeichneten Blüten in allen Farbtönen von Weiß bis Rot.
Größe H.: 30–120 cm. **B.:** 30–60 cm. **Reizvollste Jahreszeit:** Blüten im Frühling und Sommer. **Vermehrung:** Samen im Frühjahr oder Spätsommer.

Schönmalve siehe *Abutilon*

Sprekelia formosissima
(Jakobslilie)

Die lanzettlichen, bis zu 30 cm langen Blätter und auffallend roten, etwa 10 cm langen Blüten erscheinen im Frühling. Die Pflanzen sollten bis zum Herbst gegossen und gedüngt werden; danach läßt man die Zwiebeln für die winterliche Ruhepause austrocknen.
Größe H.: 15–35 cm; **B.:** 12–15 cm. **Reizvollste Jahreszeit:** Blüten im Frühling. **Vermehrung:** Samen im Frühjahr; Teilung der Zwiebeln im Herbst.

Tradescantia fluminensis
(Dreimasterblume)

Diese Pflanze wird wegen ihrer reizvollen Blüten und des hübschen Blattwerks gezogen. Sie hat ovale, fleischige Blätter mit grüner Ober- und violett überhauchter Unterseite. Von Frühjahr bis Herbst zeigt sie reizvolle Trauben weißer oder rosa Blüten.
Größe H.: Etwa 5 cm; **B.:** 60 cm oder mehr. **Reizvollste Jahreszeit:** Blüten von April bis November. **Vermehrung:** Stecklinge von März bis Oktober.

Tritonia crocata

Diese südafrikanische Zwiebelpflanze besitzt schwertförmige, hellgrüne Blätter und kleine orangerote Trichterblüten. Im Herbst werden je 5 bis 6 Knollen in einen 13-cm-Topf gelegt. Sie sind auf ein frostgeschütztes Gewächshaus angewiesen, da das Laub bereits im Winter erscheint, bevor sich die Blütenschäfte im Frühling zeigen. Sobald die Blätter im Frühsommer abzusterben beginnen, läßt man die Knollen austrocknen.
Größe H.: Bis zu 30 cm; **B.:** Bis zu 20 cm. **Reizvollste Jahreszeit:** Blüten im Frühling. **Vermehrung:** Durch Samen im Herbst oder Brutknollen zur Pflanzzeit.

Veltheimia

Diese aus Südafrika stammende Gruppe mittelhoher Zwiebelgewächse zeigt riemenförmige Blätter mit gewellten Rändern und an kräftigen Stengeln hängende röhrenförmige Blüten. Die immergrüne *V. bracteata* mit pink-purpurfarbenen Blüten darf während der Ruhephase nicht austrocknen, während *V. capensis* mit blaß pinkfarbenen, grün geränderten Blüten während der sommerlichen Ruhezeit am besten trocken gehalten wird.
Größe H.: Bis zu 45 cm; **B.:** Bis zu 30 cm. **Reizvollste Jahreszeit:** Blüten im Frühling. **Vermehrung:** Samen im Frühling; Brutzwiebeln im Sommer.

Yucca aloifolia
(Palmlilie)

Die Blätter der Palmlilie sind tiefgrün und schwertförmig. Ab Sommer zeigt er Rispen mit weißen, violettgetönten Blütenglocken.
Größe H.: bis zu 2 m; **B.:** 0,5–1 m. **Reizvollste Jahreszeit:** Sommer. **Vermehrung:** Seitentriebe, Stammstücke.

Zitronatzitrone siehe *Citrus medica*

Zitrone siehe *Citrus limon*

Primula ›Kewensis‹

Temperiertes Haus

Adiantum raddianum siehe Farne

Asplenium bulbiferum siehe Farne

Baumfarn, Australischer, siehe Farne, *Dicksonia antarctica*

Blechnum gibbum siehe Farne

Brugmansia
syn. *Datura*
(Stechapfel)

Diese starkwüchsigen strauchartigen Pflanzen werden wegen ihrer im Sommer erscheinenden exotischen Trompetenblüten kultiviert. Sofern man nicht eingreift, überwuchern sie bald die meisten kleinen Gewächshäuser; glücklicherweise können sie leicht in

Clivia miniata

Töpfen gezogen und gegen Winterende auf 30–40 cm zurückgeschnitten werden. Die Pflanzen überstehen kühle Winterbedingungen, vorausgesetzt, man hält sie äußerst trocken; im Spätwinter sollte man sie zurückschneiden und an einem wärmeren Standort zu neuem Austrieb anregen. Topfpflanzen lassen sich zu Hochstämmchen ziehen und im Sommer außerhalb des Gewächshauses als Terrassenschmuck aufstellen. Ein vor direkter Sonne geschütztes Plätzchen bekommt den Pflanzen am besten, da ihre großen Blätter an heißen, trockenen Standorten leicht verbrennen. Stechapfel ist für Menschen giftig, bedauerlicherweise aber nicht für Spinnmilben, die ein ständiges Problem darstellen.

Die weißblühende *B.* x *candida* ›Knightii‹ ist eine ausgezeichnete gefüllte Sorte, die abends herrlich duftet. Die starkwüchsige Züchtung *B.* ›Grand Marnier‹ bringt im Gartenboden innerhalb einer Wachstumsperiode bis zu 3 m lange Triebe hervor, die so kopflastig sind, daß man sie abstützen muß. Mit ihrer Größe harmonieren die über 30 cm langen, prächtigen, pfirsichfarbenen Trompeten. *B. sanguinea* ist kleiner als die anderen Spezies und kann im 25-cm-Topf leicht in Schach gehalten werden; richtig zurückgeschnitten, wird sie nicht höher als 1,8 m. Das Gelb der 20 cm langen Trompetenblüten geht im Bereich der Öffnung in orange- bis scharlachrote Farbtöne über.

Größe H. und **B.:** 2–4 m. **Reizvollste Jahreszeit:** Sommer bis Herbst. **Vermehrung:** Samen im Frühling; Grünstecklinge und halbausgereifte Stecklinge im Frühsommer.

Cestrum
(Hammerstrauch)

Obwohl diese Pflanzen auch unter kühleren Bedingungen überleben, ziehe ich sie lieber im temperierten Gewächshaus, weil sie dann im Winter ihre Blätter behalten, weiterwachsen und ununterbrochen Blüten hervorbringen, die in der kalten Jahreszeit als Farbtupfer überaus willkommen sind. Die meisten Spezies wachsen im Treibhaus-Erdbeet zu großen Sträuchern heran, können aber durch Rückschnitt und die Anzucht in Töpfen leicht in Grenzen gehalten werden. Obwohl man sie jederzeit schneiden kann, sehe ich nach Möglichkeit von einem Winterschnitt ab. Die reizvollen Blüten erscheinen in verschwenderischer Fülle an den Spitzen der neuen Triebe. Sie können als strauchartige Kletterpflanzen an senkrechten Stangen oder waagrecht gespannten Drähten gezogen und aufgebunden werden.

C. aurantiacum zeichnet sich durch zartgrüne Belaubung und große verzweigte Büschel orangeroter Blüten aus. *C. elegans* hat größere Blätter als *C. aurantiacum*; sie werden etwa 10 cm lang und sind mit kurzen, filzigen Haaren bedeckt. Die tiefroten röhrenförmigen Blüten erscheinen in großer Zahl.

Größe H. und **B.:** 2–3 m. **Reizvollste Jahreszeit:** Hauptblüte im Spätfrühling und Sommer, aber auch im Winter erscheinen vereinzelt Blüten. **Vermehrung:** Durch Samen im Frühjahr oder halbausgereifte Stecklinge im Sommer.

Clivia
(Klivie/Riemenblatt)

Diese hübschen, für das temperierte Gewächshaus geeigneten Pflanzen wachsen und blühen bestens in Töpfen. Aus dicken, fleischigen Wurzeln bilden sich grundständige Rosetten immergrüner, riemenförmiger Blätter, die bis zu 60 cm lang werden. Die Trichterblüten stehen in Dolden an einem kräftigen Stengel über den Blättern. Es empfiehlt sich, die Pflanzen so lange nicht zu stören, bis sie die Erde in den Töpfen völlig durchwurzelt haben; erst dann werden sie umgetopft oder in einzelne Wurzelstücke geteilt. Gegen Frühjahrsende erscheinen – durch eine kühlere Phase im Herbst gefördert – die Blüten. Clivien sind anspruchslose, schattenverträgliche Gewächse.

C. miniata besitzt ausladende orangerote Trichterblüten und etwa 6 cm breite Blätter. ›Aurea‹ zeigt zitronengelbe Blüten und ›Striata‹ gelbgestreiftes, panaschiertes Laub und hübsche orangefarbene Blüten. *C. nobilis* hat verglichen mit *C. miniata* schmalere Blätter und Dolden röhrenförmig geschwungener, roter Blüten mit grünen Spitzen.

Größe H.: Bis zu 60 cm; **B.:** Bis zu 90 cm. **Reizvollste Jahreszeit:** Blüten im Frühling bzw. Sommer. **Vermehrung:** Samen im Frühjahr; Teilung nach der Blüte.

Columnea

Diese Gruppe von Halbsträuchern, die aus tropischen und gemäßigten Breiten stammt, wächst in ihren heimischen, meist warmen und feuchten Waldgebieten häufig auf großen Bäumen oder Sträuchern, die ihr jedoch lediglich als Stütze dienen. Die meisten Spezies haben hängende Triebe; ihre auffallend attraktiven, sich erweiternden röhrenförmigen Blüten, die sich entlang der Triebe entfalten, kommen am besten in Blumenampeln zur Geltung. *Columnea* benötigt einen hellen, jedoch nicht sonnigen Standort. *C.* x *banksii* besitzt kleine, glänzend grüne Blätter und scharlachrote Blüten; sie ist die am einfachsten zu kultivierende Columnea. *C. gloriosa* zeigt graugrüne, mit kurzen Haaren bedeckte Blätter und große feuerrote Blüten mit gelbem Schlund.

Größe H. und **B.:** Durchschnittlich 60 cm. **Reizvollste Jahreszeit:** Blüten von Winter bis Frühling. **Vermehrung:** Grünstecklinge nach der Blüte.

Cyrtanthus purpureus
syn. *Vallota speciosa*
(Bogenlilie)

Die Bogenlilie gehört zur Familie der *Amaryllidaceae*. Ihre etwa 60 cm langen, schmalen Blätter dieser Zwiebelpflanze halten sich das ganze Jahr über. Die scharlachroten Trichterblüten erscheinen im Spätsommer und Herbst an über dem Blattwerk stehenden Stengeln. Sie sollten im Frühjahr umgetopft werden, wenn es unbedingt nötig ist, da dicht zusammenstehende Zwiebeln in der Regel die schönsten Blüten hervorbringen.

Größe H.: 30–60 cm; **B.:** 30–45 cm. **Reizvollste Jahreszeit:** Blüten im Spätsommer und Herbst. **Vermehrung:** Durch Samen und Brutzwiebeln im Frühjahr.

Cyrtomium falcatum siehe Farne, *Polystichum falcatum*

Datura siehe *Brugmansia*

Dicksonia antarctica siehe Farne

Dipladenia siehe *Mandevilla*

Farne

Farne sind in der Regel schattenliebende Waldpflanzen, die – auf feuchte, vor direkter Sonne geschützte Standorte angewiesen – ideale Blattpflanzen für das schattige Gewächshaus darstellen. Sämtliche hier erwähnten Farne haben ähnliche Kulturansprüche; sofern sie sich in ihren klimatischen Bedürfnissen unterscheiden, habe ich das vermerkt. Alle gedeihen indes sehr gut im temperierten Haus. Farne gibt es in allen Größen, angefangen beim bodendeckenden Zwergfarn *Pellaea rotundifolia* bis zu turmhohen Baumfarnen. Sie lassen sich aus fruchtbaren, staubartigen Sporen vermehren, die auf feuchter, humoser Erde ausgesät werden; es

Brugmansia x *candida* ›Knightii‹

Ein temperiertes Haus mit einer Nachttemperatur von mindestens 7 °C im Winter, die tagsüber auf 17 °C erhöht wird, eignet sich hervorragend für Pflanzen aus warmen gemäßigten und kühlen subtropischen Zonen.

dauert allerdings recht lange, bis sich normalgroße Pflanzen entwickelt haben. Viele horstartige und rhizombildende Farne können durch Teilung vermehrt werden. Einige Spezies wie *Asplenium bulbiferum* produzieren Brutsprosse an den Blättern, die sich abtrennen und in Kultur nehmen lassen.

Adiantum raddianum (Frauenhaarfarn) wird im temperierten Haus oder im Warmhaus wegen seiner eleganten belaubten Wedel gezogen, deren pechschwarze Stiele in Kontrast zu den hellgrünen dreieckigen Fiederblätt-

Blechnum gibbum

chen stehen. ›Fragrantissimum‹ ist eine beliebte Züchtung mit großen Fiedern.

Asplenium bulbiferum (Streifenfarn/ Hühner- und Kükenfarn) ist ein für temperierte Bedingungen geeigneter Farn mit gefiederten, dunkelgrünen Wedeln, an denen sich Brutsprosse bilden, die später widerum zu neuen Pflanzen heranwachsen. *A. nidus* (Nestfarn) ist eine für tropische Klimazonen geeignete Pflanze mit bis zu 1 m langen, breitlanzettlichen, glänzendgrünen Blättern und auffallender schwarzer Mittelrippe. Die Blattrosetten bilden ein trichterartiges Nest, was in der volkstümlichen Bezeichnung »Nestfarn« anklingt.

Blechnum gibbum ist eine unter temperierten oder auch tropischen Bedingungen wachsende Pflanze, die zu einem Miniatur-Baumfarn mit bis zu 90 cm hohem, schmalem Stamm heranwächst, über dem sich eine Rosette ausladender, bis zu 60 cm langer Farnwedel enfaltet.

Dicksonia antarctica (Australischer Baumfarn) gehört zu den kälteverträg-

lichen Baumfarnen, die in milden Klimazonen im Freien bestehen können, aber in einem temperierten Haus gut gedeihen. Große ausgewachsene Pflanzen können eine Höhe bis zu 10 m erreichen; mit ihren dicken, von feinen braunen Wurzeln überzogenen Stämmen und den ausladenden 2 m langen Farnwedeln wirken sie geradezu spektakulär. Sie lassen sich in Töpfen oder im Gewächshaus-Erdbeet heranziehen. Ihre Stämme müssen im Sommer mindestens zweimal täglich mit Wasser besprüht werden.

Nephrolepis cordifolia (Schwertfarn) und *N. exaltata* sind die beiden bekanntesten Spezies der *Nephrolepis*-Gewächse, die im temperierten Haus gezogen werden. *N. cordifolia* ist eine horstbildende Pflanze mit rundlichen Knollen und schmalen, bis zu 60 cm langen Wedeln mit zahllosen parallel gezähnten Blättchen. *N. exaltata* ›Bostoniensis‹ bildet ebenfalls Horste, allerdings ohne Knollen. Die Pflanze bringt 60–120 cm lange Wedel mit schmalen Fiederblättchen hervor, die, aus einer Ampel herausquellend, besonders hübsch wirken.

Pellaea rotundifolia ist eine kleinwüchsige, für das temperierte Haus geeignete Pflanze. Die bis zu 30 cm langen Wedel sind mit runden dunkelgrünen Fiederchen besetzt.

Phlebodium aureum ›Glaucum‹ (syn. *Polypodium aureum* ›Glaucum‹) ist eine frostempfindliche Pflanze mit kriechendem, von goldbraunen Schuppen bedecktem Rhizom. Sie bildet bis zu 60 cm lange, ledrige mittelgrüne Wedel mit orangegelben Sporangien auf der Blattunterseite.

Platycerium bifurcatum (Geweihfarn) ist ein aus gemäßigten und tropischen Breiten stammender, epithytischer Farn mit breiten, flachen, zurückgebogenen Wedeln und verzweigt herun-

terhängenden fertilen Wedeln, die an den Spitzen braune Flecken von Sporen zeigen. Die Pflanzen sollten in Ampeln gesetzt, an ein Baumrindenstück oder einen Baumfarn gebunden werden. Im Sommer muß der Geweihfarn mindestens zweimal täglich besprüht werden.

Polystichum falcatum (syn. *Cyrtomium falcatum;* Schildfarn) kann sowohl im Kalthaus als auch im temperierten Haus gezogen werden. Er zeigt rauhe, dunkelgrüne, bis zu 45 cm lange Wedel mit dreieckigen, gezähnten Fiederblättchen.

Pteris cretica ›Albo-lineata‹ (Saumfarn) eignet sich gleichermaßen für das Kalthaus wie für das temperierte Haus. Er bildet bis zu 45 cm lange Wedel mit drei oder fünf bis etwa 13 cm langen, endständigen Fiederblättchen, jedes mit weißem Mittelstreifen versehen.

Größe H.: 10 cm – 5 m; **B.:** 15 cm – 6 m. **Reizvollste Jahreszeit:** Das ganze Jahr über attraktives Blattwerk. **Vermehrung:** Sporen, sofern verfügbar; Teilung der Rhizome im Spätwinter.

Frauenhaarfarn siehe Farne, *Adiantum raddianum*

Geweihfarn siehe Farne, *Platycerium bifurcatum*

Hedychium gardnerianum

Diese rhizombildende Pflanze bringt Stengel mit blumenrohrartigen 45 cm langen Blättern hervor. Die im Sommer erscheinenden süß duftenden, gelben Blüten stehen in dichten Ähren am Ende der Schäfte. *Hedychium gardnerianum* gedeiht bei trockener Führung auch im Kalthaus; im Winter muß das Laub bis auf das Oberflächenrhizom zurückgeschnitten werden. Im temperierten Gewächshaus setzen Triebe und Laub ihr Wachstum fort; infolgedessen müssen sie auch weiterhin gegossen werden. Die Pflanzen eignen sich für das Gewächshaus-Erdbeet oder für die Anzucht in Töpfen; sie gedeihen, regelmäßig gedüngt, in nährstoffreicher, humoser Erde.

Größe H.: 1,5 – 2 m; **B.:** Mindestens 75 cm. **Reizvollste Jahreszeit:** Blüten von Sommer bis Herbst. **Vermehrung:** Samen und Teilung im Frühjahr, sobald das Wachstum einsetzt.

Hibiscus

Hibiskusgewächse vertragen durchaus kühlere Bedingungen im Winter; sie werfen dann allerdings ihre Blätter ab und sollten relativ trocken gehalten werden, bis die Temperatur im Frühling ansteigt. (Unter tropischen Voraussetzungen wachsen und blühen sie das ganze Jahr über.) Hibiskusplanzen ziehen Schädlinge an und können von lästigen Schildläusen, Schmierläusen und Blattläusen befallen werden (siehe S. 57).

H. rosa-sinensis wird wegen seiner leuchtenden Blüten gezogen, die am neuen Holz erscheinen. Topfpflanzen werden in 30-cm-Gefäßen bis zu 2 m hoch und lassen sich durch einen Frühjahrsschnitt leicht auf die gewünschte Größe bringen. Im Handel erhältlich ist eine Reihe von Züchtungen mit großen ungefüllten, halb gefüllten und gefüllten Blüten von 10 bis 15 cm Durchmesser. ›Cooperi‹ ist eine rotblühende Form mit grau-, weiß- und grün-geschecktem Laub. ›Orange Eye‹ zeigt einfache gelbe Blüten und ›Powder Puff‹ gefüllte, himbeerrote Blüten. *H. schizopetalus* ist eine starkwüchsige Pflanze mit langen, gebogenen Trieben, die als Kletterpflanze besonders hübsch wirkt, wenn die zierlichen pinkfarbenen Blüten unter dem Laub hervorschauen.

Größe H. und **B.:** 1,5 – 3 m. **Reizvollste Jahreszeit:** Blüten im Sommer und Herbst. **Vermehrung:** Halbausgereifte Stecklinge im Sommer.

Hoya siehe Warmhaus

Hymenocallis x festalis
(Schönhäutchen)

Die Eltern dieser großen Zwiebelpflanze stammen aus den Vereinigten Staaten. Sie bringt bis zu 60 cm lange, riemenförmige Blätter hervor und Blüten wie große weiße, spinnenartige Narzissen, die an langen Stengeln über den Blättern stehen. Die Blüten erscheinen im Frühling und Sommer; während der Wachstumsphase sollte man die Pflanzen reichlich gießen, im Winter hingegen trockener halten. Zu Frühjahrsbeginn topft man die Pflanzen so ein, daß der Zwiebelhals gerade über der Erde erscheint.

Größe H.: Bis zu 75 cm; **B.:** 30 bis 45 cm. **Reizvollste Jahreszeit:** Blüten im Frühling und Sommer. **Vermehrung:** Samen und Teilung der Zwiebeln im Frühling.

Hühner- und Kükenfarn siehe Farne, *Asplenium bulbiferum*

Ipomoea learii
syn. Pharbitis learii
(Pracht-/Prunkwinde)

Diese ausdauernde Kletterpflanze, die in den tropischen Zonen Amerikas heimisch ist, gedeiht sowohl in großen Töpfen als auch im Gewächshaus-Erdbeet, an Stöcken oder einem vertikal gespannten Draht gezogen. Von Frühlingsende bis Herbst bringt sie ununterbrochen großartige leuchtendblaue Schalenblüten hervor, die verblühend magentarote Tönung annehmen.

Größe H.: Bis zu 5 m. **Reizvollste Jahreszeit:** Blüten von Frühlingsende bis Herbst. **Vermehrung:** Samen, halbausgereifte Sproßstecklinge und Blattknospenstecklinge im Frühling und Sommer.

Kalanchoe

Die röhrenförmigen Blüten dieser Gattung sukkulenter Pflanzen erscheinen im Winter beziehungsweise zu Frühlingsbeginn, da es einer Reihe kurzer Tage bedarf, um die Blütenbildung anzuregen. Man sollte die Pflanzen an einem vollsonnigen oder halbschattigen Standort ziehen und sie zwischen dem Wässern immer wieder austrocknen lassen.

K. blossfeldiana (Flammendes Käthchen) ist eine kleine strauchartige, bis zu 30 cm hohe Pflanze mit glänzenden eiförmigen Blättern und 1 cm langen Röhrenblüten, die in dichten Büscheln an den Triebspitzen stehen. Mehrere Sorten mit roten, orangefar-

Hibiscus rosa-sinensis ›Mary Wallace‹

Passiflora caerulea

benen oder gelben Blüten stehen zur Wahl. *K. manginii* zeigt kleine Blätter an dünnen, drahtigen Trieben und eine Fülle leuchtendroter Blüten. Die Pflanzen wirken am besten in Ampeln oder Hängekörben mit kaskadenartig aus dem Gefäß herausquellenden Trieben. *K. pumila* unterscheidet sich durch pinkfarben-grau bestäubte Blätter. Die Trauben metallisch pinkfarbener Blüten kontrastieren mit dem Blattwerk und machen den besonderen Reiz dieser Pflanze aus.
Größe H.: 30–75 cm; **B.:** 15–45 cm. **Reizvollste Jahreszeit:** Blüten von Winter bis Frühling. **Vermehrung:** Krautige und halbausgereifte Stecklinge gegen Frühlingsende.

Klivie siehe *Clivia*

Mandevilla
syn. *Dipladenia*

Diese Gruppe immergrüner, starkwüchsiger Kletterpflanzen entfaltet Büschel prächtiger Blüten am diesjährigen Holz. Die Pflanzen, deren Triebe an zeltartig zusammengestell-

ten Bambusstöcken aufgeleitet werden, gedeihen gut in Töpfen. Man sollte sie im Spätwinter vor dem Neuaustrieb durch einen Rückschnitt in Form halten. Unmittelbar nach dem Schnitt sondern die Triebe kurzzeitig einen weißen Milchsaft ab. *M. x amabilis* ›Alice du Pont‹, die wohl spektakulärste Züchtung, zeigt große leuchtend pinkfarbene Blüten.
Größe H.: 3 m. **Reizvollste Jahreszeit:** Sommer. **Vermehrung:** Halbausgereifte Stecklinge im Frühsommer.

Nephrolepis siehe Farne

Passionsblume siehe *Passiflora*

Passiflora
(Passionsblume)

Diese Kletterpflanzen mit ihren dünnen, drahtigen Trieben und den drei- bzw. fünflappigen Blättern klettern mit Hilfe achselständiger Ranken. Passionsblumen können in Töpfen gezogen und an Stäben oder waagrecht zwischen den Dachtraufen des Gewächshauses gespannten Drähten aufgeleitet werden. Die eigenartig strukturierten Blüten zeigen zurückgebogene Kron- und Kelchblätter und einen Strahlenkranz aus farbenprächtigen Filamenten. Die fertilen Blütenteile entfalten sich, an einem zentralen Stengel stehend, von der eigentlichen Blüte abgewandt. Die Blütezeit dauert in der Regel von Frühlingsende bis Sommer. Zahlreiche Spezies bringen eßbare runde Beeren (die Passionsfrucht) hervor, die reif sind, sobald sie anfangen runzlig zu werden.
P. caerulea bringt sehr hübsche blaue Blüten hervor und gilt als »härteste«, selbst Frostperioden standhaltende Art. Die Sorte ›Constance Elliott‹ hat weiße Blüten. *P. antioquiensis* zeigt dreigelappte Blätter und hängende rosarote Blüten, welchen gelegentlich eßbare Früchte folgen. *P. x caponii*

›John Innes‹ ist eine starkwüchsige Kletterpflanze mit derberen, fleischigen Blüten, die aus pink-roten, schalenförmigen Kron- und Kelchblättern und langen, purpur-weiß gestreiften Filamenten bestehen; sie gedeihen erfreulich gut in Töpfen.
Größe H.: 3–5 m. **Reizvollste Jahreszeit:** Frühjahrsende bis Sommer. **Vermehrung:** Blattknospenstecklinge im Frühling und Sommer.

Pellaea rotundifolia siehe Farne

Pharbitis learii siehe *Ipomoea acuminata*

Phlebodium aureum siehe Farne

Platycerium bifurcatum siehe Farne

Polypodium aureum siehe Farne, *Phlebodium aureum*

Polystichum falcatum siehe Farne

Prachtwinde siehe *Ipomoea learii*

Prunkwinde siehe *Ipomoea learii*

Pteris cretica siehe Farne

Riemenblatt siehe *Clivia*

Saumfarn siehe Farne, *Pteris cretica*

Schildfarn siehe Farne, *Polystichum falcatum*

Schlumbergera x buckleyi
(Weihnachtskaktus)

Dieser aus dem gemäßigten Regen--wald stammende Kaktus bildet aus abgeflachten Blattsegmenten bestehende Triebe mit gezähnten Rändern und röhrenförmige, ab Winterbeginn erscheinende Blüten mit zurückgebogenen Kronblättern. Die bogenförmig geneigten Triebe kommen in Ampeln besonders gut zur Geltung. ›Gold

Charm‹ zeigt helle, gelb-goldene Blüten, ›Noris‹ rote bis rotviolette und ›Westland‹ rosarot getönte Blüten. **Größe H.:** Bis 30 cm; **B.:** Bis 60 cm. **Reizvollste Jahreszeit:** Blüten in der ersten Hälfte des Winters. **Vermehrung:** Stecklinge durch Abnehmen und Bewurzeln von Gliedsegmenten im Frühling und Sommer.

Schönhäutchen siehe *Hymenocallis* x *festalis*

Schwertfarn siehe Farne, *Nephrolepsis cordifolia*

Stechapfel siehe *Brugmansia*

Streifenfarn siehe Farne, *Asplenium bulbiferum*

Streptocarpus
(Drehfrucht)

Diese horstbildenden Pflanzen haben in der Regel leicht brechende, sukkulente, riemenförmige Blätter, die häufig fein behaart sind. Während einige Spezies im Laufe ihrer Entwicklungsphase nur ein einziges großes Blatt hervorbringen, zeigen andere buschigen Wuchs und zahllose ovale Blättchen. Die Pflanzen müssen im Wurzelbereich feucht gehalten werden.

Sie sollten vor direkter Sonne geschützt und sorgfältig gegossen werden, da kaltes Wasser Flecken auf den Blättern hinterläßt.

S. primulifolius ist eine horstbildende Form mit riemenförmigen Blättern und hellblauen Trichterblüten mit dunkelblauen Streifen an der Unterlippe. Zu den *Streptocarpus*-Hybriden gehören ›Albatross‹ mit reinweißen Blüten, ›Constant Nymph‹ mit violettblauen Blüten und weißem Schlund. ›Fiona‹ mit pinkfarbenen Blüten und ›Paula‹ mit rötlich purpurnen Blüten. Beliebte Samenmischungen von Hybriden sind Concord, Triumph und Wiesmoor.
Größe H.: 15–30 cm; **B.:** 30–45 cm. **Reizvollste Jahreszeit:** Blüten von Frühling bis Sommer. **Vermehrung:** Samen im Winter (Januar); Blatt- und Grünstecklinge von strauchigen Spezies gegen Winterende.

Tibouchina urvilleana
syn. *T. semidecandra*

Dieser langtriebige Strauch läßt sich an einer Mauer oder entspitzt in Töpfen ziehen. Die Pflanzen haben paarige, eiförmige Blätter, die spitz zulaufen und samtig behaart sind; sie zeigen die für die Gattung charakteristische, deutlich vertiefte, parallele Äde-

Tibouchina urvilleana

rung. Die im Frühling und Sommer erscheinenden 7 cm großen Blüten (Durchmesser) sind von auffallend dunklem Violettblau.
Größe H.: 3–5 m; **B.:** 90 cm–3 m. **Reizvollste Jahreszeit:** Blüten im Frühling und Sommer. **Vermehrung:** Krautige Stecklinge im Frühjahr; halbausgereifte Achselstecklinge im Sommer.

Vallota speciosa siehe *Cyrtanthus purpureus*

Warmhaus

Adiantum raddianum siehe temperiertes Gewächshaus, Farne

Allamanda cathartica
(Goldtrompete)

Dieser starkwüchsige immergrüne Schlingstrauch, der auf eine Kletterhilfe angewiesen ist, hat lanzettförmige, quirlständige Blätter, die zu je vieren an den Stengeln stehen. Am hübschesten wirken die gelben trompetenförmigen Blüten, wenn die Triebe kaskadenartig herunterfallen. Zugluft kann zum Abwerfen der Blüten führen. Goldtrompeten werden in Blumengeschäften häufig als Blütenzweige angeboten.

›Hendersonii‹ ist eine bewährte rasch wachsende Zuchtsorte mit großen goldgelben Blüten, die den ganzen Sommer über bis zum Herbst blühen. Im Spätwinter sollten die Pflanzen bis auf die Leittriebe zurückgeschnitten werden, bevor im Frühjahr das neue Holz sprießt.

Die Goldtrompete wird leider häufig von der Weißen Fliege und der Roten Spinne heimgesucht.
Größe H.: Bis zu 5 m. **Reizvollste Jahreszeit:** Sommer bis Herbst. **Vermehrung:** Halbausgereifte Stecklinge im Sommer.

Pflanzen aus tropischen und subtropischen Gebieten benötigen das ganze Jahr hindurch nachts eine Mindesttemperatur von 15 °C, und tagsüber sollte sie auf 22 °C oder höher steigen. Die hohe Luftfeuchtigkeit, die sie für ihre Entwicklung brauchen, kann durch regelmäßiges Besprühen der Gewächshauswege an sonnigen Tagen erreicht werden.

Ananas comosus

In Kübeln gezogene Ananaspflanzen bringen wesentlich kleinere Früchte hervor als erwerbsmäßig angebaute. *Ananas comosus* trägt röhrenförmige, purpurblaue Blüten und hat steife, graugrüne Blätter, die rosa überlaufen sind.
Größe H.: 60 cm; **B.:** 45 cm. **Reizvollste Jahreszeit:** Blütenstand Juli bis August. **Vermehrung:** Durch Wurzelschößlinge oder Bewurzelung frischer Blattschöpfe der Früchte im Frühjahr.

Blechnum gibbum siehe temperiertes Gewächshaus, Farne

Caladium x hortulanum
(Kaladie)

Diese tropischen Blattpflanzen mit großen, herzförmigen Blättern leuchten in allen Farben des Regenbogens. Während der Ruhezeit sollten die Knollen nahezu austrocknen und bei einer Temperatur über 10 °C gelagert werden. Gegen Frühlingsende werden sie eingetopft und an einem warmen Ort bei einer Temperatur von bis zu 25 °C getrieben. Während der ganzen Vegetationsperiode sollte großzügig gewässert und gedüngt werden, damit die Pflanzen kräftige, große Blätter entwickeln. Im Lauf des Herbstes beginnen sie einzuziehen.

Bekannte Züchtungen sind: ›Candidum Junior‹ mit weißen, grün geäderten Blättern, ›John Peed‹ mit lila Stengeln und grünen Blättern mit leuchtendroten Adern, ›Pink Cloud‹ mit großen, dunkelgrünen Blättern, die in der Mitte rosa gefleckt sind, ›Pink Beauty‹ mit pinkfarben-grün marmorierten Blättern sowie ›Red Flash‹ mit leuchtendroter Zeichnung.
Größe H.: 30–90 cm; **B.:** 60–90 cm. **Reizvollste Jahreszeit:** Ausgehendes Frühjahr bis Herbst. **Vermehrung:** Brutknollen und Teilung der Knollen im Frühling und Herbst.

Clerodendrum thomsoniae
(Losbaum)

Diese immergrüne Kletterpflanze wird wegen ihrer in Büscheln stehenden weißen Kelche und scharlachroten Blüten gezogen, die im Sommer ein farbenprächtiges Bild bieten. Die Pflanzen, deren Triebe an einem Gerüst aus Stöcken aufgeleitet werden, gedeihen gut in Töpfen.
Größe H.: 2–4 m. **Reizvollste Jahreszeit:** Blüten von Frühjahr bis Sommer. **Vermehrung:** Krautige Stecklinge im Frühjahr.

Columnea siehe temperiertes Glashaus

Ctenanthe

Diese mittelgroße Pflanze wird wegen ihres schmückenden Laubes kultiviert. Sie schätzt einen schattigen Standort und freie Wurzelentwicklung, um zu voller Größe heranzuwachsen. Die Pflanzen gedeihen gut in 23-cm-Töpfen; in kleineren Gefäßen bleiben sie kompakter.

Die rhizombildende *C. lubbersiana* bringt längliche gelbgrün gesprenkelte Blätter hervor. *C. oppenheimiana* ›Tricolor‹ ist eine horstbildende, in Töpfen bis 60 cm groß werdende Pflanze. Ihre lanzettförmigen, 30 cm langen Blätter sind grün, cremefarben und grau gestreift mit roter Unterseite.
Größe H.: 45–90 cm; **B.:** 60–120 cm. **Reizvollste Jahreszeit:** Das ganze Jahr über farbenprächtiges Blattwerk. **Vermehrung:** Teilung im Frühjahr.

Gardenia jasminioides
syn. Gardenia florida

Dieser Strauch hat glänzende grüne Blätter und süß duftende, gefüllte, weiße Blüten von etwa 8 cm Durchmesser. Um das Größenwachstum der Pflanzen zu begrenzen, zieht man sie am besten in Töpfen und schneidet sie im Frühjahr stark zurück; das fördert den Austrieb neuer kräftiger Blütenzweige. Während der sommerlichen Wachstumsphase gießt und düngt man die Pflanzen großzügig, im Winter genügt gelegentliches Wässern.

Größe H. und B.: 60 cm – 2 m. **Reizvollste Jahreszeit:** Blüte im Sommer und Herbst. **Vermehrung:** Grünstecklinge und halbausgereifte Stecklinge im Frühling und Sommer.

Goldtrompete siehe *Allamanda cathartica*

Hoya
(Wachsblume)

Wachsblumen sind aus tropischen und gemäßigten Zonen stammende immergrüne Kletterpflanzen und Sträucher mit wachsartigen Blüten in hängenden Dolden.

H. bella eignet sich hervorragend für das Warmhaus. Sie entwickelt sich zu einem zierlichen, bis zu 2 m lang herabhängenden Strauch mit kleinen, blaßgrünen, lanzettförmigen Blättern und weißen, duftenden Blütendolden, die im Sommer erscheinen. Wachsblumen gedeihen am besten in kleinen Ampeln, die man nach dem Gießen immer wieder nahezu austrocknen läßt. Eine ebenfalls beliebte Warmhauspflanze ist die kletternde *H. carnosa*. Ihre Blätter sind dick, wie mit Wachs überzogen und schmaloval, und die den ganzen Sommer über blühenden runden, weißen Blütendolden nehmen eine pinkfarbene Tönung an, bevor sie verwelken. ›Variegata‹, eine dankbare Topfpflanze, zeigt Blätter mit ungleichmäßig gelbem Rand. Kräftige Pflanzen blühen über viele Jahre; eingeschränktes Wurzelwachstum fördert ihre Blühkraft.

Größe H.: 30 cm – 6 m. **B.:** Mindestens 30 cm. **Reizvollste Jahreszeit:**

Blüte im Sommer. **Vermehrung:** Halbausgereifte Stecklinge im Sommer.

Kaladie siehe *Caladium* x *hortulanum*

Losbaum siehe *Clerodendrum thomsoniae*

Philodendron

Diese tropische Pflanze hat einen verholzten Stamm mit dicken Luftwurzeln und meist große Blätter. Die Pflanzen gedeihen unter feuchten Bedingungen und sollten vor praller Sonne, die unter Umständen die Blätter verbrennen kann, geschützt werden.

P. ›Burgundy‹ ist eine bemerkenswerte Züchtung mit 30 cm großen, weinroten, pfeilförmigen Blättern. *P. scandens* (rankender Philodendron) ist eine schlankwüchsige Kletterpflanze mit reizvoll glänzenden herzförmigen Blättern. Wie ein Großteil der Philodendronarten wird sie am besten an einem feuchten Moosstamm gezogen, an dem die Luftwurzeln Halt finden.

Größe H.: 90 cm – 3 m. **Reizvollste Jahreszeit:** Attraktives Laub das ganze Jahr über. **Vermehrung:** Blattaugen-, Grünstecklinge und halbausgereifte Stecklinge im Frühjahr und Sommer.

Phlebodium aureum siehe temperiertes Gewächshaus, Farne

Platycerium bifurcatum siehe temperiertes Gewächshaus, Farne

Spathiphyllum

Diese ausdauernde, rhizombildende, in Horsten wachsende Pflanze trägt hübsche, an Stielen stehende lanzettähnliche Blätter. Die typischen Arumblüten zeigen anmutige, weiße, segelförmige Blütenscheiden mit zentralen Blütenkolben (ährenartige Blütentrau-

ben). Die Pflanzen gedeihen sowohl in Töpfen als auch unter den Hängebrettern im Warmhaus, denn sie kommen mit relativ wenig Licht aus. Eine der besten Züchtungen ist ›Mauna Loa‹, eine kompakt wachsende, 45 bis 60 cm hohe Pflanze mit großen weißen Blütenscheiden.

Größe H.: 30 – 90 cm. **B.:** Etwa 75 cm. **Reizvollste Jahreszeit:** Blüte von Frühling bis Herbst. **Vermehrung:** Teilung der Rhizome im Frühling.

Stephanotis floribunda

Diese immergrüne Kletterpflanze wird wegen ihrer Dolden weißer, wachsartiger Blüten und des beinahe betäubenden Dufts gezogen. Die Pflanzen lassen sich problemlos in Töpfen kultivieren, indem man ihre kriechenden Triebe an Stöcken aufleitet.

Größe H.: 60 cm – 5 m. **Reizvollste Jahreszeit:** Blüten von Frühling bis Herbst. **Vermehrung:** Samen im Frühling; halbausgereifte Stecklinge im Sommer.

Wachsblume siehe *Hoya*

Caladium x *hortulanum* ›Pink Beauty‹

123

Register

Danksagung

Der Verlag dankt den folgenden Fotografen und Organisationen für die freundliche Genehmigung zur Veröffentlichung der Fotos:

Erich Crichton S. 1; Hugh Palmer S. 2-3; Jerry Harpur/Elizabeth Whiting and Associates S. 4-5; Annette Schreiner S. 6-7; Edinburgh Photographic Library/D. Morrison S. 8; Mary Evans Picture Library S. 9;Edinburgh Photographic Library/P. Davenport S. 10; Philippe Perdereau S. 11; Clive Nichols S. 12-13; John Glover S. 14; John Glover/Garden Picture Library S. 15; Philippe Perdereau S. 16;Elizabeth Whiting and Associates S. 17; Garry Rogers S. 18 oben; Jacqui Hurst/Boys Syndication S. 18 unten; John Glocer/Garden Picture Library S. 19; Georges Lévêque S. 21; Harry Smith Collection S. 23; Clive Nichols S. 25; Eric Crichton S. 26-27; Neil Homes S. 28; Harry Smith Collection S. 30; Jerry Harpur/Elizabeth Whiting and Associates S. 31; Neil Homes S. 32; Philippe Perdereau S. 33; Clive Nichols S. 35; Andrew Lawson S. 36-37; John Glover S. 38; Tim Sandall S. 39; Hugh Palmer S. 40; John Glover S. 42; Eric Crichton S. 43; Andrew Lawson S. 45; Clive Nichols S. 46; Michèle Lamontagne S. 47; John Watkins S. 49; John Glover S. 50-51; Hugh Palmer S. 52; John Glover S. 53; Eric Crichton S. 54; Clive Nichols S. 55; John Glover S. 57; Michèle Lamontagne S. 58-59; Cynthia Woodyard/Garden Picture Library S. 60; Photos Horticultural S. 62; Harry Smith Collection S. 63; Photos Horticultural S. 64-65; John Glover S. 66; Elizabeth Whiting and Associates S. 67; Clive Nichols S. 68; Michèle Lamontagne S. 70; Hugh Palmer S. 71; John Glover S. 72; Michèle Lamontagne S. 73; Clive Nichols S. 75; Georges Lévêque S. 77; Photos Horticultural S. 79; Hugh Palmer S. 80-81; Harry Smith Collection S., 84; Harry Smith Collection S. 86; Juliette Wade S. 87; Bob Challinor/Garden Picture Library S. 88; Hugh Palmer S. 89; Harry Smith Collection S. 90-91; Harry Smith Collection S. 92; Philippe Perdereau S. 93; Photos Horticultural S. 94; Eric Crichton S. 95; Harry Smith Collection S. 97-98; Eric Crichton S. 100-101; Harry Smith Collection S. 102-103; Neil Holmes S. 104; Michèle Lamontagne S. 105; Harry Smith Collection S. 106; Brian Carter/Garden Picture Library S. 107; Andrew Lawson S. 108-109; John Glover S. 112; S & O Mathews S. 113; Micheal Boys/Boys Syndication S. 114; John Glover S. 115; Andrew Lawson S. 116; Harry Smith Collection S. 118; John Glover S. 119; S & O Mathews S. 120; Andrew Lawson S. 121.

Der Verleger dankt auch: Vanessa Courtier, Barbara Nash und Janet Smy.

Erklärung einiger in diesem Buch verwendeter Begriffe

Gewächshäuser und Gewächshausbereiche sind nach der Temperaturgestaltung eingeteilt. Allerdings kann diese Einteilung keinem feststehenden Schema folgen, da sich die Temperatur im Tageslauf verändert. In diesem Buch werden die Begriffe wie folgt verwendet:

Warmhaus	+ 17 °C bis + 26 °C
Temperiertes Haus	+ 7 °C bis + 17 °C
Kalthaus (mit Heizung)	+ 5 °C bis + 12 °C
Frostfreies Kalthaus (Überwinterungshaus)	frostfrei

Die Frostempfindlichkeit der Pflanzen wird mit folgenden Begriffen bezeichnet:

Halbhart:	erträgt Temperaturen bis - 0 °C
Bedingt winterhart:	erträgt Temperaturen bis - 5 °C
Winterhart:	erträgt Temperaturen bis - 15 °C

Versandgärtnereien

Kakteen aus der Ilmesmühle
Ilmesmühle
36166 Haunetal
Tel. 0 66 73/12 21
Fax 0 66 73/12 22

(Kakteen und andere Sukkulenten)

Gärtner Pötschke
Postfach 2220
41561 Kaarst
Tel. 0 21 31/60 01 60
Fax 0 21 31/66 95 60

(Blumenzwiebeln und Knollen, Blumen- und Gemüsesamen, Stauden, Gehölze)

Sortimentsgärtnerei Simon
Staudenweg 2
97828 Marktheidenfeld
Tel. 0 93 91/35 16
Fax 0 93 91/21 83

(Seltene Arten und Sorten, Stauden, Gehölze)

Samengroßhandlung
Julius Wagner
Eppelheimerstraße 20
69115 Heidelberg
Tel. 0 62 21/5 30 40

(Spezialitäten für Biogärtner; Blumen- und Gemüsesamen)